危机与转机

清末民初的道德、政治与知识人

段炼————

著

九州出版社
JIUZHOUPRESS

图书在版编目（CIP）数据

危机与转机：清末民初的道德、政治与知识人 / 段
炼著. -- 北京：九州出版社，2022.3
ISBN 978-7-5225-0832-0

Ⅰ.①危… Ⅱ.①段… Ⅲ.①政治思想史－研究－中
国－近代 Ⅳ.①D092.6

中国版本图书馆CIP数据核字(2022)第035441号

危机与转机：清末民初的道德、政治与知识人

作　者	段　炼
策划编辑	李黎明
责任编辑	安　安　李黎明
出版发行	九州出版社
地　址	北京市西城区阜外大街甲 35 号（100037）
发行电话	(010)68992190/3/5/6
网　址	www.jiuzhoupress.com
印　刷	天津奥丰特印刷有限公司
开　本	880 毫米 ×1230 毫米　32 开
印　张	11
字　数	300 千字
版　次	2022 年 5 月第 1 版
印　次	2022 年 5 月第 1 次印刷
书　号	ISBN 978-7-5225-0832-0
定　价	98.00 元

序　言

伴随清末民初的内外危机，中国社会进入一个"过渡时代"。那是刘鹗在《老残游记》里感喟"棋局已残，吾人将老"的时代。传统中国的政治秩序与知识人的价值观念，在西力东渐的挑战之下逐渐瓦解。那也是梁启超眼中"新政体""新学界"与"新道德"陆续登场的时代。在旧制度与大革命的博弈当中，这些新旧杂陈的事物"互起互伏，波波相续"，牵动着百年中国人心与风气的嬗变。

《危机与转机：清末民初的道德、政治与知识人》一书，借由探索知识人思想世界的多元互动，分析他们如何在"过渡时代"，寻求国家政治的转机并建立新的道德认同。本书引言从宏观视角，描绘晚清思想发展的历史轨迹，指出辛亥革命带来了从君主专制到民主共和的社会巨变，而清代中后期以来，因思想脉动酝酿形成的世界观、历史观以及政治合法性基础的转型，已经为革命的爆发埋下伏笔。本书主体内容共分三编。甲编为"道德危机与道德变革"，从晚清时期价值危机引发的道德焦虑出发，从体用论、进化观、国家认同等不同视角，探讨"过渡时代"知识人的因应之策及道德观念的思想分途。乙编为"学术政治与世界文明"，以康有为、严复、杨度等三位中国近现代史上重要的知识人为个案，分析其在"过渡时代"的学术立场、政治态度及其对于"世界"与"文明"的不同思考。丙编为"新旧之间与家国认同"，以中国近现代思想史研究的一部年谱及两部新著为评论对象，深入剖析其中涉及近代中国"新旧之争""家国天下"认同以及五四研究"重新问题化"等思想史议题。本书附录为 1990 年代以来中国近现代思想史研究新进展的综述。概而言之,清末民初危机与转机的交光互影,既构成了知识人观察与体悟时势的历史情境,营造了他们理解旧学新知的复杂思想氛围,也在遥远地形塑着今人对于历史的理解与误解、洞见与偏见。

感谢许纪霖、阎云翔、黄克武教授在我求学与思想史研习之路上的传道、授业、解惑,以及生活上的无私关照。感谢沙培德(Peter Zarrow)教授的邀约,让我来到美国康涅狄格大学历史系访学一年,并得以在他的悉心指导之下,自由而深入地读书、思考、写作和交流。校园中镜湖水面的粼粼波光和树林间跳跃的鹿群,至今常留心间。本书主要篇章曾在国内外学术会议上报告,承蒙与会学者的中肯评点与细致建议,谨致谢意。《史林》《史学月刊》《安徽史学》《天津社会科学》《福建论坛》《知识分子论丛》以及《二十一世纪》《"中央研究院"近代史研究所集刊》《新史学》《东吴历史学报》等学术期刊,先后刊发本书各章内容,感谢各位主编、责任编辑以及匿名评审宝贵的修订意见。当然,书中的所有错失仍由我负责。感谢湖南师范大学中国史一流学科对于本书出版的大力支持。谢谢李黎明先生的热心促成与精心编辑。

校阅书稿之时,席卷全球的疫情改变了世界秩序与价值观,也激活了一系列关于道德、政治与文明的议题,让它们再次跃升为全球瞩目的焦点。"曾惊秋肃临天下,敢遣春温上笔端"。鲁迅晚年的诗句,穿越"尘海苍茫",直指当下的困境与思虑:这一时代巨变,究竟会让我们日趋分裂,还是让彼此更加紧密相依?重温百年之前知识人在危机之中寻求转机的思想史,或许不仅是回顾过往,也是在认识自我、思索未来。

目　录

甲编　道德危机与道德变革

乙编　学术政治与世界文明

"势生理,理生道":

【导论】

"过渡时代"的脉动：晚清思想发展之轨迹[①]

一、从"理与势"到"体与用"

从乾隆晚期开始，面对社会、政治与经济的内忧外患，清王朝步入由盛转衰的转折点，从昔日"强盛的帝国"逐渐转为"衰微之季世"[②]。在内外危机的双重夹击之下，一方面，旧秩序因遭遇一连串新的挑战而日趋式微；另一方面，危机的刺激也促使新思想的兴起，开始在旧传统的内部酝酿发酵。

嘉道以来，以春秋公羊学为核心的今文经学，首先在汉学内部复兴。今文学家的代表人物龚自珍和魏源，以经术作政论，力主"通经""明经"，并鼓吹由此而能"经世济民"的学问。在他们"指天画地，

---

① 本文与黄克武教授合撰。

② 关于晚清中国由盛转衰的宏观描述，Susan Mann Jones, "Dynastic Decline and the Roots of Rebellion," in John K. Fairbank ed., *The Cambridge History of China, Volume 10* ,New York：Cambridge University Press, 1978, pp.107-162. 以及汪荣祖：《论晚清变法思想之渊源与发展》，《晚清变法思想论丛》，台北：联经出版事业公司，1983 年，第 60 页。

规天下大计"的过程中①，对于历史发展进程中"理"与"势"的阐
释，逐渐成为两人关怀的重心。通过对儒家"天理史观"的修正，魏
源提出"理势合一"的宇宙观②，强调"气化无一息不变者也，其不变
者道而已，势则日变而不可复者也"。在魏源的思想脉络中，从早期
《老子本义》的"以道治器"，到中期的《诗古微》的"三统说"，再
到晚期的天道循环论，虽其中内涵颇多反覆曲折，然其脉络在于强调
"时势"变换有其循环规律，"势"永远在"道"的轨迹中运转③。面对
"世变日亟"的时代刺激，"理势合一"的论说在政治实践上的表现是
经世之学的兴起，即主张由制度的安排、政策的运用以及法令规范的
约束，以达到儒家所谓的"治平"的理想④。不过，清代经世之学的
发展不限于今文经学的脉络，而是儒家士人面对尊德性、道问学（汉
宋之争）之争所寻求到的另一共识。乾隆年间陆燿编辑的《切问斋文
钞》，及其对道光年间魏源的影响，即展现出经世之学发展的另一线
索⑤。多重思想的合流形成晚清经世思潮与重视实际事务、因应时局

---

① 梁启超：《清代学术概论》，台北：台湾商务印书馆，1966 年，第 78 页。
② "理势合一"之说，清初王夫之即有阐述，但限于历史环境，未能在当时社会
产生更大影响。如王夫之所言，"言理势者，犹言理之势也，犹凡言理气者谓
理之气也。理本非一可执之物，不可得而见，气之条绪节文乃理之可见者也。
故其始之有理，即于气上见理。追得其理，则自然成势，又只在势之必然处见理"
等，即与后来论理势者的看法若合符节。王夫之：《读四书大全说》，《船山全书》
第六卷，长沙：岳麓书社，1991 年，第 992 页。
③ 贺广如：《魏默深思想探究——以传统经典的诠说为讨论中心》，台北：台湾大
学出版委员会，1999 年，第 229 页。
④ 张灏：《宋明以来儒家经世思想试释》，《幽暗意识与民主传统》，北京：新星出
版社，2006 年，第 89 页。
⑤ 黄克武：《理学与经世：清初〈切问斋文钞〉学术立场之分析》，《"中央研究院"
近代史研究所集刊》1987 年第 16 期。

演变的价值取向，并促成了士人历史观的变革。对嘉道以降的经世学者而言，历史发展不再局限于复兴三代的崇高道德使命感之中，而是强调通过人们对于现实之"势"的认识和把握，看待天理、解释天理。

在历史观念的转变过程中，受今文经学影响而产生经世意图的学者接受了将"势"作为历史演变的动力的思想。他们对于历史发展之中的"变易"因素更为重视。龚自珍开始借助公羊三世说来认知历史，通过对"古史"的诠释逐步发展成为对未来的预测[①]。三世说所蕴含的线性演化因素，透过龚自珍和魏源的论述得以强化，影响到后世士人对于历史发展的看法。龚自珍强调"规世运为法"，从"顺"与"逆"的角度看待时势，将"顺"与"逆"视为互相矛盾、互相依存又互相取代从而引起时势变动的力量[②]。魏源则凭借今文经学的解释，指出"天下无数百年不弊之法，无穷极不变之法"。这一变化应势而生，与气运之开阖关系密切。因此，"变古愈尽，便民愈甚"。此种变化，在魏源看来，是一个从"天治"到"人治"的过程。由此，公羊学从微言大义的学术阐发，导向一条实际政制变革的经世之途。此即"以经术为治术"而"通乎当今之务"，聚焦于除旧布新的"变通之法"[③]。

从龚自珍内心弥漫的"衰世"意识，到魏源针对时势而编纂《皇朝经世文编》，他们已经敏锐感知时代的改变——"惟王变而霸道，德变而功利，此运会所趋，即祖宗亦不能不听其自变。"[④] 而"时势"

---

① 孙春在：《清末的公羊思想》，台北：台湾商务印书馆，1985年，第47页。
② 龚自珍：《江子屏所著书序》，《龚自珍全集》，上海：上海古籍出版社，1975年，第193页以及《乙丙之际箸议第九》，《龚自珍全集》，第6页。
③ 魏源：《魏源集》下册，北京：中华书局，1976年，第432页。
④ 魏源：《书古微·甫刑篇发微》，《魏源全集》第二卷，长沙：岳麓书社，2005年，第354页。

之变，直接地带来价值观念的修正。龚、魏二人认为，在"王道"取代"霸道"的时势压力之下，单纯依靠传统"内圣"的道德修养，已经不足以实现经世济民的目的，尚需外在的事功（政策措施）和税收、盐政、边防、漕运与军制等专业知识作为补充①。换言之，"兼内外"成为嘉道时期经世思想的核心理念。另一方面，一度为传统伦理所抑制的个体私欲与个人情欲，也在这一肯定事功的时势之下被赋予正面意义。龚自珍说："情之为物也，亦尝有意乎锄之矣；锄之不能，而反宥之；宥之不已，而反尊之。"魏源则将这种"尊情"的主张推衍到尊重个人之"私"。他把"利"与"仁""命"并列，作为"天人相合"的关键，肯定庶民追求正当利益的合理性。魏源一方面把利作为检验义的标准，另一方面又把功利寓于仁义之中。可见，在清中叶今文学家的思想世界之中，功利与道德并非截然两分。经世思想及其实践背后，依然保持着传统儒家"兼内外"和"体用合一"的贯通理想②。

嘉道以来，世风渐变。如龚自珍、魏源等学者，借助公羊学说开启除旧布新的经世思潮，而从戴震、程瑶田到凌廷堪以降的"以礼代理"新思潮，则标志着儒学思想从宋明理学的形上形式，转向礼学治世的实用形式③。"从理到礼"的思想转型，在清中叶以来时势剧变的背景下展开，使得宋儒的理学精神也开始新的自我重整，以回应王

---

① 李泽厚：《经世观念随笔》，《中国古代思想史论》，合肥：安徽文艺出版社，1999年，第283页。
② 黄克武：《〈皇朝经世文编〉学术、治体部分思想之分析》，硕士学位论文，台湾师范大学历史研究所，1985年，第308页。
③ 张寿安：《以礼代理——凌廷堪与清中叶儒学思想之演变》，石家庄：河北教育出版社，2001年，第6页。

朝面临的内外挑战。清朝初年的唐甄指出，德性与经世应当并重，修身养性乃齐家、治国、平天下的起步[①]。唐甄的思想受到后世曾国藩的推崇，而后者正是以宋儒义理之学成就经世大业的清代中兴名臣。他说："自内焉者言之，舍礼无所谓道德；自外焉者言之，舍礼无所谓政事。"[②] 因此，曾国藩以礼学指代经世之学，也就是古人所说的"修己治人""内圣外王""有体有用"之学[③]。

曾国藩上承龚、魏的思想脉络，一方面肯定"理势合一"，强调"理势并审，体用兼备"。另一方面，曾国藩也认为"礼"不仅指涉礼仪与德性，也包含着制度与政法的内容。礼的意义不仅在于修身处世，更在于治国经世。因此，面临内外危机，曾国藩既是重视"明道救世"的大儒，也是重视事功的改革者。曾国藩的因应之策大体分为两个方面：一方面要"守旧"，通过恢复民族固有美德，以理学精神来改造社会；另一方面要"革新"，以坚船利炮的实用技术来提升王朝实力。他主张治世在于"致贤""养民"和"正风气"[④]，以图取新卫旧，在新旧之间取得平衡。可见，清代中后期的理学以捍卫纲常名教为本位，而这一时期的今文经学则聚焦于以经术为治术的"变通之法"——前者催生的多为时代的"策士、壮士和功名之士"，而后者则为中国社

---

① 汪荣祖：《论晚清变法思想之渊源与发展》，《晚清变法思想论丛》，第 53 页以及熊秉真：《从唐甄看个人经验对经世思想衍生之影响》，《"中央研究院"近代史研究所集刊》1985 年第 15 期。

② 李细珠：《曾国藩与倭仁关系论略》，王继平、李大剑主编：《曾国藩与近代中国》，长沙：岳麓书社，2007 年，第 387 页。

③ 萧一山：《曾国藩传》，台北：中华文化出版事业委员会，1952 年，第 37 页以及陆宝千：《清代思想史》，台北：台湾广文书局，1978 年，第 419 页。

④ 曾国藩：《原才》，《曾国藩全集》第十四卷，长沙：岳麓书社，1986 年，第 137—138 页。

会和文化孕育了求新求变的精神①。

进入 19 世纪 60 年代以来，随着西力冲击的加剧，"天下"格局逐渐动摇，朝贡关系慢慢松动，"万国"观念开始成型。此外，在门户开启之后，清朝士大夫对于西方的了解也日渐深入。有志之士开始注意到"欧洲各国，动以智勇相倾，富强相尚"②。对此，王韬发出"处今之世，两言足以蔽之：一曰利，一曰强"的感慨③。西潮东渐所引起的思想撞击，为士大夫带来"近代思潮之自具特色独成风气者，……实为富强思想。"④围绕国家富强之愿景而展开的思考、论辩与实践，成为这一时期士大夫思想变革的主要内容。

宋育仁在其所著《泰西各国采风记》当中注意到，当前"环球大势，以某国商业盛，即通行某国文，为便用而易谋利"。这种基于商业强盛带来的"大势"，是西方诸国超越清王朝的主要原因。因此，宋育仁说，清王朝的"国势衰微，不能不兴功利以自救"⑤。同时代的薛福成也强调，时势是历史前进的动力，是历史从简至繁、从陋至华的自然过程，也是天下的"公共之理"。

19 世纪后半叶，从王韬、薛福成到李鸿章、丁日昌，关于"变局"的讨论，在士大夫的文字中已相当多见。对清王朝所面临的"变

---

① 杨国强：《世运盛衰中的学术变趋》，《晚清的士人与世相》，北京：三联书店，2008 年，第 82 页。
② 郑观应：《易言（三十六篇本）·论公法》，夏东元编：《郑观应集》上册，上海：上海人民出版社，1982 年，第 66 页。
③ 王韬：《洋务上》，《弢园文录外编》，沈阳：辽宁人民出版社，1994 年，第 49 页。
④ 王尔敏：《中国近代之自强与求富》，《中国近代思想史论续集》，北京：社会科学文献出版社，2005 年，第 180 页。
⑤ 宋育仁：《泰西各国采风记》，朱维铮主编：《郭嵩焘等使西记六种》，北京：三联书店，1998 年，第 402 页。

局"判断，也从最初的"数百年未有之大变局"，扩展为"千年"乃至"数千年未有之变局"[1]。对于这一时期的士大夫而言，《易经》当中所强调的"天地人生变易"之理与宋儒邵雍对于"运会"的解释，成为他们探讨"时势"的重要理论来源。当时西力入侵，在王韬看来，正是"天心示变"的征兆，也是"三千年以来，至此不得不变"的开始。

身处于这一"天心"与"人事"变动不居的时代，顺应时势的基本路径从龚自珍、魏源时代的"重估功利"提升为"兴功利"以自强。清代中叶以后，朝野对于西方国家兵力与商力的理解更趋深入。曾国藩率先将"商"与"战"连缀，创造"商战"一词[2]，既刻画出商业在时势转移中的重要地位，也折射出当时清王朝所面临的迫切情势。薛福成谈到，商业乃一国实力的主流，舍此无以自强。郑观应则从国家危亡的角度，强调"我之商务一日不兴"，西方列强对我国的"贪谋一日不辍"[3]。与此同时，部分士大夫对于"势"的讨论，也已逐渐超越科学新知、技术以及商务的内容，开始涉及政治制度与民主思想。中国传统政治思想多侧重于"封建"与"郡县"的讨论，而清中叶以来的士大夫则开始议论君主政体、立宪政体以及民主政体[4]。

不过，清代中后期的经世思想家仍大体认为，西方的物质文明

---

[1] 王尔敏：《十九世纪中国士大夫对中西关系之理解及衍生之新观念》，《中国近代思想史论》，台北：华世出版社，1977 年，第 14 页。

[2] 王尔敏：《商战观念与重商思想》，《中国近代思想史论》，第 238 页。

[3] 郑观应：《商战》，《盛世危言》，沈阳：辽宁教育出版社，1994 年，第 238 页。

[4] 关于近代以来民主观念在中国的传播、实践及其思想特征，黄克武：《近代中国转型时代的民主观念》，王汎森等：《中国近代思想史的转型时代——张灏院士七秩祝寿论文集》，台北：联经出版事业股份有限公司，2007 年，第 353—382 页。

和先进的典章制度（"器"），需要回归到维护中国文明的本体（"道"）："器则取诸西国，道则备当自躬，盖万世而不变者，孔子之道也，儒道也，亦人道也"①。1876 年，薛福成代李鸿章所拟信稿之中也写到："道之所寓者器，道之中未尝无器，器之至者亦通乎道。"② 可见，在时人眼里，中西学说并非扞格难通、无法融汇。在近代中国寻求富强的历程中，受到西潮冲击的士大夫孕育出与儒家思想既有联系又存在区别的新观念③。"道"与"器"这种一体两面的关系，正如冯桂芬所言："以中国之伦常名教为原本，辅以诸国富强之术。"④

到了 19 世纪 90 年代，张之洞在《劝学篇》当中，以"中体西用"一语对于中学与西学如何融通做出精准的概括。张之洞是晚清疆吏之中积极求变的一员，他试图竭力以西方的"器"求变通、以中国之"道"固国本。张之洞相信，"中体西用"指导下的变革只会保护而不会瓦解儒家的道德基础。在张之洞"体"与"用"的思想背后，依然贯穿着清初以来经世思想"兼内外"的脉络，也不难辨析 19 世纪中叶以来"道器贯通"理念的痕迹。然而，晚清时期的儒家道德价值与西方科学理性之间的紧张关系大大加剧。"中体西用"也意味

---

① 王韬：《杞忧生易言跋》，《弢园文录外编》，北京：中华书局，1958 年，第 323 页。

② 薛福成：《代李相伯答彭孝廉书》，马忠文、任青编：《中国近代思想家文库·薛福成卷》，北京：中国人民大学出版社，2013 年，第 76 页。

③ 柯文认为，在这些人当中，王韬可能是个例外。因为在他那里，"道"并不特指中国文明的本体，而是人类文明的普遍特征。另一方面，柯文也指出，王韬将"道"普遍化的结果，并未导致儒学传统的终结。参见 Paul A. Cohen, *Between Tradition and Modernity: Wang T'ao and Reform in Late Ch'ing China*, Cambridge.: Harvard University Press, 1974, pp.152–153.

④ 冯桂芬：《校邠庐抗议·采西学议》，郑大华点校：《采西学议——冯桂芬 马建忠集》，沈阳：辽宁人民出版社，1994 年，第 84 页。

着传统儒家的道德价值只能在"体"的层面发挥作用，而在"用"的层面则不得不采用西力所引入知识与技术。由此观之，"体"与"用"之间在道德价值上的相关性大为弱化。面对时势，张之洞着力守卫传统的知识、思想与信仰，却同时在传统上打开缺口。正如列文森（Joseph R. Levenson）所言："19 世纪的'体用'模式，不仅体现了外来因素所造成的儒教衰落，而且也是儒教本身衰落的象征。"① 然而，体用模式也开启了未来改革的契机。后来，严复批评张之洞的体用观念，认为"牛体"不能"马用"，因中西文化各有其体用。对于严复而言，传统的精神价值、家族体系有着重要意义，不过传统的专制政体则需改变为君主立宪，再进而演变为民主共和②。中西、体用、内外等范畴的界定，也在 20 世纪前后成为士人思考的核心议题之一。

二、进化论与新宇宙观

甲午战争失败以后，士大夫对于儒学的意识形态和帝国统治的信心日趋动摇。天朝上国的形象受到冲击，朝野各界开始自觉而积极地改变，以期回应"西潮"的挑战。1895 年以后，康有为、梁启超、谭嗣同等人的思想，已经"与自强运动〔即洋务运动〕时期颇不相同。自强时期的求变求新，尚是相信中国的道统、中国的文化不可变，故其求变求新仅及于器物层面，而他们已经开始相信精神文化层面亦必

---

① Joseph R. Levenson, *Confucian China and Its Modern Fates: A Trilogy,* Berkeley: University of California Press, 1965, pp.77-78.

② Max K. W. Huang, *The Meaning of Freedom: Yan Fu and the Origins of Chinese Liberalism,* Hong Kong: The Chinese University Press, 2008, pp. 248-249.

须同时有所改变……他们较自强运动派更相信西学，视为是国家民族求富求强的万灵丹。"① 这些变法者为了挽救王朝危亡，引入西方的进化理论，为自己的变革行为寻找新的正当性依据，也为解释"时势"、顺应"时势"提供了新的参照系。19 世纪 90 年代以来，进化论在中国知识界之所以备受推崇，其关键并不在于其科学内涵，而在于它与中国社会政治变革紧密相连，具备了"宇宙观"、"世界观"（道）、"历史观"、"伦理观"等方面的整体性解释功能②。因此，进化论也成为影响晚清思想界的重要观念，时人称为"天演公理"。

对于绝大多数的中国读书人而言，第一次较为完整了解"物竞天择，适者生存"的进化公理，应当是通过阅读严复译述的《天演论》③。从西方思想史的脉络来看，达尔文（Charles Robert Darwin）进化论的历史意义在于把上帝"创世说"还原为神话，从而瓦解了神学的信仰基础。同时，达尔文又把包括人类在内的生物物种的生成和发展，视为自然演变的过程，从而奠定了理性主义自然史观的科学基础。因此，"达尔文主义不再是初步的科学学说，而成了一种哲学，甚至一种宗教"④。社会进化论的代表人物斯宾塞（Herbert Spencer）则从

---

① 李国祁：《满清的认同与否定——中国近代汉民族主义思想的演变》，"中央研究院"近代史研究所编：《认同与国家》，台北："中央研究院"近代史研究所，1994 年，第 91—130 页。

② 王中江：《进化主义在中国》，北京：首都师范大学出版社，2002 年，第 33 页。

③ 除了严复从西方文本的直接翻译之外，晚清进化论思潮的兴起与日本也有关联。进化论在传入中国之前已传入日本，成为日本现代思想观念的一部分。清末知识人和留学生来到日本之后，也有意识地通过日本此一渠道，间接学习西方思想文化。参见王中江：《进化主义在中国》第二章。

④ W.C. 丹皮尔：《科学史及其与哲学和宗教的关系》，李珩译，北京：商务印书馆，1975 年，第 378—379 页。

自然物种的普遍进化出发，以"适者生存"为阐释依据，把人类历史等同于物种的自然进化，形成了一种关于达尔文主义的延伸推论。所以，柯林武德（Robin George Collingwood）把这种观点评价为"得自进化论的自然主义并被时代倾向强加给历史学"的产物①。因此，作为自然主义"进化史观"的反对者，赫胥黎（Thomas Henry Huxley）在其所著《进化论与伦理学》（即严译《天演论》原本）中明确提出："社会文明越幼稚，宇宙过程对社会进化的影响就越大。社会进展意味着对宇宙过程每一步的抑制，并代之以另一种可以成为伦理的过程"。"社会的伦理进展并不依靠模仿宇宙过程，更不在于逃避它，而是在于同它作斗争"②。他一再强调人类历史（以伦理道德为基础）与自然进化（以物质宇宙为基础）这两种过程所依据原则的不同乃至背反。

耐人寻味的是，作为一个追求"信达雅"的译者，1896—1898年前后的严复在翻译《天演论》之时，一直试图平衡赫胥黎和斯宾塞之间的张力，又用心良苦地"取便发挥"，以图"达旨"。细读《天演论》译本不难看到，对于社会进化理论，严复的态度较为复杂：一方面，他不同意赫胥黎人性本善、社会伦理不同于自然进化的观点，另一方面却又赞成赫胥黎关于人不能被动地接受自然进化，应该与自然斗争、奋力图强的主张。一方面，他同意斯宾塞认为自然进化是普遍规律，另一方面，他又不满意其"任天为治"的弱肉强食的态度③。严

① 柯林武德：《历史的观念》，张文杰、何兆武译，北京：中国社会科学出版社，1986年，第164页。
② 赫胥黎：《进化论与伦理学》，《进化论与伦理学》翻译组译，北京：科学出版社，1971年，第57—58页。
③ 李泽厚：《中国近代思想史论》，合肥：安徽文艺出版社，1999年，第595页。

复既要为民族的自强保种寻找哲学基础，又不愿彻底打破传统的有机论宇宙观，从而形成了"天行人治，同归天演"的调和式表述。严复从老庄学说当中寻找进化论的哲学源头，把赫胥黎的"与天争胜"和斯宾塞的"任天为治"统一到"天演"之下，并将其置于易学的宇宙模式之中，以期为强权竞争寻找超越价值之源①。严复思想中的内在紧张，使得具有结构和意义多向性的进化论，在传播之初就不可避免地发生了变异。饶有意味的是，进化论也一直以这种"文化误读"的方式在近代中国传播。作为一种时代的精神倾向，中国人对于进化论的"误读"，实际上是在复杂情感支配之下"思想取舍"的产物。其目的就是要引申出关于社会变革的必然性和必要性的价值论证及历史依据。所以，进化论首先和一套目的论的历史观和宇宙观紧密联系起来。

对于社会政治起源的历史解释，传统儒家倾向于一种衰微论与循环说。儒者认为，人世的和谐秩序是由尧舜禹三代圣王肇端，随后治乱相循，通过一种盛衰循环的方式，深深镶嵌于中国人的世界观当中。然而，在受到进化论的影响之后，读书人的历史观念发生了重大改变。康有为承续了自龚自珍和魏源以来重视时势变易的今文经学历史观。他依据"公羊三世说"，将"据乱世"和"升平世"称为"小康"，而"太平世"则为"大同"，三者同处于一根通向未来、依次上升的时间之链②。对此，他的弟子梁启超的解释是："今胜于古，后胜

---

① 王天根讨论了"易学与西学之学理""易理与天演""易学与人之性理进化"以及"易学与社会兴亡盛衰论"的关联，参见王天根：《〈天演论〉传播与清末民初的社会动员》，合肥：合肥工业大学出版社，2006 年，第 29—38 页。
② 梁启超：《南海康先生传》，张品兴主编：《梁启超全集》第一册，北京：北京出版社，1999 年，第 481 页。

于今,此西人打捞乌盈(达尔文)、士啤生(斯宾塞)氏等所倡进化之说也。支那向来旧说皆谓文明世界在于古时,其象为已过,春秋三世之说,谓文明世界在于他日。谓文明已过,则保守之心生,谓文明为未来,则进步之心生。"①

进化论赋予历史的未来趋势以向上的必然性。因此,面对不断变动的时势,一方面,人们自然地相信"新的"总要胜过"旧的","未来"必定超越"过去":"由古世进化而有今世,由今世进化而有来世;今既胜于古,后又胜于今。"另一方面,"变化"成为时势的主要特征,一切都在"进步"的旗号下花样翻新,让人倍感刺激却又疲于奔命:"古人有古人的时势,斯有古人之理法;至今日而时势变矣,时势变,则理法从之而变。今人有今人之时势,至后日而时势又变矣,时势变则理法又从之变。"② 所以,杨度才说:"现在世界何等世界也?举天下之各民族群起而相竞争,观其谁优谁劣谁胜谁败,以待天演之裁判之世界也,而又数千年文明繁盛之支那人种存亡生死之关头也。"③

当内在超越的价值世界逐步瓦解,进化论赋予了人类推动历史和创造未来的世俗正当性。因此,即使是强调"天行人治,同归天演",当时思想界从严复的翻译之中,读到的更多或许是"人治"。其中缘由,一方面与晚清中国在世界竞争中屡遭挫败的历史困境密切相关,另一方面,进化论直接指向人类在历史当中自我主宰的可能性,也为衰亡民族的重新崛起提供了合理的预期。进化论把个人及其生存

---

① 梁启超:《论支那宗教改革》,《梁启超全集》第一册,第 263 页。
② 佚名:《与同志书》,张枬、王忍之编:《辛亥革命前十年间时论选集》第一卷上册,北京:三联书店,1963 年,第 403 页。
③ 杨度:《〈游学译编〉叙》,刘晴波主编:《杨度集》,长沙:湖南人民出版社,1985 年,第 73 页。

的意义与向前发展的历史紧密联系到一起。因此，进化论既是"泰西诸国"历史经验的放大，又是自由竞争时代当中国人期待的升华，从而在 19 世纪具有普世意义。

那么，"人治"的基础从何而来？除了通向美好未来的进化历史观以外，更重要的是贯通物质世界和人类社会的"力"的作用。在钱穆看来，对于"力"的理解与使用上的差异，正是东西方文明的分水岭："将西洋史逐层分析，则见其莫非一种'力'的支撑，亦莫非一种'力'的转换。此力代彼力而起，而社会遂为变形。其文化进展之层次明晰者在此，其使人有一种强力之感觉者亦在此。"① 然而，严复仍将这套主张极力发挥人的能力的"力本论"论述，归结为民力、民智与民德。他认为，"浚智慧，练体力，厉德行"才是使人全面进化的途径。在诸种能力之中，严复强调"德"在竞争当中的重要性。他指出，"西人所最讲、所最有进步之科，如理化、如算学。总而谓之，其属于器者九，而进于道者一。"然而，"社会之所以为社会者，正恃有天理耳！正恃有人伦耳"②。同时代的孙宝瑄也持有相似之见。1898年，他对于严复翻译的《天演论》曾发表过一段见解："《天演论》宗旨，要在以人胜天。世儒多以欲属人，而理属天，彼独以欲属天，以理属人。以为治化日进，格致日明，于是人力可以阻天行之虐，而群学乃益昌大矣。否则，任天而动，不加人力，则世界终古争强弱，不争是非，为野蛮之天下。"③ 孙宝瑄意识到，如果疏离了伦理道德的是非标准，一味放任权力角逐和弱肉强食，"竞争"带来的只能是一个

① 钱穆：《国史大纲》，北京：商务印书馆，1996 年，第 24—25 页。
② 严复：《论教育与国家之关系》，王栻主编：《严复集》第一册，北京：中华书局，1986 年，第 167—168 页。
③ 孙宝瑄：《忘山庐日记》上册，上海：上海古籍出版社，1983 年，第 155 页。

充满欲望的、野蛮的丛林世界。所以，他把讲"争"的天演论和讲"仁"的三世说结合起来。这种基于传统文化立场的伦理观念，既承认竞争之"力"在时势当中的重要作用，同时又为人的德性价值留下位置。

不过，庚子之变以后，中国面对的危机更趋严重，士大夫的言论重心也越来越趋向于反帝的民族主义。"天行人治，同归天演"的调和式平衡被打破。进化理论为中国的屡遭挫败做出了解释，也为中国奋力走出挫败指引了一个可行的方向。欧榘甲在《新广东》一文中说："夫自存者，争自立也。不能自立，即不能自存，即为他人所灭，即为天所弃。诸君，诸君，即不欲自立，独欲自存乎？"所以他说，"夫欲自存，惟信自己，无天可恃"①。既然"无天可恃"，只能"惟信自己"，也就意味着人的价值不再由道德义理之中的"是非善恶"来裁定。在这样的背景之下，读书人对于人性的理解也日渐幽暗。因为"夫人之性，去动物不远，故强凌弱众暴寡之野心在在思逞，于是以强力为自卫之要点，而因以形成国家"。所以，在部分读书人眼中，"智"与"德"变得不再可靠。中国想在生存竞争的国际舞台站稳脚跟，唯有依靠一套去除道德内涵的"强力""威力"甚至"暴力"："夫国家组织之目的，在于社会幸福之增进，及伸张个人之自由，其最重要者在具强力，且备其他之暴力，此一定之理势。"② 连接人与人的不再是传统中国充满关怀与信任的社区社会（Gemeinschaft）③，彼

---

① 太平洋客（欧榘甲）：《新广东》，《辛亥革命前十年间时论选集》第一卷上册，第282页。
② 佚名：《中国之改造》，《辛亥革命前十年间时论选集》第一卷下册，第418页。
③ 社区社会（Gemeinschaft）与结社社会（Gesellschaft）两个范畴之区分，由 Ferdinand Tönnies 最早强调。一般而言，前者指传统社会中重视感情与

此之间只剩下"优劣之无定,故当力占优势"的利益盘算^①。从此,在部分士人的认知当中,推动社会进化的个人能力,逐渐扬弃严复、孙宝瑄主张的德性义理的内涵,只剩下力争"立于不败之地"的"力"的逻辑。

20世纪初期,传播《天演论》最为有力者当数梁启超。梁启超的思想比较复杂。戊戌期间,他相信纯粹的"力"在世界竞争当中已经日趋式微:"世界之进化愈盛,则恃力者愈弱,而恃智者愈强。"^②《新民说》发表以后,从竞争于"力"到竞争于"智"的说法在他笔下逐渐消失,"力"较之"理"变得更具有优先性。梁启超相信:"昔天演学者通用语,皆曰物竞天择,优胜劣败。而斯氏(斯宾塞)则好用'适者生存'一语。诚以天下事无所为优,无所谓劣。其不适于我也,虽优亦劣;其适于我者,虽劣亦优。"^③

梁启超的进化理念受日本思想家福泽谕吉的"文明论"影响甚深。在福泽谕吉看来,人类普遍进化的历史是以文明为轴心,经由野蛮、半开化到文明的进化历程。文明既然有先进与落后,那么先进者必然就要征服、改造落后者,而落后者自然要被先进者所压制^④。这一

道德,以农业为本的小村生活,后者指因都市化进程而日趋复杂化的市民社会。相对"社区社会"而言,"结社社会"当中的道德与人情更加淡漠,组织关系、思想状况也更加多元。墨子刻:《二十世纪中国知识分子的自觉问题》,余英时等:《中国历史转型时期的知识分子》,台北:联经出版事业股份有限公司,1992年,第130页。

① 君平:《天演大同辨》,《辛亥革命前十年间时论选集》第一卷下册,第873页。
② 梁启超:《变法通议》,《梁启超全集》第一册,第10页。
③ 梁启超:《记斯宾塞论日本宪法语》,《梁启超全集》第一册,第336页。
④ 福泽谕吉:《文明论之概略》,转引自郑匡民:《梁启超启蒙思想的东学背景》,上海:上海书店,2003年,第63页。

理念与晚清以来中国的历史性遭遇不谋而合。因此，在梁启超看来，"文明"正好能够与"富强"一道，共同构建一套普世性的核心义理与规范①。所以，文明是通过竞争得以形成。而国际社会既是生存竞争的场所，也是适者生存的场所。当时人甚至以你死我活的"战争"一词，来形容激烈的竞争——不但军事交锋是战争，商业交往、学术交流都是赤裸裸的"战争"："善争者存，不善争者亡，善争者生，不善争者死。争之为道有三：兵战也，商战也，学战也。"②在这个残酷的"战场"上，个人的情操与德性的陶冶、社会和国家公共伦理的培养，被"以暴易暴"的生存手段所异化。"后此中国乎，则一时有一时之现象，一年又一年之变症，吾不知今日之为如何境况，焉知他日之如何结局也。"③

为了求得生存，各国也不断寻求发展以增进本国的能力。支配生存竞争的，正是进化论所揭示的"优胜劣汰"法则——优者生存下来并且更加繁荣，劣者则被无情地淘汰。文明即通过这一过程得到发展。在梁启超看来，文明不是实现某一目的的过程，而是作为生存竞争的结果而产生的过程④。他说："夫竞争者，文明之母也。竞争一日停，则文明之进步立止。由一人之竞争而为一家，由一家之竞争而为一乡族，由一乡族而为一国。一国者，团体之最大圈，而竞争之最高潮也。"⑤

---

① 梁启超：《自由书·文明三界之别》，《梁启超全集》第一册，第340页。
② 佚名：《与同志书》，《辛亥革命前十年间时论选集》第一卷上册，第394页。
③ 张继煦：《湖北学生界·叙论》，《辛亥革命前十年间时论选集》第一卷下册，第439页。
④ 佐藤慎一：《近代中国的知识分子与文明》，刘岳兵译，南京：江苏人民出版社，2006年，第95页。
⑤ 梁启超：《新民说·论国家思想》，《梁启超全集》第一册，第663页。

事实上，这并非梁启超一人的思想转变。在当时，"力即理也"的说法频繁出现在报章杂志之上。张鹤龄在《彼我篇》一文中说："吾儒者之言，谓论理不论力。庸讵知所据之力，即所据之理，更无力外之理乎？"[①] 极力主张"金铁主义"的杨度则相信："西哲之常言曰：'两平等相遇，无所谓权力，道理即权力也；两不平等相遇，无所谓道理，权力即道理也。'今日欧洲各国之自为交，与其交于他洲之国，则二者之区别也。"[②] 在西方列强"不顾天理，不依公法，而惟以强权竞争为独一无二之目的"的世界上，进化论中重"力"的"优胜劣败"之说在中国越来越具有说服力。一个崇尚个人欲望与个人权利的时代，也在"力"的推动下来临："竞争者，富强之兆也。人之生也，莫不欲充其欲望；夫欲望无限，则其所欲望之物亦无涯矣。土壤有限，生物无穷，则其所欲望之物，亦不能无尽。因之相互欺侮，互相侵夺，而竞争之理，于是乎大开。"[③]

三、以太、心力与个人崛起

随着以进化论为核心的新世界观逐步确立，儒家价值观受到更为强烈的冲击。在 19 世纪 90 年代，一方面，维新派激进的政治实践与制度变革，顺应了危亡时代寻求富强的广泛诉求；另一方面，在道德与精神的层面上，对于个人意志自主性的肯定也得到士人们的大力倡导。"以太""心力""自主之权"等语汇及其衍生的新思想，随着

① 张鹤龄：《彼我篇》，《晚清文选》下册，第 112 页。
② 杨度：《〈游学译编〉叙》，《杨度集》，第 73 页。
③ 佚名：《权利篇》，《辛亥革命前十年间时论选集》第一卷上册，第 483 页。

新学书籍与报刊的广泛传播，成为清末民初挑战传统中国价值观念的重要武器。从严复翻译的《群己权界论》到康有为的《大同书》、谭嗣同的《仁学》，它们都以个人自由和个人平等作为立论之本。"一人之行为，必由一人之意志决之；一人之意志，必由一人之智识定之。自由者，道德之本也，若一人之行为，不由一人之意志而牵率于众人，勉强附和，则失其独立之精神，丧其判断之能力，而一人之权利，遂以摧残剥落而莫能自保。"①

　　对于晚清维新派人士而言，这一时期推尊自我、强调心力之风的开启者，其渊源当可上溯至清中叶的龚自珍。作为嘉道以来在汉学内部复兴公羊学的重要推动者，龚自珍创造性地借助"三世说"，通过微言大义式的创造性解读，以认知变动不居的"时势"。更为重要的是，龚自珍在向传统天命史观的挑战过程中，率先将"自我"视为创造历史的主体："天地，人所造，众人自造，非圣人所造。……众人之宰，非道非极，自名曰我。"②龚自珍意识到历史发展进程中"自我"与"创造"的独特价值——一方面，历史是由每一个体（合为众人）创造出来的，而非如程朱理学所述，基于天理、太极、道等形而上观念的玄虚推演；另一方面，作为与"圣人"相对的芸芸众生，他们不是历史发展中被规训的客体，而是创造历史的主体。那么，自我如何创造历史？在龚自珍看来，自我所依据的正是"心力"。而"心力"一词之所以在近代中国成为流行概念，也正源于龚自珍的大力提倡③。这一概念包括了智慧、情感乃至佛教"业力""愿"等诸多内涵。

① 佚名：《教育泛论》，《辛亥革命前十年间时论选集》第一卷上册，第401页。
② 龚自珍：《癸壬之际胎观第一》，《龚自珍全集》，第12—13页。
③ 高瑞泉：《天命的没落——中国近代唯意志论思潮研究》，上海：上海人民出版社，2007年，第11页。

在不同的语境下，他的"心力说"带有或深或浅的宿命论痕迹。不过，龚自珍借助"心力"一词，创造性地描绘出自我意志所产生的强大驱动力，实具思想史上的先导之功。个人自由意志足以与传统"天命"相抗衡，并且成为历史发展的主要动力。

19世纪90年代，在龚自珍的崇拜者谭嗣同笔下，龚氏的"心力说"得到延续与深化。这位维新运动的代表人物，试图借助更加决绝的意志力量"冲决网罗"，实现"以心力挽劫运"的神圣使命。细读《仁学》和谭嗣同的其余文字，不难发现，谭嗣同的"心力说"首先与他的仁学宇宙观密切相关。而这一宇宙观的本源，则是由张载和王夫之的哲学发展而来的新儒学世界观[1]。对于新儒家来说，仁不仅是一种具体化的道德理想，而且象征着天人合一的世界观。张载所倡导的"气"的一元论之主张，正是环绕着天人合一论而建立。张载认为，"气"既是某种物质性的东西，又具有天赋活力和道德精神。因此，个人在宇宙中的存在与消亡，只是无所不在的"气"的聚散而已。当个体存在时，"气"不但充满了人的身体，而且其中固有的道德与精神，构成了与宇宙相联系的生命中心，从而形成一个宇宙共同体。张载的这一哲学主张得到王夫之的重视。王夫之以道、器两分的方式，接受了张载以"气"为基石的一元论本体论。他同时强调，"道"只有通过具体的道德实践才能得以实现。这意味着，自我必须进行不断的道德与精神革新，才能与生生不息的宇宙融合在一起。这种自新的道德能动力就蕴含在"人心"之中。

---

[1] Hao Chang, *Chinese Intellectuals in Crisis: Search for order and meaning, 1890-1911*, Berkeley: University of California Press, 1987, p. 94. 本文以下阐述，参见此书关于谭嗣同的章节以及张灏：《烈士精神与批判意识——谭嗣同思想的分析》，顾忠华译，桂林：广西师范大学出版社，2004年。

通过张载的天人合一本体论到王夫之的"气"一元论，谭嗣同更为深入地理解了"仁"的概念。不过，较之宋明时代的张载、王夫之，谭嗣同的思想世界更加复杂多元。除了儒学理论之外，大乘佛教、基督教思想以及西方科学知识，在他的仁学宇宙观与心力说的建构过程中，同样扮演了十分重要的角色。值得注意的是，谭嗣同对于宇宙万物"气"一元论的观点，已经被新的概念——"以太"所取代。以太一语出自希腊文，是西方古典思想中所假想的、充盈于宇宙之间的一种纯粹物质的最小单位，同时也被视为构成灵魂的基础要件，无始无终而又不生不灭[①]。然而，在谭嗣同的思想当中，以太这一概念的内涵则较为复杂。以太既是"电也，粗浅之具也，借其名以质心力"，又是仁、元、性（儒家）、兼爱（墨家）、性海、慈悲（佛家）、灵魂（耶教）。宇宙的现象界、虚空界、万物界都因以太而发生与存在。在谭嗣同的仁学宇宙观之中，仁的第一定义是"通"，而以太则是"通之具"。换言之，以太、电、心力等，都是仁得以"通"的媒介。从这个意义上看，以太是实现仁的工具。另一方面，谭嗣同同时也强调："夫仁，以太之用，而天地万物由是以生，由之以通。"也就是说，仁的最终实现，必须借助以太的存在才有可能。从这一彼此贯通的关系上看，"以太"与仁有着互为表里也互为体用的关联。在《仁学》一书中，谭嗣同还引用不同宗教传统中的核心概念，赋予"以太"一词以更加丰富多元的道德与精神内涵。虽然"以太"这一概念借用的是19世纪科学唯物论的语言，但仍然

---

① 刘纪蕙：《丰其蔀，日终见斗：重探谭嗣同的心力观》，"现代主义与翻译学"学术研讨会论文，台北："中央研究院"中国文哲研究所，2006年，第17页以及李泽厚：《论谭嗣同的哲学思想和社会政治观点》，《康有为谭嗣同思想研究》，上海：上海人民出版社，1958年，第179页。

保持了新儒家传统中"气"一元论的特色——融合物质性与道德精神性的双重面向。

在"以太"与"仁"彼此交织构建的宇宙观之上,谭嗣同找到了安放"心力说"的哲学基石。有学者已经注意到,谭嗣同的《仁学》与"心力说"受到英国传教士傅兰雅(John Fryer)所翻译的亨利·伍德(Henry Wood)《治心免病法》一书的较大影响[①]。这本关于心理治疗的小册子宣扬精神具有超越肉体的力量,甚至能够治愈肉体疾病。这让谭嗣同相信,人的心灵经过适当的修养和发展,能够产生一种拯救性的精神力量——心力。在这种想法的背后,包含了他在 19 世纪 90 年代对佛教学说和基督教教义的理解与接受[②]。所以,谭嗣同强调人尚机心,"心之机器制造大劫"。惟有消除自己的机心,重发慈悲之想法,"自能不觉人之有机,而人之机为我所忘,亦必能自忘。无召之不来也"[③]。因此,当时的人们在谭嗣同的笔下,读到与 50 余年前龚自珍的感喟非常相似的论断[④],也就不足为奇:"心之力量虽天地不能比拟,虽天地之大可以由心成之、毁之、改造之。"那么,谭嗣同

① Hao Chang, *Chinese Intellectuals in Crisis: Search for order and meaning, 1890-1911*, p. 77. 以及张灏:《烈士精神与批判意识:谭嗣同思想的分析》,第 257 页。

② 谭嗣同思想中的佛教与基督教背景分析,参见 Hao Chang, *Chinese Intellectuals in Crisis: Search for Order and Meaning, 1890-1911*, pp. 78-79.

③ 谭嗣同:《上欧阳中鹄》之十,蔡尚思、方行编:《谭嗣同全集》,北京:中华书局,1998 年,第 461 页。

④ 龚自珍本人也信奉天台宗。天台宗的业感缘起学说,强调业力是一切有情众生乃至佛及其所在世界产生的原因或根源。所谓业力,就是指众生的行为和支配行为的意志。从龚自珍、魏源到康有为、谭嗣同这一重视心力与唯意志论的思想脉络中,相当多的人与佛教有着深厚的渊源,参见高瑞泉:《天命的没落:中国近代唯意志论思潮研究》,第 12—13 页。

极力阐发的"心力"与"以太"以及仁学宇宙观之间，究竟存在何种关系？

在谭嗣同的思想脉络中，"以太"是遍及宇宙的物质乃至道德精神最小的单位。同时，以太也是一种"吸力"。由于这个吸力，大至整个宇宙，小至宇宙中最细微的东西都赖以凝聚结合。另一方面，"以太"所包含的变化内涵也在谭嗣同的论述中得到强化：以太是动机，是即生即灭，是"日新"，更是宇宙万物所不能回避的变化。谭嗣同进一步指出，"以太即性"，"一切入一，一入一切"。此处的"一"指无限少，"一切"指无限多，无限少的"一"与无限多的"一切"可以等同。因此，一就是多，就是无限。这一表述的背后，既有儒家重视道德自主性的思想活力，也有西方工业文明蕴含的"浮士德—普罗米修斯精神"所带给谭嗣同的冲击[①]。而且，谭嗣同从华严宗"一多相容"的论点出发，提出"一"即是"多"，"我"即是无限之多的可能。从以太所具有"一就是多"的特性可以看到，作为推动宇宙的强大道德与精神活动，无远弗届的"心力"具有一种单纯物质力量所无法企及的"无限性"。

除了心力在范围上的无限性之外，谭嗣同"心力说"的其余特征还需要从仁学宇宙观的这一角度进行考察。"仁"的本质是一种道德价值。不过，在《仁学》一书中，谭嗣同给"仁"的第一定义是"通"。以太、电和心力，都是"仁"得以"通"的媒介[②]。因此，谭嗣同将仁的道德价值的重心，落实在"仁以感通为体"的观念之上。

---

① 史华慈：《寻求富强：严复与西方》，叶凤美译，南京：江苏人民出版社，1989年，第232页。
② 谭嗣同：《仁学》，《谭嗣同全集》，第291页。

如何实现中外、上下、男女、人我的彼此相通？谭嗣同提出，需要以"心力"来"破对待"。所谓"对待"，意指主体与客体区别差异而聚集同类的原则。"破对待"便是破除以命名而区分的主客对立。只有破除掉横亘在万事万物之间、因名实差异而产生的诸种等级壁垒和主客关系，才能实现谭嗣同对于"仁"所下的第二个定义："无对待，然后平等"[①]。为了"破对待"，谭嗣同首先将心力说与"日新"及"三世演进"的进化论主张结合在一起，为维新变法张目——"其意以为孔子之教，以革新为要义"[②]。其次，与"以太"结合所产生"心力无限"的看法，使得谭嗣同将以心力"破对待"的重心，放置在冲决名教与人伦的"网罗"之上。谭嗣同批评中国"亡于静"，并以佛教所言"威力""奋迅""勇猛""大无畏"与"大雄"等概念，强化心力的雄强刚猛之态。

对于谭氏的仁学宇宙观而言，"心力"的重要性不仅在于它所生成一种"冲决网罗"的强大破坏力，还在于它同样拥有"合群"的能力。"破对待"固然意味着祛除等级差异的区分，但这并非"仁"的终极目的。对谭嗣同而言，最终需要实现的目标是"联合群，结团体，聚种类"。因此，在谭氏对于未来美好社会的愿景，是一个建立在具有平等之爱、互相依存关系之上的人类共同体。这一目标既来自张载《西铭》当中对于社会的看法、墨子的兼爱观念以及佛家的平等诉求，也和前述"一多兼容"的以太观以及借助心力"破对待"的努力，存在一体多面、密切相关的联系。这个充满"仁"的道德共同体，

---

① 谭嗣同：《仁学》，《谭嗣同全集》，第 7 页。
② 萧公权：《中国政治思想史》下册，台北：联经出版事业股份有限公司，1982 年，第 763 页。

超越了国界、性别、阶级与种族的差别，是属于"世界"与"天下"的。它的建构力量，就建立在每一个体如何最大程度的扩展"心力"之上。

谭嗣同对于"心力"的强调，和当时中国忧患频仍的历史情境密切相关。当时，在引进西方技艺与政治改良的方略、寻求国家富强的努力之外，士大夫们同样关切怎样通过道德精神乃至宗教的超越力量重振积弱不堪的国民性。对于康有为、谭嗣同等重视超越价值的士大夫来说，最为直接的目标就是挑战为祸至烈的名教与儒家人伦关系的重重网罗，从而获得自我意志的无拘无束，进而实现"仁"的社会道德理想。在过去种种历史情境之下，儒家思想获得过诸多复杂的解释。但对于儒家的基本伦理规范，却未能如康有为、梁启超、谭嗣同一样提出不同角度的诠释。"这使人们对这些主要价值观和信仰产生疑问，这一事实即意味着作为中国信仰核心的儒家正日趋衰微"[①]。

正如有学者所言，对于儒家名教的反抗早在魏晋时代便已经发生，但仍然属于中国文化传统内部的批判。晚清以来强调"以心挽劫"、以"心力"实现"仁"的道德激进主义态度，与此前的"自然"与"名教"之争有着根本不同。其激进之处甚至超过后来五四启蒙知识人的反传统主义。不过，康有为和谭嗣同将儒家道德中"仁"的德性内涵，通过一种精神性（宗教性）取向的方式予以留存并且试图发扬光大。这是晚清维新知识人和"五四"一代文化批判者的差别所

---

① Hao Chang, "Intellectual change and the reform movement, 1890–8," in Denis Twitchett and John K. Fairbank eds., *The Cambridge History of China*, Volume 11, New York: Cambridge University Press, 1978, p.282.

在。同时，从谭嗣同等人对于"心力"的深刻洞察与复杂表述之中可见，晚清"个人"观念的崛起，与西方现代意义上"个人"的形成不同。西方社会的现代"个人"的背后，有一套源自罗马时代的自然法背景。欧洲启蒙运动正是将自然法作为最高法，从而确认"天赋人权"的神圣理念。古代中国并没有西方自然法的传统，与之相似的是一个源自天命、天道与天理的超越宇宙观。因此，晚清个人意识的兴起，并非诉诸自然法的主张，而主要来自传统儒家人心与天道相通的二元论，以及霍布斯（Thomas Hobbes）、洛克（John Locke）、密尔（John Stuart Mill）等西方思想家关于个人自由和个人权利的种种思想。同时，晚清士大夫"回归原典"的努力，极大地开掘了先秦诸子学、佛学乃至基督教之中关于道德自主性、个人平等的思想资源。多种理论资源的彼此会通，在晚清的历史情境下，极大地促进个人主体意识的发展[①]。

康有为、谭嗣同等人所阐发的仁学世界观，虽然仍旧带有儒家天理世界观的底色，但其个人观念之中所凸显的强烈道德自主性，已经使得它初步具备现代个人的色彩。道德实践的重心逐渐落实到"人心"之上，使得"自我"由此获得了道德自主性和人格自由的正当性。从此以后，"心力""心的进化""精神救国"等语汇，成为清末民初知识人广泛讨论的话题。无论是康有为在《大同书》当中，依托"自由平等"之旨立"破除九界"之论，梁启超在《新民说》里强调"心力涣散，勇者亦怯；心力专凝，弱者亦强"，还是杜亚泉在《东方杂志》上所谈论的"心的进化""精神救国"，五四时期《新青年》的

---

① 杨贞德：《导言：自由、自治与历史》，《转向自我——近代中国政治思想上的个人》，台北："中央研究院"中国文哲研究所，2009 年，第 1—48 页。

激进化转型，直至陈独秀、李大钊、毛泽东所引领的共产主义运动在20世纪上半叶的兴起，都可以看到它们背后隐伏着晚清以来"心力"学说的思想脉络[①]。

四、经学的解构与建构

晚清以来的思想脉动，不仅源自西力与西学的外在刺激，清代学术思想自身所包含的"以复古求解放"的趋势也是另一动因。因此，中国近三百年来的学思历程，乃是一个扬弃先前诸种注解，直接通过"反求经典"以期发掘圣人微言大义的过程。这一现象出现的原因复杂多元、彼此交织。大体而言，既源自清初学者出于对宋明理学的反思而形成的"实学"精神，也有因儒学内部程朱与陆王之争所引发的"智识主义"理论取向，还包括因为王权高压而反向催生的训诂考证之风[②]。因此，在"以复古为职志"的清代思潮左右之下，无论是乾嘉年间开始复兴的诸子学与考据学，还是对于晚清思想界产生重大影响的今文经学，都可视为其"势所必然"的结果[③]。

[①] 晚清以降中国思想界激烈"转化"思想之形成，参见黄克武：《一个被放弃的选择：梁启超调适思想之研究》，台北："中央研究院"近代史研究所，2006年，第157—194页。

[②] 黄克武：《清代考证学的渊源——民初以来研究成果之评介》，《近代中国史研究通讯》1991年第11期。所谓"回归原典"之风，其实发轫于明末清初，入清后方有"悬崖转石，翻腾一度"之势。参见《从宋明儒学的发展论清代思想史》及《清代思想史的一个新解释》，《历史与思想》，台北：联经出版事业股份有限公司，2004年，第87—120页以及第121—156页。

[③] 梁启超：《清代学术概论》，上海：复旦大学出版社，1985年，第3页以及第60页。晚清诸子学复兴之状况，参见黄克武：《梁启超的学术思想：以墨子学为中心之分析》，《"中央研究院"近代史研究所集刊》1996年第26期。

数千年来，儒家经典不仅仅是思想学术的文本，也是传统中国政治合法性的基本依据。"制度有一定而不可私造，义理衷一是而非能臆说"①，因此，经典的权威性正是体现在这一价值神圣感之上。自清代中后期以来，面对深重的时代危机，士人欲找寻应对现实挑战的方略，很大程度上需要到经典之中寻找。而当这一近乎实用主义式的努力，与清代学术发展的内在脉络互相呼应之时，最终必然导致"非至于孔孟而得解放焉不止"②。然而，复古越彻底，越凸显经学的功用出现问题。从清代学者"反求经典"的努力及其后果来看，曾经神圣的经学传统在"以复古求解放"的潮流下被步步摧破。当复古到经典的原初形态仍然无济于事之时，意味着意识形态危机已经迫在眉睫③。

经学所面临的这一困境与紧张，从清中叶起即因其与世运变迁相关联而逐渐凸显。尽管并非出于时代危机的直接刺激，常州学派的庄存与在讲求名物训诂之外，开始发掘微言大义。这与此前的戴震、段玉裁的考据学理路已有差异。其后，刘逢禄则大力阐发了何休对于《春秋公羊传》中"张三世""通三统""绌周亡鲁"与"受命改制"等意蕴。如前所述，嘉道以来，出于对历史发展进程中"理势"关系的体察与反思，龚自珍、魏源以"求古"为学术目标，主张"通经致用"，"以经术作政论"，试图借"公羊三世说"宣讲微言大义。从此，复兴的今文经学染上浓厚的经世色彩。不过，这些初期与中期的今文经学家并未完全背离音韵训诂之学，他们仍希望在"反求原典"的努力中体察六经的原意。然而，由此所引起经典辨伪的行为却使他们开

---

① 皮锡瑞：《经学历史》，北京：中华书局，1981年，第139页。
② 梁启超：《清代学术概论》，第6页。
③ 陈少明、单世联、张永义：《近代中国思想史略论》，广州：广东人民出版社，1999年，第36页。

始意识到，通过古文经仍不足以探求孔子的微言大义。从此，曾经被汉学痛加挞伐的义理之学，在时局忧患的刺激之下，通过今文经学重新被引入汉学之中。乾嘉年间，"把汉学推向巅峰的古文经学是以排诋宋学起家的"。然而，清代中后期，"继起的今文经学却在排诋古文经学的过程中，骎骎乎成了汉学里的宋学"①。晚清经学正是在这一新旧交错、回环往复之中，不期然实现了自身的解构与重构。这一过程，由刘逢禄分解《左传》，魏源割裂《诗》《书》，龚自珍欲写订群经，直至廖平、康有为断然宣称所有古文经俱为刘歆所伪造，一举否定古文经的可信度，并借此复兴今文经学，以便重新揭露孔子之微言大义②。

在晚清中国的思想舞台上，康有为因其激进的制度改革方案，成为今文学派在这一时期的核心人物。事实上，康有为对于今文经学的理解与接纳，源自19世纪80年代末期与另一位今文学者廖平的接触。而廖平的老师则是当时以治《春秋公羊传》闻名于世的湖南学者王闿运。廖平著有《知圣篇》与《辟刘篇》。前者宣称它对圣人的理解才是唯一可靠的（知圣），后者宣称过去通过古文经来了解孔子的理想是问道于盲，因为这几部书是刘歆伪造的（辟刘）③。"知圣"与"辟刘"这两条路线双峰并峙，再加上光绪十七年（1891）问世的康有为《新学伪经考》，联手对古文经学形成重大挑战④。如前所述，今

---

① 杨国强：《世运盛衰中的学术变迁》，《晚清的士人与世相》，北京：三联书店，2008年，第80页。
② 王汎森：《古史辨运动的兴起》，台北：允晨文化实业股份有限公司，1987年，第111页。
③ 钱穆：《中国近三百年学术史》下册，台北：台湾商务印书馆，1990年，第642—652页以及梁启超：《清代学术概论》，第63页。
④ 王汎森：《古史辨运动的兴起》，第61页。

文经学所强调的是一种因时而"变"的改制哲学。从庄存与到龚自珍的时代,不论是复古式还是循环式的"变",学者们基本还在传统的典范之下盘旋。但到了廖平和康有为的时代,今文经学所重视的方向已经转向现代或者西方。其内在理路与传统儒家经典所揭示的社会典范,已经存在不小的差距。因此,随着晚清时局的日趋危急,康有为在反求孔了原典的目标之下,逐渐开始否定古文经的地位,将其说成是刘歆刻意伪造、以便帮助王莽篡位的工具。因此,廖平的著述和康有为《新学伪经考》,给晚清学术思想界带来两个直接后果。其一,由于他们急切地想把孔子的旧形象排除,使得首当其冲的古文经遭到前所未有的攻击 [①]。以伪经批判冲击古文经学,造成"清学正统派之立脚点,根本摇动"。其二,廖平多次通过对于上古荒陋的描绘,表现出对于上古"黄金三代"的彻底怀疑。到了康有为,更由根本否认古文经推演到宣称所有古文经中的史实皆为虚假。这造成古代经典与古史的真伪与价值均需要重新评估。廖平、康有为等晚清今文学者对于古史的辨伪,同样也颠覆了人们对于上古历史的美好信念,在晚清思想界卷起了一场"飓风"。

就在 1898 年维新变法的前夜,康有为推出《孔子改制考》。在这本著作里,他重新肯定政治改革是儒家的主要宗旨,也是今文经学的精髓。在此前的《新学伪经考》一书当中,康有为指斥作伪的古文经学背离了孔子的本意。刘歆将周公视为儒教的开山祖师,模糊了孔子改制的真相。因此,他在新作中特意凸显孔子变法救世的形象,作为当代变法的依据。康有为认为,不但《春秋》是孔子的改制创作之书,连同六经也都出自孔子之手。正因为"孔子盖自立一宗旨而凭之

---

① 王汎森:《古史辨运动的兴起》,第 95 页。

以进退古人去取古籍"①，因此，他不但是儒学的创立者，也是应天之命、为新王朝建制之"素王"。今日所知的上古三代的良法美意皆非历史，而是孔子的创制。那么，孔子为何要托古改制？按照康有为的解释，乃是因为孔子生于衰世，有心救时。刘歆以周公代孔子，破坏了以孔子为教主的传统，致使与君统共存的师统无以为继，从而导致两千年的帝制中国君权独大、儒教式微。因此，为了救世，必须复兴儒教、重建权威②。

实际上，在今文经学的论述框架之下，"改制"一说本来只是意味着礼仪的改变，而非现代意义上的制度创新③。这是刘逢禄、龚自珍诸人无法走出传统范式的原因之一。但是，康有为却大胆地赋予"改制"以政治革命、社会改造的现代意味。所以说，康氏名为解经，实则任意裁定古史，以便适应其政治改革与经世致用的需要。面对康有为对于传统经学思想的破坏与重塑，孙宝瑄抨击其伪经之说"欲以新奇之说胜天下，而不考事理"。康有为的弟子梁启超也承认，乃师之说多难以自圆。同时代的古文经学家朱一新，在与康有为的多次辩难中，则直斥康有为的目的若在学术，则导致"学术转歧"；若为端正人心，则导致"人心转惑"④。对于具有高度权威性的儒家经典而言，

---

① 梁启超：《清代学术概论》，第 64—65 页。

② 汪荣祖：《从传统中求变——晚清思想史研究》，南昌：百花洲文艺出版社，2002 年，第 243 页。

③ Hao Chang, "Intellectual change and the reform movement, 1890-8," in Denis Twitchett and John K. Fairbank eds., *The Cambridge History of China,* Volume 11, p.290. 以 及 Hao Chang, *Liang Ch'i-ch'ao and Intellectual Transition in China, 1890-1907,* Cambridge.: Harvard University Press, 1971, p.53.

④ 汪荣祖：《从传统中求变——晚清思想史研究》，第 237 页。

其内涵的"转歧"与"转惑",带来的后果都将是灾难性的。可见,在一个政治秩序与心灵秩序面临危机的时刻,单纯排诋古文、神化孔子,并不足以充分说明晚清改制的必要,反而可能造成儒家政治秩序与心灵秩序的分崩离析。

而此时引入的进化论,作为"实理公法"(科学原则)之一,一方面为康有为极力倡导的公羊三世说,提供了线性发展的历史图景;另一方面,也暗示进化作为历史发展的一般性规律,乃是放诸四海而皆准的公理。因此,中国的变革也必须符合进化理论。于是,在何休对于三世意义的拓展基础之上,康有为从公羊三世说所包含的历史论述之中,推演出了"据乱世""升平世""太平世"的新意和"愈改愈进"的主张。在《新学伪经考》的"飓风"扫过的废墟之上,《孔子改制考》又仿佛喷发的"火山",以追寻经典本义的面目重新描绘出一幅托古改制的理论蓝图。

康有为通过重新阐释公羊三世说,肯定其中孔子的"非常大义"。从学术史意义上而言,康有为对于公羊学并无原创性贡献。他追踪公羊学诠释传统,因其最明《春秋》改制之义,足以借此改造中国,实现其乌托邦之梦 [①]。所以,在康有为的思想当中,同时包含着借托古改制实现政治改革与国家富强(短期目的),以及瞻望未来乌托邦世界(长期愿景)两个层次 [②]。对于康有为而言,最终目的不是民族国

[①] 汪荣祖:《从传统中求变——晚清思想史研究》,第 234 页。

[②] 根据萧公权的研究,康有为的思想历程大约可以分为两个时期,从 1880 年代到 1920 年代初为第一期,儒学和大乘佛学仍为其主要灵感来源;第二期包含康氏晚年,从较超越的立脚点来观察人与宇宙。参见萧公权:《近代中国与新世界——康有为变法与大同思想研究》,汪荣祖译,南京:江苏人民出版社,2007 年,第 106—107 页。

家，而是天下一统。这就是梁启超在《康南海传》中所说，"先生经世之怀抱在大同，而其观现在以审次第，则起点于爱国。"[1] 康有为于1901—1902 年旅居印度时完成的《大同书》，最能申发其中深意。虽然此书完成甚晚，然而康有为对此思考却早已有之。按照梁启超的说法，康氏在早年师事朱次琦、独居西樵山之时即有此"穷极天人之思"[2]。不管此论确否，至少在康有为早年所撰《实理公法全书》之中，已明确展现了"世界化"的思想趋向。其中向往博爱、平等、自由，打破国界、种族、语言等障碍的论说，实已发《大同书》之先声[3]。

正因为康有为的大同理论建立在与进化论紧密结合的"三世说"之上，因此"三世说"强调的"时已至则法随以变，时未至则不能躐等"[4]，也被解读为接近西方启蒙理性、重视渐进与不断完善的一种理念。因此，达到"太平世"方能实现大同之治——"一个在民主政府领导下的世界国，一个没有亲属、民族和阶级分别的社会，一个没有资本主义弊病而以机器发达来谋最大利益的经济体。简言之，经由人类的团结和平等，将出现完全的快乐。"[5] 其次，大同哲学的内涵非常复杂，取自包括儒学、佛学与西学在内的各种不同思想资源[6]。其中，

[1] 梁启超：《南海康先生传》，《饮冰室文集点校》，昆明：云南教育出版社，2001 年，第 1945 页。
[2] 梁启超：《清代学术概论》，第 66 页。
[3] 汪荣祖：《从传统中求变——晚清思想史研究》，第 308 页。
[4] 萧公权：《中国政治思想史》下册，第 736 页。
[5] 萧公权：《近代中国与新世界——康有为变法与大同思想研究》，第 344 页。
[6] 关于康有为的思想背景，参见萧公权：《近代中国与新世界——康有为变法与大同思想研究》，第 105 页以及 Hao Chang, *Chinese Intellectuals in Crisis: Search for Order and Meaning, 1890-1911*, p. 52.

儒学中"仁"的理想构成了康有为乌托邦思想的基本来源①。一方面，仁不止是一种道德理想，而且也是赋予生命和统一宇宙的力量。仁所具有的统一作用和具有生命力的道德力量，也能够将分裂的人类个体凝聚成和谐统一的共同体。另一方面，康有为认为世界充满力量，此与其对"以太"观念的接受有密切关系。康有为甚至在《孟子微》中开宗明义："仁者，以太也。"其实，包括康有为、谭嗣同在内的晚清部分思想家，皆将"以太"视为构成宇宙的最小单位，且兼具道德与物质的双重属性——仁的无远弗届的沟通能力，仰赖于具有"吸力"的"以太"作为媒介。同时，仁的存在又必须借助"以太"作为基础。

康有为关于大同世界的乌托邦论说，同时受到基督教、墨子哲学中博爱理想以及佛教思想的影响。在 19 世纪 90 年代，他曾经借用大乘佛教的用语描绘大同的景象。梁启超认为，康有为接受了大乘佛教的信念，认为众生本一性海。人类一切苦难的根源"皆因九界"。而救苦之道就在"破除九界"。正是由于人类制造了诸如国界、级界、形界、家界等众多界限与区别，导致了战争和痛苦。康有为的"九界"涵盖世界上几乎所有的制度和社会关系。因此，"破九界"无异于否定整个世界现存的规范与尺度，其抨击现状之彻底与激烈可以想见。这与同时代的谭嗣同在《仁学》当中主张以心力来"冲决网罗"的精神与理念贯通一致。为了把这个世界改变成理想世界，康、谭二人都认为，只有根除各种人为的区别，方能让人类社会臻于郅治。因此，在康有为构想的大一统的"世界国"里，其大同理想不仅是儒家仁学

---

① 梁启超指出："先生之论理，以'仁'字为唯一之宗旨。以世界之所以立，众生之所以生，家国之所以存，礼义之所以起，无一不本于仁。"梁启超：《南海康先生传》，《饮冰室文集点校》，第 1950 页。

理想的一个发展结果[1]，而且也是多重思想的彼此交汇，甚至"与今世所谓世界主义、社会主义者多合符契，而陈义之高且过之"[2]。这样的思想体系不仅对晚清思想界产生了广泛影响，更成为未来政治变革的重要思想根源。

概而言之，在晚清以来"回归原典"的努力之下，学者们从不同的角度展开对于儒家经典的重新诠释。作为今文学者的代表人物，从龚自珍、魏源到廖平、康有为，均试图从"公羊三世说"中推演出变法改制的微言大义。在重估儒学经典价值的同时，一方面，古文经学的神圣性遭遇前所未有的挑战，对于上古历史的美好想象也随之崩塌；另一方面，针对危急的时局，康有为等人的学术取径"既不尽依公羊典范，更不秉承今文家法"，"唯取能合用其说者"。因此，康有为重估儒学的目的"不在说经，而在救世"[3]。他虽然绘制出一幅改制的蓝图，却也不自觉地动摇了儒家经典的根基，进而点燃了晚清革命和政治运动的思想导火线。

五、精神困境与宗教渴望

19世纪90年代末期，因时局变迁所带来的宇宙观与价值观的动摇，使得中国读书人的思想世界开始出现不同程度的失落与迷乱。部分士大夫开始借助儒学之外的思想资源（如西方的基督教和中国本土的老庄、荀学、墨学等诸子学说），化解精神的困境与思想的焦虑。

---

[1] Hao Chang, *Liang Ch'i-ch'ao and Intellectual Transition in China, 1890-1907*, p.53.

[2] 梁启超：《清代学术概论》，第67页。

[3] 汪荣祖：《康章合论》，台北：联经出版有限公司，1988年，第27页。

这一时期最值得注意的，是佛学开始进入一些士大夫的视野，并且在不同程度上影响着他们的文化价值与政治行为。

梁启超在《清代学术概论》中谈及，前清佛学极为衰微，至乾隆时方才有彭绍升、罗有高等人"笃志信仰"。佛学在晚清的复兴历程，大约需要回溯到龚自珍与魏源的身上。因龚、魏二人不仅均受过"菩萨戒"，而且"龚、魏为'今文学家'所推奖，故'今文学家'多兼治佛学"①。按照张灏的解释，晚清以来佛教思想也有其内在的演变脉络。嘉道年间，龚、魏二人的佛学思想大部分来自净土宗；到了光绪后期，佛教在知识界的复兴则主要受到唯识宗的影响②。葛兆光则认为，净土宗的影响一直存在，上层士人的佛学兴趣在光绪年间也有所不同——戊戌以前，他们主要受到传统中国流行的《华严》《楞伽》《起信》和禅宗的影响；戊戌以后，士人们的佛学兴趣方才逐步转向唯识学③。

揆诸史实，晚清佛学的复兴与龚、魏二人的佛学爱好以及今文经学的兴起并无太多的直接联系。就部分关键人物而言，杨文会因在病中读《大乘起信论》而入佛教之门。康有为则是在光绪五年（1879）隐居西樵山读书之时，才开始接触佛学书籍。梁启超受到康有为的影

---

① 梁启超：《清代学术概论》，第 81 页。魏源所编辑的《皇朝经世文编》（1826）一书即反映出他受到乾隆时期佛教思想的影响，该书收录罗有高的《书力命说辩后》，肯定"福善祸淫"，鼓励"中下为善"。黄克武：《〈皇朝经世文编〉学术、治体部分思想之分析》，第 219—227 页。

② 张灏：《晚清思想发展试论——几个基本论点的提出与检讨》，《中央研究院近代史研究所集刊》1978 年第 7 期。

③ 葛兆光：《"从无住本，立一切法"——戊戌前后知识人中的佛学兴趣及其思想意义》，《西潮又东风——晚清民初思想、宗教与学术十讲》，上海：上海古籍出版社，2006 年，第 112 页。

响，尔后在与谭嗣同、夏曾佑、汪康年等人交往之中，进入佛学天地。1920 年代，他又从欧阳竟无学佛。谭嗣同受到康有为与杨文会的两方影响，才深入探索佛学奥义。至于章炳麟，则是在 1903 年入狱之后，受夏曾佑与宋恕的启迪，开始阅读《瑜伽师地论》。宋恕的佛学兴趣，则由于自幼多病受其家人指引才开始[①]。即使是沉浸于西学的严复，也在某种程度上受到身为佛教徒的妻子的影响，终生都不排斥宗教经验。妻子病故之后，他曾亲手抄录《金刚经》一部，在佛教"不可思议"的理念之中寻求精神寄托[②]。

从这些人物不同的心路历程之中可知，晚清士大夫接受与认知佛学的因缘多元并存。大体而言，这群士大夫的佛学兴趣主要有两个来源，一是当时在金陵大力倡导佛教思想的杨文会。杨氏因为大力刊刻佛经、传播佛理，被当时知识界誉为"当代昌明佛法第一导师"，声名远播海内外；二是一度将佛教看成世界所有宗教源头的康有为。他对佛教的兴趣，曾经对他的追随者产生很大影响[③]。从晚清思想史的发展脉络来看，佛学在这一时期的复兴，折射出时人的两个价值判断：一方面，单纯依靠儒家学说已经不足以应付眼前的重重危局；另一方面，在寻求富强的过程中，国家力量的"自强"与民族精神的"自振"，需要依靠新的宗教资源。

因此，在晚清民初的"过渡时代"当中，不少变法与革命的参

[①] 葛兆光：《孔教、佛教抑或耶教？——1900 年前后中国的心力危机与宗教兴趣》，《中国近代思想史上的转型时代——张灏院士七秩祝寿论文集》，第 211 页。

[②] 黄克武：《惟适之安：严复与近代中国的文化转型》，台北：联经出版事业股份有限公司，2010 年，第 28—29 页。

[③] 葛兆光：《"从无住本，立一切法"——戊戌前后知识人中的佛学兴趣及其思想意义》，《西潮又东风——晚清民初思想、宗教与学术十讲》，第 112 页。

与者和襄助者都是佛学的爱好者与佛教的修习者。在戊戌前后，康有为、刘师培等变革者，借佛学描绘出一幅关于未来世界的乌托邦蓝图。康有为根据佛家"同一无差别"和"普遍慈悲"的世界观，诠释"仁""诚"等儒家的道德观念。他将儒家的"智""勇""仁"，等同于佛教的"智慧""慈悲"观念和勇敢无畏的精神。另外，佛学对于康有为"苦难"观念的形成，也起了一定作用。康有为认为，苦难的最终化解，也有赖于华严宗所描述的"圆满极乐"世界的实现①。在刘师培的思想世界之中，建立人格完整的"完全之人"和实现"完全之平等"的理想社会，同样意味着追求"至善"的道德追求②。佛教自我超越和神秘同一趋向的宗教倾向，被他用来理解生命和世界。这种对于未来美好社会的理解，被康、刘二人看作一种在未来理想秩序中自我实现的过程。只不过，康氏的"大同"思想被表述为一种历史三阶段进化的观点；刘氏的"无政府主义"态度，则既是他的"完人"理想的体现，也是他所构想的道德目的之实现。

另一方面，大乘佛学当中通过"皆空"或"唯识"对于"我执"的瓦解，又赋予谭嗣同、章炳麟等思想家突破既定价值观念和意识形态的强大力量。如前所述，谭嗣同在《仁学》当中运用大乘佛学的"心力"一词，描述人心所包含的拯救性的精神力量。深受佛教唯识宗及其他非儒家思想传统的影响，谭嗣同开始从"平等"与"兼爱"的角度，反抗以"三纲五常"为中心的等级制度。他大量吸收佛教教义，并将其与儒学内在的道德追求和基督教教义糅合为一，通过发掘

① Hao Chang, *Chinese Intellectuals in Crisis: Search for Order and Meaning, 1890-1911*, p. 64.
② 杨贞德:《从"完全之人"到"完全之平等"——刘师培的革命思想及其意涵》,《台大历史学报》2009 年第 44 期。

个人精神的内在潜能，试图在转型时代当中"以心挽劫"进而"冲决网罗"。

　　章炳麟对于佛学的接受则非一帆风顺。他早年秉持自然主义世界观，拒斥佛教的轮回观念与"非物质"的价值基础。然而，到了20世纪初的变革年代，他开始细读佛典并将大乘佛教中唯识宗的教义与《庄子》的道家哲学相互参证。章太炎认为，大乘佛教和道家哲学共同使用了自我与感性世界空寂（人无我，法无我）的相同观念①。因此，佛教思想至少在两个方面形塑了章炳麟的哲学态度：其一是唯识宗关于人类自身的"种子"（阿赖耶识）可能同时包含善与恶的观念。章炳麟将社会进步看成是一个善与恶"俱分进化"的混合过程，从而挑战了进化论所强调的线性观念与必然向善的道德意义。其二则是阿赖耶识在其自我意识中所产生的唯名论，使得章炳麟极力推崇"个体为真，团体为幻"的激进个人主义。章炳麟将人类个体看成是真实的，从而拒绝认可人类集团或组织比人类成员的简单集合体更具真实性。谭嗣同和章炳麟在思想表达上风格各异，但其世界观的基石之一，仍是佛教"无我同一"的主题。

　　除了上述活跃于上层社会的知识精英之外，民间宗教信仰也随着清末民初现代都市社会的发展，逐渐在中下层读书人中间广泛传播。中国的民间宗教内容多元，贯穿、包含并且延伸到儒教、道教与佛教之中。其中，道教是最为主要的思想内容②。根据柯若朴（Philip Clart）、志贺市子及范纯武等学者的研究，从道光庚子年（1840）之

---

① Hao Chang, *Chinese Intellectuals in Crisis: Search for Order and Meaning, 1890-1911*, p. 129.
② 陈荣捷:《现代中国的宗教趋势》，台北：文殊出版社，1987年，第183页。

后，中国进入了一波以"三相代天宣化、神圣合力救劫"论述为主导的宗教运动。当时的读书人如郑观应、陈撄宁、王一亭等人，皆在这一波浪潮中积极"力行善举，挽回劫运"[①]。

作为民国初年都市道教在家信众的实践领导者之一，出生于安徽怀宁的陈撄宁的宗教经历颇有代表性。陈氏早年接受过正统的儒家教育。因多病而修习道家养生法，他的身体渐趋好转，于是深信此道。与此同时，陈撄宁一边广泛阅读各类西方科技书籍，一边在全国各地的佛道名山旅行，访求、研读和修习不同的静坐法[②]。科学理性与宗教信仰在身处变动时代的陈撄宁身上和谐共存。以他为中心，科学团体与道教修习者的社会网络也几乎同时展开。特别是当陈撄宁迁居上海之后，以其为核心的人际网络包括了如吕碧城等一大批文化、政治、文学精英。这些既接受过传统教育又沐浴着西方科学精神，同时笃信道教修行的士大夫，利用新型的印刷传媒刊刻经典、交流经验，在民初上海的都会信众之中，创造出一个个活跃的话语空间和独立社群。

在陈撄宁等人的思想世界与生活世界之中，道教理论话语及其实践行为，与清末民初两种最重要的思想——科学主义和民族主义——彼此交织。晚清以来，科学知识与观念开始从西方大量引入。扶乩设坛的宗教行为与从传统走向现代的价值追求似乎格格不入。陈撄宁及其道友对这一现代转型并不陌生。但耐人寻味的是，在陈氏及

① 范纯武:《飞鸾、修真与办善：郑观应与上海的宗教世界》，巫仁恕、康豹、林美莉主编:《从城市看中国的现代性》，台北:"中央研究院"近代史研究所，2010 年，第 250 页。

② 刘迅:《修炼与救国：民初上海道教内丹、城市信众的修行、印刷文化与团体》，《从城市看中国的现代性》，第 222 页以及 Xun Liu, *Daoist Modern: Innovation, Lay Practice, and the Community of Inner Alchemy in Republican Shanghai*, Cambridge.: Harvard University Asia Center, 2009, pp.40-76.

其同侪那里,科学似乎是有着内在矛盾的知识体系和价值系统[①]。陈撄宁及其道友所撰写的涉及内丹的书籍,大多认为有必要将科学概念纳入他们的宗教解释之中。不仅如此,陈氏及其友人还尝试在丹道传统中发掘科学的起源,并在道教修行(如外丹实验)中寻找与现代科学相似的精神和知识[②]。陈撄宁等人扬弃了科学主义中唯物主义决定论的面向,试图将科学与传统内丹论结合,进而导向超脱而不朽的伦理与精神目标。

另一方面,民间宗教的知识论背景,还表现为与晚清以来的民族主义价值诉求的互动。陈撄宁眼中的道家学说,明显不同于过去庄子所强调的"清静无为",而是强调其中精神启蒙和智识主义,重视内丹仙学的实践内涵——即个人可以借由对肉体的修炼而得到自我转化。这一态度的转变,源自他对于宋代内丹修养传统的重要创新。晚清民初民族存亡之际,陈撄宁及其友人们强烈的民族主义意识,也使得他们坚持行动与实践,以此抗拒"清静无为"的态度。同时,仙学可为复原或转化民族精神和元气提供完善的方法,即通过严格艰苦地追求身心之上的修炼,以达到强国强民的目的[③]。

---

① 刘迅:《修炼与救国:民初上海道教内丹、城市信众的修行、印刷文化与团体》,《从城市看中国的现代性》,第231页。

② 据葛兆光的研究,晚清以来宗教兴趣的升温的直接原因之一,是来自西洋新知识的冲击和理解西洋新知识的需要。宗教话语(比如佛学语汇)在这一过程中起到了比附与格义的重要作用。参见葛兆光:《孔教、佛教抑或耶教?——1900年前后中国的心力危机与宗教兴趣》,《中国近代思想史上的转型时代——张灏院士七秩祝寿论文集》,第222—228页。

③ 刘迅:《修炼与救国:民初上海道教内丹、城市信众的修行、印刷文化于团体》,《从城市看中国的现代性》,第230页以及 Xun Liu, *Daoist Modern: Innovation, Lay Practice, and the Community of Inner Alchemy in Republican Shanghai*, pp.273-276.

从另一角度来观察晚清民初士人的宗教渴求，也可以注意到，身兼商人、慈善家与实业家的王一亭、郑观应等人之所以积极救世，其背后的宗教动力也是不可忽视的原因之一。王一亭一生命运跌宕起伏，接受佛教与他生命中遭遇的丧女、丧妻与丧友的诸多痛苦密切相关。这也使得他更能关心他人的苦难，在红十字会以及华洋义赈会出任领导职务。他从事绘画创作，所画主题除了风景、植物、动物之外，还有天灾中的受害者以及佛教神祇。此外，他还出售画作以赞助慈善事业。王一亭担任中国佛教慈善委员会的职务，并且参与其他宗教的慈善救济活动。另外，他还创立了中国济生会。此会的成员经常请济公降乩扶鸾[1]。以王一亭为代表的都市精英，常因政商活动被视为现代性的楷模，同时又有宗教信仰影响他的言行，在参与灾难救援的背后，他们大多明显受到了自身信仰宗教的激励。

较之王一亭，名声更为显赫的郑观应则是晚清自强运动的重要代表人物。他所撰著的《盛世危言》一书，以商战思想为本，主张富强立国，康有为、梁启超和孙中山均曾受其思想影响。在致力于"寻求富强"的实业家与变革者的身份之外，郑观应曾钻研南北派丹经数十种，遍访丹诀五十年，从事道经刊刻与整理，出入各派丹道思想并有所体悟，堪称清末民初道教史的活跃人物[2]。郑观应热衷道术，在其五十年的道教生涯之中，求道与扶鸾是最主要的内容。郑观应对于道教丹法的认识超越派之见。凡见各派珍稀的丹书，他无不广为刊行，这也是他对于清末民初道教界的最大贡献。另一方面，清末民初的上

---

[1] 康豹 (Paul Katz)：《一个著名上海商人与慈善家：王一亭》，《从城市看中国的现代性》，第 276 页。

[2] 范纯武：《飞鸾、修真与办善：郑观应与上海的宗教世界》，《从城市看中国的现代性》，第 249 页。

海宗教界以扶鸾为主流，具有佛教性质的乩坛也有不少。郑观应晚年在上海常住，出入三教，对于当时盛行的扶乩活动多有接触。他参与的上海道德会和崇道院则是强调道术修为、扶鸾治病与救劫的宗教团体。郑观应还与经元善等同道一起推动上海的善堂、赈公所等慈善组织网络的发展。

当今人从"科学"与"实业"等语汇当中，锁定郑观应的现代身份之时，如何从这些带有启蒙色彩的价值观念背后，理解郑观应身处的另一个似乎与之背道而驰的宗教观与信仰世界？其实，郑观应本人多次慨叹，当日的时局乃是争权利不重人道，有强权而无公理。在这样一个"势"胜于"理"的时代里，"非假神力不足以平治天下"。可见，在清末民初动荡的时势之中，郑观应的宗教渴望，体现了士大夫在"寻求富强"之外对于精神价值的诉求。因此，在《盛世危言后篇·道术》一章中，郑观应祈求国家在走向富强的过程中，也能一并着力于国民道德水平的提升。所以，他才着意强调富强亦须通过"标本兼治"来实现"学道济世"。他参与上海和其他地区的筹赈、办善等各种社会慈善救济活动，则是为了实践积德，求"阴功"以"成仙"。可见，在近代中国城市化、社会与宗教之间，存在着复杂与多元的关系。在同一个士大夫身上，也可以看到科学理性与宗教信仰的内在紧张与互动。如果说，在马克斯·韦伯（Max Weber）式的判断之中，科学的现代之旅必然伴随着超越价值的"祛魅"（disenchantment）。那么，在近代中国的转型时代，这种判断可能带来对于启蒙主义与民族主义过于简化的论述。而从陈撄宁、王一亭与郑观应身上，可以看到历史与思想的复杂，以及近代中国士大夫在宗教上的终极关怀与对"现代性"的独特追求 ①。

六、重建政治正当性：权威与权力的冲突

从甲午战后到辛亥革命前夕，晚清士人所面临的冲击不仅来自心灵秩序的危机，还有同样迫切的政治秩序的危机。如前所述，传统中国的政治架构，建立在一个具有超越价值的宇宙观（天命、天道或天理）之上。古往今来，在这一基础上所形成的普世王权（universal kingship）②，既建构起符合儒家基本价值的政治权力，也形塑了一整套具有神圣性的政治权威。然而，晚清中国所遭遇的内忧外患，使得这一延续数千年的政治架构濒临崩溃。在这"千年未有之大变局"当中，传统政治秩序需要通过怎样的变革，才能实现国家富强从而救亡以图存？这成为清末危急存亡之秋最为突出的公共议题。围绕这一问题，在晚清最后十余年间，维新变法与政治革命分分合合，逐渐形成了两大思想主潮和政治选项——"变法失败则转为宪政，革命成功则建立共和"。立宪派与革命派分别借助重塑权威（君主立宪）与重建权力（民主共和）两个重心，试图为未来中国的政治架构寻找一个正当性基础 ③。

关于政治正当性（legitimacy）的讨论是一个现代命题。按照墨子刻（Thomas Metzger）的概括，从传统到现代的转型过程，一方面围绕着工具理性（即世俗化）的现实需要，另一方面则需要一种"道

---

① 黄克武：《惟适之安：严复与近代中国的文化转型》，第 197 页。
② 张灏：《中国近代思想史上的转型时代》，《幽暗意识与民主传统》，第 140 页。
③ 关于近代中国政治正当性的历史变迁及其内涵，参见许纪霖：《近代中国政治正当性之历史转型》，《学海》2007 年第 7 期。

德性语言"（moral language）或"人文主义"作为文化社会的基础①。大体而言，前者聚焦的是现代国家政治权力的来源与表现形式，后者关切的是国家权威的价值依据。然而，在超越价值解体的近代中国社会中，从传统政治结构之中分离出来的政治权威与政治权力，又并非截然两分，而是存在着丰富的内在关联和思想张力。发生于1905至1907年的《民报》与《新民丛报》之间的论战，之所以成为晚清思想史上的重大事件，正是因为革命派和立宪派围绕着未来国家的政治正当性，展开了一次全方位的对话。

这场论战由《新民丛报》引起，也因《民报》创刊而全面爆发。《民报》于出版第三号之后曾发行号外，揭载《民报与新民丛报辩驳之纲领》并申明从第四期以后分类与《新民丛报》辩驳。这项纲领共分十二条，其描述虽因党派意识形态冲突不免有所偏激，但从中仍可一窥双方立论的基本差异与论辩的大致范围：

"一，《民报》主共和；《新民丛报》主专制。二，《民报》望国民以民权立宪；《新民丛报》望政府以开明专制。三，《民报》以政府恶劣，故望国民以革命；《新民丛报》以国民恶劣，故望政府以开明专制。四，《民报》以望国民以民权立宪，故鼓吹教育与革命以求达其目的；《新民丛报》望政府以开明专制，不知如何方副其希望。五，《民报》主张政治革命，同时主张种族革命；《新民丛报》主张开明专制，同时主张政治革命。六，《民报》以为国民革命，自颠覆专制而观，则为政治革命，自驱除鞑虏而观，则为种族革命；《新民丛报》以为种族革命与政治革命，不能兼容。七，《民报》以为政治革命必

① 墨子刻：《二十世纪中国知识分子的自觉问题》，《中国历史转型时期的知识分子》，第88页。

须实力;《新民丛报》以为政治革命只须要求。八,《民报》以为革命事业,专主实力不取要求;《新民丛报》以为要求不遂,继以惩警。九,《新民丛报》以为惩警之法,在不纳税与暗杀;《民报》以为不纳税与暗杀,不过革命实力之一端,革命须有全副事业。十,《新民丛报》诋毁革命,而鼓吹虚无党;《民报》以为凡虚无党皆以革命为宗旨,非仅以刺客为事。十一,《民报》以为革命所以求共和,《新民丛报》以为革命反以得专制。十二,《民报》鉴于世界前途,知社会问题,必须解决,故提倡社会主义;《新民丛报》以为社会主义,不过煽动乞丐流民之具。"①

论战双方均采用两面作战的策略,既攻击清政府,也竭力批评对手。从表面上来看,立宪派与革命派的冲突似乎表现为双方对于民族、民权与民生这三条变革路径的歧见。但是,如果深入探究双方的思想,可以发现,论战分歧背后的实质是,在化解晚清政治危机、重建现代中国的政治正当性过程中,"政治权威"与"政治权力"的重要性孰先孰后?按照哈贝马斯(Jürgen Habermas)在《合法性危机》一书中的说法,政治危机分为"合理性危机"与"合法性危机"。前者意味着行政系统难以合理地协调运转;后者则关系到行政系统无法维持大众的忠诚。从论战文字可以看到,在以《民报》为阵地的革命派知识人心目中,对于国家观念合法性的探讨,超越了对其合理性的思考。他们努力探索的是一个韦伯式的命题:阶级、正当与利益集团均属于权力组合,奉行的是"主宰性权力"。在胡汉民、汪精卫、朱执信等人看来,革命以"人民主权"取代"天授君权",国家统治的

---

① 《民报》第三号《号外》,转引自亓冰峰:《清末革命与君宪的论争》,台北:"中央研究院"近代史研究所,1966年,第152—153页。

合法性首先应当来自民众的赞同①。而相较之下，制度规范所形成的权威性则居于次席。与此相反，以梁启超为代表的立宪派知识人却有着"君主宪政之共同理想"②。他们认为，现代国家政治正当性的基础，需要延续传统与确立宪政，从而在根本上化解国家的合理性危机。简单地说，立宪派更侧重于通过制度层面的宪政设计，强化未来国家的政治框架。因此，未来中国政治框架的重心，究竟应该放置在政治权力的组合（人民主权的国体）之上，还是落实在政治权威（君主立宪所代表的政体）之上，才是双方矛盾的焦点所在。这也直接决定了论战的发展及其背后的政治实践。

正是由于《民报》与《新民丛报》对于政治正当性的理解不同，双方论辩的民族、民权与民生三大主题虽一，但内涵各异③。在民族问题上，两者差异甚大。革命派力主排满，故而强调"驱除鞑虏"的民族主义。立宪派不主张排满，因此不承认有狭义的民族问题存在。梁启超与康有为等立宪派创立保皇会（后来改名为国民宪政会），主张勤王。保皇会所支持的是以满洲皇帝为中心的君主立宪政体，主张在

---

① 根据查尔斯·泰勒（Charles Taylor）的论述，"人民主权"是现代性社会想象的重要元素之一。而就国家政治正当性而言，古老的观念转化为人民主权，首要的是"切断与神秘的古老时代之间的联系"，将人民主权的建立变成"一种可以在当代的纯然的世俗时间里，透过集体行动完成的事务"。查尔斯·泰勒：《现代性中的社会想象》，台北：商周出版，2008 年，第 175 页。
② 对于立宪派人士的共同信仰及其成因的分析，参见张朋园：《立宪派的"阶级"背景》，《"中央研究院"近代史研究所集刊》1993 年第 22 期（上）以及张朋园：《立宪派与清季革命》，台北："中央研究院"近代史研究所，1984 年。
③ 参见张朋园：《梁启超与清季革命》，台北："中央研究院"近代史研究所，1964 年，第 220—221 页以及黄克武：《改革与革命——辛亥革命是怎么成功的？》，《传记文学》2011 年第 98 卷第 5 期。

以清朝皇帝为中心的前提下推行立宪,解决政治危机[1]。在辛亥革命之前,民族问题是很大的争议焦点。梁启超援引伯伦知理的学说,指出革命派所持的是"小民族主义",因此主张"驱除鞑虏,恢复中华"。但是,立宪派不仇视满人,采取的是"大民族主义",认同共和国家是一个共同体,各种民族都有同等的政治参与权利和平等发展的资格。饶有意味的是,立宪派在论争中倡导的"大民族主义",也就是辛亥革命成功之后孙中山所强调的"五族共和"。对于孙中山和革命党人来说,在革命前夜主张"民族革命",实际出于策略性考虑。因为仇满心理能够有效动员广大的社会力量,达到通过民族革命"夺回自主之政权"的目的[2]。

双方论战的第二个议题是民权问题。立宪派与革命派均同意政治革命的必要,但后者主张彻底推翻帝制,建立民主政治;而前者强调,君主政体对于维持统一和秩序的重要意义以及对于推动变革的有效性。因此,基于这种现代需求而非复活天命论的看法[3],立宪派主张承袭原有制度并加以改革。换言之,两者的差异在于实现目标的途径:是要调适性地从君主专制到君主立宪再到民主共和,还是直接以暴力方式,从专制转变到民主共和?梁启超和康有为主张前者。这一思路与严复的《天演论》传达的理念有关。如前所述,《天演论》为

---

[1] 梁启超对于民权与君宪之间关系的看法因时而变,颇为复杂。值得注意的是他对于"政治上之道德"的重视,甚至认为这是"立宪的必要乃至最要条件"。梁氏以为欧洲政治进步的原因,不仅在于其人民的"智识",而更在于人民的"品性"。萧公权:《中国政治思想史》下册,第813页。

[2] 萧公权:《中国政治思想史》下册,第789页。

[3] Ernest P. Young:《廿世纪初期的中国:民族主义、改革和共和革命》,李国祁等:《近代中国思想人物论:民族主义》,台北:时报文化出版事业有限公司,1980年,第67页。

晚清思想界带来两种观念，一是鼓励人们积极地应变图强；二是主张渐进变革，因为演化的过程是慢慢前进的。这一想法与立宪派重视政治传统及其权威性的主张较为吻合。立宪派撷取《天演论》之中的渐进主张，指出历史演变必须逐步推进，在试错的过程中慢慢调整。这也和康有为在《孔子改制考》当中，借"公羊三世说"以配合天演观念，描绘出从君主专制到君主立宪再到民主共和的政治设想相一致。相对而言，革命党的主张更具有突变色彩与乐观主义，相信彻底推翻清朝专制制度之后，就能迅速建立一个民有、民治、民享的民主共和国。因此，《民报》宣传的是一种近乎整全性的革命理论，包含了政治、民族与社会革命的多重内涵，力求"毕其功于一役"[1]。清中叶以来日益急迫的国家危机，使得人们更倾向于追逐这种有效的、通盘性的救国方案[2]。

论争的第三点有关民生问题。革命派认为实现土地国有之后，民生问题即可解决。立宪派则认为国家富强之道，必须建立在尊重现有利益格局的基础之上，进一步发展国家与民间资本。因此，梁启超主张采取资本主义的道路，比较倾向于提高生产与保障私有财产。革命派则主张"以俄为师"，通过土地国有来解决分配的问题，更偏重于采取社会主义的模式。

从晚清最后十余年的历史来看，立宪派与革命派表面是彼此对立的两大群体，双方相互排诋直至演变为激烈的论战。论战的开局之年（1905 年），也是晚清政局从立宪派力主的改革，转向革命党倡导

① 朱浤源：《同盟会的革命理论——〈民报〉个案研究》，台北："中央研究院"近代史研究所，1985 年，第 228 页。
② 黄克武：《一个被放弃的选择——梁启超调适思想之研究》，第 193 页。

的革命的关键年份。1905 年不但有同盟会的成立，也有科举制度的废除。内外因素的相互激荡，逐渐促成了革命思想的高涨与爆发。然而，诚如萧一山所言，"实而按之，则亦有相反相成之功。盖不有革命之酝酿，则清廷未必肯实施宪政，不有宪政之宣传，则人们未必倾心共和"[1]。因此，1911 年间转化为现实行动的革命思想与理论，并非由以孙中山为首的革命人士，如汪精卫、胡汉民等人凭空创造，而是他们在此前数年，通过与梁启超等立宪派人士的长期论辩而逐渐形成并不断完善[2]。

辛亥革命虽然建立起了亚洲第一个共和国，但现代中国政治正当性的内在冲突并未因此终结。张朋园对于 1913 年第一次国会选举的研究表明，"民初的国会选举，有民主政治的外观，尚少民主政治的实质"[3]。接踵而来的军阀混战、强人政治、称帝复辟等一系列政治乱象，意味着新生的民国背离了共和精神。为什么普世王权被彻底颠覆、共和制度也得以建立，一套行之有效的政治实践却无法真正展开？在政治权力的制度框架背后，是否需要共同的伦理价值作为政治权威的来源？因此，从民初直至五四新文化运动时期的知识人，开始

---

[1] 萧一山：《清代通史》第四卷，第 2262 页，转引自亓冰峰：《清末革命与君宪的论争》，第 9 页。

[2] 重新理解立宪派在晚清政治实践中历史角色，有赖于近三四十年来张朋园、汪荣祖、张玉法等一批台湾学者对于清末社会复杂场景的深度诠释。同时，这一研究视角的变化，也与周锡瑞、玛丽·兰金等海外学者对于辛亥革命的研究进展有关。他们的研究成果表明，晚清的政治变革直至辛亥革命的最终成功，是因为汇集了各种社会力量之后共同形成的，而并非如传统"革命史观"所论述那样，存在着一个完全主导、完全垄断性的政治力量。关于辛亥革命研究的学术史背景，参见黄克武：《改革与革命——辛亥革命是怎么成功的？》。

[3] 张朋园：《中国民主政治的困境，1909—1949——晚清以来历届议会选举述论》，台北：联经出版事业股份有限公司，2004 年，第 110 页。

从政治制度背后的文化与伦理寻找根源，展开了探询政治共同体背后共同的原则、义理和规范（国本）的努力①。这是对《民报》与《新民丛报》论战所开启的政治正当性话题的反思与检讨。共同体的聚合仅仅依靠政治层面上的共识是不够的，还需要依托独特文化和公共价值认同作为道德基础。梁启超等立宪派人士的政治主张，虽然在清末民初的革命风暴中成为"一个被放弃的选择"，但其中包含的丰富思想内涵，却具有让今人深思的历史价值。

结语

1901年，梁启超在文章中曾以"过渡时代"一语，描绘晚清中国"如驾一扁舟，初离海岸线，而放于中流"的状况。"人民既愤独夫民贼愚民专制之政，而未能组织新政体以代之，是政治上之过渡时代也；士子既鄙考据词章庸恶陋劣之学，而未能开辟新学界以代之，是学问上之过渡时代也；社会既厌三纲压抑虚文缛节之俗，而未能研究新道德以代之，是理想风俗上过渡时代也"②。正如梁启超所言，在这一过渡时代当中，传统的政治秩序、精神世界与知识结构，逐渐拆解又不断重组，面貌各异的"新政体""新学界"与"新道德"实践，在清末民初的中国社会纷纷登场。从19世纪末期中日甲午战争的溃败，到1911年辛亥革命的成功，围绕着传统与现代、中国与西方、启蒙与反启蒙等不同面向，知识、思想与信仰彼此激荡，经久不息。

---

① "国性"（国本）问题是民初政治正当性讨论的核心问题之一，参见许纪霖：《个人、良知和公意——五四时期关于政治正当性的讨论》，《史林》2008年第1期。
② 梁启超：《过渡时代论》，《梁启超全集》第二册，第465页。

借用有学者形容"五四"的话来说，过渡时代的思想世界由许多变动的"心灵社群"（community of mind）所构成，不仅有许多不断更新又彼此冲突的方案，而且每一方案也有不同版本①。

不过，过渡时代复杂的思想图景仍呈现出几条变化的主线。过渡时代思想世界的巨大变化，首先和儒家"天下观"的瓦解密切相关。方面，在西潮东渐逐步扩张的过程里，新颖的地理知识伴随着日渐发达的报刊、电讯与教科书等现代媒介，在中国得到更加广泛的传播。另一方面，清代中叶以来，一连串由西方列强所发起的"商战""学战""兵战"及其给中国带来的屈辱性后果，有力地挑战着士大夫思想中的天下观念。从此，以"世界大势"为价值标准的新地理观（全球意识），开始主导士人们的心灵世界②。一个"万国"竞逐的"世界体系"逐渐取代"天下"而起——民族国家取代帝制王权，竞争关系取代朝贡制度，以综合国力竞争为核心的世界政治秩序取代了"怀柔远人"式的文明教化。

在这一背景之下，新的地理观念至少包含了两层思想意涵。其一，正因为参与这一世界秩序的主体是民族国家，因此，"国土"的完整、"国民"素质的整体提升以及"国权"（主权与利权）的确保，成为过渡时代知识人思考与实践的重心。其二，晚清中国因积贫积弱而导致的国家危机，与西方诸国（尤其是日本）顺应大势而实现的国家富强，共同构筑了晚清士人的世界想象。另外，19 世纪末期世界竞争之中

---

① 余英时等：《五四新论：既非文艺复兴，也非启蒙运动——"五四"八十周年纪念论文集》，台北：联经出版事业公司，1999 年，第 26 页。

② 潘光哲：《中国近代"转型时代"的地理想象（1895—1925）》，《中国近代思想史上的转型时代——张灏院士七秩祝寿论文集》，第 478 页。

普遍存在的"公理"与"强权"的分裂、西方列强内外政策的鲜明反差①，也催生了知识人关于"国家"与"世界"两歧性的思考，为他们探索人类文明的愿景打开了新视野——在以国家力量为基础的"国家主义"之上，有着属于更高层次的、"人类全体文明"的"世界主义"。

现代地理观的广泛传播，既带给知识人观察世界的新空间，也加速了儒家宇宙观的瓦解，使得作为普世王权价值基础的传统宇宙观逐渐破灭。到了19世纪中后期，一连串深层次的政治、社会与思想危机，伴随着世界格局的转变，开始在晚清中国集中爆发。在这一时期，儒家的天理宇宙观逐步被现代科学的"公理"和"公例"所瓦解。来自"天理"的超越世界从此动摇，中国知识人必须寻找一条重构心灵秩序与政治秩序的道路。儒家伦理受到"西潮"的冲击和激进思想家们的严厉抨击。康有为、梁启超等人对于"君统"的攻击与谭嗣同在《仁学》中"冲决网罗"的呐喊，标志着"三纲之说"及其代表的儒家伦理的初步解体。重视意志自主性的现代个人也随之在晚清崛起。在这个宇宙观瓦解的过渡时代，儒家价值观难以维持自身的认同，开始出现失落与迷乱。

儒家价值观的瓦解也引发了过渡时代历史观的变迁。传统儒家的历史观念倾向于一种循环论述，将人世的和谐秩序视为由三代圣王的肇端。随后，治乱循环、盛衰更迭，三代之治遂成为儒家历史观当中理想社会的典型。然而，晚清以来，延续着魏源、龚自珍等人强调"势"之力量的思想脉络，廖平、康有为、梁启超等人开始否定古

---

① 杨度在《金铁主义说》一文中，清晰地指出此种关系："今日有文明国而无文明世界。今世各国对于内皆文明，对于外则皆野蛮；对内惟理是言，对于外惟力是视。故自其国而言之，则文明之国也；自世界而言之，则野蛮之世界也。"《杨度集》，第218页。

文经学的真实意义。因此，传统历史观对于上古三代的美好想象遭到颠覆。他们将今文经学重视"变易"的"公羊三世说"与严复翻译的达尔文进化理论相互配合，提出有别于循环论说的线性历史目的论。"三世进化"说与社会进化论对于理想社会追求具有一致性。在线性历史目的论的支配下，推动历史发展的力量，不再是儒家义理之下个人与社会追求道德的完善，而是一套基于优胜劣败的竞争进化法则。

　　同样是出于对历史循环论的颠覆，在占据主流的进化史观之外，诸子学与佛学的思想，对于过渡时代知识人的历史观念也产生了不同程度的影响。章炳麟从佛教唯识论的主张出发，认为由于人生来所禀赋的阿赖耶识种子，能同时染上善与恶的因子，因此在社会历史发展进程中，道德的善与恶、生计的苦和乐齐头并进，彼此交织。换言之，通过进化所达到的未来社会，并非如进化论者所描述的那样美好而圆满，同样也充满着罪恶和痛苦。章氏认为，为了摆脱进化给人类社会带来的负面效果，必须借助"五无"——无政府、无聚落、无人类、无众生与无世界来予以抗衡。章氏的"俱分进化论"对于晚清的部分知识人，特别是无政府主义者颇具影响力。不过，在一个以寻求国家富强为目标的时代里，"五无论"立足于佛教的虚无主义，缺乏现实意义上的实践性。同时，它激烈地批评进化史观的目的论和乌托邦倾向，但其自身也无法避免乌托邦的虚幻。因此，俱分进化论是过渡时代思想世界中"反启蒙"的启蒙主张之一①。

---

① 章氏的"俱分进化论"还影响到当代中国知识人对于现代改革的看法。墨子刻指出，"新左派"一方面同意乌托邦主义行不通，另一方面则以章炳麟的佛教精神为基础，强调中国现在的改革过程，有办法避免传统儒家乌托邦的缺失。墨子刻：《乌托邦主义与孔子思想的精神价值》，《华东师范大学学报（哲学社会科学版）》2000 年第 2 期。

伴随着过渡时代的急剧动荡，作为传统社会四民之首的"士"所受到的冲击最大。特别是 1905 年科举制度的废除，切断了传统士人的上升渠道，由此造成传统中国社会结构的逐渐解体；与此同时，近代军人、工商业者和职业革命家等新兴阶层在晚清中国崛起，导致传统士人在中国社会日益边缘化。传统士绅阶层的逐渐消失和新兴社群的出现，是中国近代社会区别于传统社会的主要特征之一①。

四民社会的解体将传统士绅抛掷到社会边缘，而一部分士大夫则在近代中国的转型中蜕变为新的知识人。士绅阶层的边缘化与新兴知识人群体的重新崛起，在过渡时代几乎是同时展开却又彼此交织的社会趋势。在过渡时代，传统士绅与早期知识人之间的界限并不十分清晰。一方面，主导晚清的变革者多是新政之后活跃于政治舞台的广大绅士和官僚。他们共同关切的是社会经济及地方公共事务的管理。由他们所组成的诸如赈灾、慈善等公共空间，并非与国家权力相对峙的组织，而是基于地方士绅公益精神的"国家权威的政治性设置"②。另一方面，随着清末民初众多报刊、新式学堂、社团（商会、学会）在北京、上海及其他大城市的出现，现代知识人开始依托这些新式的社会建制。他们不像地方士绅那样有统一的意识形态，也不再有国家科举制度所认同的正式身份。这群知识人的身份多元，在国家（上层的国家权力）与社会（下层的市民社会）之间形成了知识生产、流通的文化交往网络与政治批判的公共领域③。

---

① 罗志田：《知识分子的边缘化与边缘知识分子的兴起》，《权势转移：近代中国的思想、社会与学术》，武汉：湖北人民出版社，1999 年，第 193 页。
② 杨念群：《市民社会理论视野下的中国史研究》，《中层理论》，南昌：江西教育出版社，2001 年，第 131—134 页。
③ 许纪霖：《重建社会重心——现代中国的"知识人社会"》，《中国近代思想史的

在普世王权解纽的时代里，这些社会网络的形成也逐步建立起近代中国"社会"的雏形。晚清以来，随着普世王权"受命于天"的政治正当性逐渐被民族国家"主权在民"的民主观念所更替。帝国的"臣民"开始朝向民国的"国民"转型①。士绅势力的兴起导致绅权扩张，标志着晚清政治权力开始向下移动，中央政权的控制力开始弱化。在晚清报刊、社团与学校当中，新的理念得到新型知识人的广泛传播。这些议题多与国家建构和政治变革密切相关，因此也形成晚清中国强有力的公共舆论。不同的知识人社群与职业军人、工商业者等新兴阶层一道，逐渐成为推动晚清政治、经济、文教改革的主力，并且共同引发 1911 年的革命。观察晚清过渡时代的复杂演变，历史清晰地指向一个新时代的来临。辛亥革命带来从君主专制到民主共和的巨变，然而在此之前思想观念、社会结构的变化所导致的地理观、宇宙观、历史观、社会观以及政治合法性之基础的变化，已经为辛亥之后的新时代奠定基础。

转型时代——张灏院士七秩祝寿论文集》，第 143—144 页以及方平:《清末上海民间报刊与公共舆论的表达模式》,《二十一世纪》2001 年第 2 期。

① 黄克武:《近代中国转型时代的民主观念》,《中国近代思想史的转型时代——张灏院士七秩祝寿论文集》，第 381 页。

甲编　道德危机与道德变革

清末民初的道德焦虑及其应对之策

　　从 1895 至 1920 年初的四分之一世纪，是中国思想文化从传统过渡到现代的"转型时代"①，其中"五四"又是思想转型的高潮②。从思想内容的变化上看，转型时代最重要的现象之一，莫过于文化取向危机的集中爆发。也就是说，随着思想文化危机的深化，构成思想文化核心的基本宇宙观和价值观发生动摇，并由此导致这一时代的道德价值取向呈现出失落与迷乱。

　　1895 年以来，面对"三千年未有之变局"，传统文化的主流即儒家的基本道德价值，受到了前所未有的巨大冲击。从戊戌维新开始，以"礼"为基础的儒家规范伦理，就受到西潮和维新思想家的严峻挑战；到了五四时期，以"仁"为核心的儒家德性伦理，也随着西学所引起的震荡和社会变革的纵深推进而逐渐瓦解。从戊戌变法到五四运动，"只有四分之一世纪的时间，但五四时期已没有人讲'仁'了"③。

① 张灏:《中国近代思想史上的转型时代》,《二十一世纪》1999 年 4 月号。
② 一般而言，对于"五四"有狭义与广义两种理解。前者指发生在 1919 年 5 月 4 日的爱国学生运动，后者指在这一天前后若干年内进行的文化、思想或政治运动。本文所指的"五四"专就广义而言，有时特指前期的新文化运动。
③ 沈志佳编:《中国思想传统及其现代变迁》,桂林:广西师大出版社,2004 年,第 25 页。

可以说，到了转型时代末期，儒家德性伦理"三纲领、八条目"基本模式的影响虽然尚在，但实质内容已经模糊并且淡化。然而，在转型时代激进的反传统运动背后，其实同样面临着两难选择：当道德革命进一步瓦解儒学的德性伦理之后，人们又将以何种思想观念或价值规范，来取代中国社会和中国文化的精神超越资源？①

1923 年，在五四运动结束 4 年后爆发的"科学与人生观"论战中，吴稚晖提出，"赛先生"关注的是智识，"台（德）先生"虽涉及道德，却是公德，因此，他希望迎受"穆勒儿"（moral）姑娘来"主中馈以治内"，用私德来挽救道德的危亡②。吴的这一说法，虽然未必十分精确全面③，但在一定程度上却触及了五四道德革命和启蒙运动复杂的面相。

这一新的历史情境的出现，至少包含或涉及如下一系列问题：五四时期的道德危机是如何发生的？它与转型时代社会状况的关系何在，又在多大程度上影响了道德革命的走向？同时，由道德革命到道德关怀，知识阶层借鉴或吸取了哪些思想资源？凡此种种，只有对转型时代道德革命及其背后的道德关怀、社会状况进行整体考察，才可能更深入地分析转型时代的道德取向危机，并对不同应对策略的内涵、意图与效果做出整体评估。

---

① 高力克：《五四的思想世界》，上海：学林出版社，2003 年，第 76 页。
② 吴稚晖：《一个新信仰的宇宙观及人生观》，张君劢等：《科学与人生观》，济南：山东人民出版社，1997 年，第 411 页。
③ 五四新文化运动时期的核心内容，应是以白话文运动为代表的文学革命和以"打孔家店"和反礼教为核心的伦理革命，而所谓"德先生"与"赛先生"，按照有关学者的研究，则很可能更多是相对虚悬的概念。参见罗志田：《从科学与人生观之争看后五四时期对五四基本理念的反思》，《历史研究》1999 年第 3 期。

一、"礼"与"仁"：传统儒学的内在紧张

儒学的困境虽然源自晚清以来西方文明的冲击，但深入其内在脉络不难发现，这一困境和危机，同样与儒学价值系统的两重性及其内在矛盾密切相关。一般认为，儒学大致可以分为以"礼"为基础的伦理规范与以"仁"为基础的德性原则两个层面。"仁"为人格完成的德性理想，"礼"则为涵养德性的伦理秩序，二者共同构成了一个"君子型的伦理道德体系"。①

赫伯特·芬格莱特（Herbert Fingarette）在《孔子：即凡而圣》一书中，对于"礼"和"仁"有一组有趣的比较。他指出，"礼"和"仁"是同一事情的两个方面，各自指向人在其担当的独特的人际角色中所表现出来的行为的某个方面。"礼"指导我们注意有关品行和各种关系的传统的社会模式；"仁"则是我们在人际关系中正当行为模式的指导原则。此外，"礼"也指符合个人社会身份的特定行为，这种行为是恒常准则的榜样；"仁"则指表达个人取向的行为，表示对于"礼"所规定的行为的服膺②。

然而，值得注意的是，芬格莱特笔下描述的这种"仁"与"礼"相互交织的儒家文化，其深厚的社会基础依然是传自三代的宗法制度。因此，"仁"和"礼"之间的紧张状态，正是基于文化层面上儒学人文主义与宗法制度的两重性，即"仁"所代表的人道原则与"礼"所

① 高力克：《五四的思想世界》，上海：学林出版社，2003年，第64页。
② 赫伯特·芬格莱特：《孔子：即凡而圣》，彭国翔、张华译，南京：江苏人民出版社，2002年，第37页。

代表的礼律秩序的冲突。在此后的历史进程中，随着儒学的逐渐意识
形态化，儒家礼教的宗法伦理得以强化，并且逐渐演变为以"三纲五
常"为核心价值理念的伦理秩序。因此，儒学内在的追求个人道德完
善与人格圆满的"君子"理想与强调等级尊卑的伦理秩序的紧张，也
更加深化①。

晚清以来，以儒学为核心的中国文化开始陷入思想危机与意识形
态危机，并从多个角度撼动了儒学大厦的核心价值。一方面，由于传
统考据学挑战正统的力量已成强弩之末，于是，一部分思想活跃的学
者，如龚自珍、魏源、康有为、谭嗣同、章太炎等，开始将理性的触
角伸向儒家以外的先秦诸子学说以及佛学，从训诂转向对义理的探求。
另一方面，晚清中国面临"三千年未有之变局"，各家各派都将目光聚
焦到"经世致用"之上，转而把"寻求富强"的功利主义尺度当作考
虑问题的出发点与归宿。如许纪霖所言："这使得儒家的精神开始功利
化，求变成为当然之势，起先从器物层面，随之到制度层面，最后一
步步逼近价值层面——纲常名教。"② 于是，儒学的意识形态和道德精神
发生了严重的动摇，中国的思想与文化从此一步步进入"转型时代"。

---

① 应当注意的是，从另一层面看，客观礼制形态与人格本位的政治观也存在相
通之处。客观礼制形态并不否认人格修养的重要，它所强调的是，不论个人
成德还是群体道德修养的提升，关键在于客观礼乐秩序的制约与熏陶。同样，
人格本位的政治观也不否认客观礼制的功用，它侧重于个人对主观德性的自
我培养。由于本节着重探讨传统儒家伦理的内在冲突，借此分析转型时期道
德革命的内在脉络，因此在论述中相对弱化了这一层讨论。参见张灏：《天德
本位的政治观》，许纪霖编：《张灏自选集》，上海：上海文艺出版社，2002年，
第54页。
② 许纪霖：《变迁中的思想危机》，《寻求意义：现代化变迁与文化批判》，上海：
上海三联书店，1997年，第27页。

二、"冲决网罗"：规范伦理的瓦解

在中国近现代思想史上，1898年和1919年被人们视为与中国社会、与儒家价值观决裂的两个里程碑式的年份。戊戌以来，儒家以"礼"为核心的规范伦理，不断受到思想家和社会改良主义者愈来愈强烈的挑战。在他们看来，"三纲"要求人们尊奉权威，这与他们所认同的平等原则格格不入。因此，作为国家建构和社会运行的意识形态基础，儒家的"三纲"这个道德包袱是必须予以抛弃的[①]。

这些抨击儒学规范伦理的激进主张，在戊戌维新运动的领军人物康有为那里得到了深化。在完成于1897年的《春秋董氏说》里，康详细阐发了汉朝哲学家董仲舒的道德思想。他认为，董的道德思想是两种伦理的有机融合：一种伦理是以道德实现为中心的、源自古典儒学的精神超越性伦理。其核心正是被认为植根于"天"之中的"仁"的理念；而另一种伦理，则是社会约束性伦理，与"礼"紧密联系在一起。这种社会约束性伦理所体现的等级秩序，在董看来，正是"礼"的伦理本质所在。

耐人寻味的是，康有为认为这两种伦理缺乏一种自然协调的关系。康显然更加看重并赞赏仁、义、智等精神超越性伦理，而将"三纲"之类的社会约束性伦理放在了论述的次要席位。康的这一思想倾向，糅合了影响他的佛教思想和西方自由主义的理念。这种"存仁弃

---

① 张灏：《思想的变化和维新运动，1890—1898》，费正清、刘广京编：《剑桥中国晚清史，1800—1911》（下卷），中国社会科学院历史研究所编译室译，北京：中国社会科学出版社，1985年，第331页。

礼"式的道德激进主义态度，虽然在表面上尚未能直接攻击儒家，但显然已经"使人对这些主要的价值观和信仰产生疑问，这一事实即意味着作为中国信仰核心的儒家正日趋衰微"①。

而与康有为同时代的谭嗣同，则朝前跨出了一大步，成为最先向儒家价值系统公开发难的人。对谭来说，"仁"的核心应该建立在与"三纲五常"相对立的伦理观之上。所以，不仅"三纲五常"，而且整个传统规范——"理"（或习惯所称的"名教"）——都不符合"仁"的精神。他认为，"名教"与"仁"的精神不但难以调和，而且极有可能制造矛盾，成为社会巨变的导火线②。这直接导致了他在《仁学》中强烈批判儒家的"名教纲常"，号召"冲决"现存儒家秩序的"网罗"。谭甚至愤怒地认为，"三纲"应对他斥为"盗行"和"虚伪"记录的中国社会和政治传统负责。他还大胆预言，在"仁"的活跃的能动性作用下，以"礼"为基础的现行社会体制将要崩溃③。

如果说，康、谭所理解的仁学的道德—精神世界，还是一个"有意义"的宇宙世界的话，那么，梁启超笔下的"国民"所植根的世界，则是一个以"力本"为中心的机械主义的"群"的世界④。梁启超（以及严复）所理解的个人，虽然同样强调个人的意志自主性，但与康、谭不同的是，这是在民族国家谱系下建构的"国民"。所以，戊戌变法之后，梁在《新民说》中用西方现代伦理补充和更新中国旧伦

---

① 张灏：《思想的变化和维新运动，1890—1898》，《剑桥中国晚清史，1800—1911》（下卷），第 340 页。

② 张灏：《危机中的中国知识分子：寻求秩序与意义》，高力克、王跃译，北京：新星出版社，2006 年，第 117 页。

③ 蔡尚思、方行编：《谭嗣同全集》（增订本），北京：中华书局，1981 年，第 4 页及第 54 页。

④ 许纪霖：《近代中国政治正当性之历史转型》，《学海》2007 年第 5 期。

理，以塑造一套新的人格理想和社会价值观。梁认为，"夫言群治者，必曰德、曰智、曰力，然智与力之成就甚易，惟德最难"①。在梁看来，道德分为两个范畴，一为公德，一为私德。"人人独善其身者谓之私德，人人相善其群者谓之公德，二者皆人生不可缺之具也。"中国传统伦理是"私德居其九，而公德不及其一焉"，因此，"若中国之五伦，则惟于家族伦理稍为完整，至社会、国家伦理，不备滋多。此缺憾之必当补者也，皆由重私德轻公德所生之结果也。"②

尽管如此，梁启超仍特别强调，如今试图用一种新的道德来教育国民，却并非单单依靠"泰西之学说所能为力"③。在他看来，儒家思想中有关人格修炼的某些举措，对于"新民"人格的训练非常必要。毫无疑问，梁对于儒家思想的兴趣表明，"实现一个侧重内心和行动的人格，这与他所提倡的新的民德和政治价值观没有任何矛盾"。同时，梁的态度也"向我们展示了在近代中国文化时代思潮中继续存在着的某些儒家传统成分"④。

三、"最后之觉悟"：德性伦理的解纽

中国文化的价值系统的全面变动，是在"五四"时代发生的。历史地看，兴起于1915年的新文化运动，在很大程度上源于民初宪

---

① 梁启超：《论私德（节录）》，陈书良选编：《梁启超文集》，北京：北京燕山出版社，1997年，第208页。
② 梁启超：《论公德》，《梁启超文集》，第157—158页。
③ 梁启超：《论私德（节录）》，《梁启超文集》，第208页。
④ 张灏：《梁启超与中国思想的过渡（1890—1907）》，崔志海、葛夫平译，南京：江苏人民出版社，1995年，第209页。

政实践的失败与尊孔复古思潮的逆流涌动。而孔教运动与帝制复辟的合流，凸显了儒教中国与帝制中国的同构性。这使得中国知识人对于共和立宪以及中国现代化之失败原因的探询，逐渐聚焦于中国保守僵化的文化传统与国民性。他们试图通过思想启蒙与文化批判，为现代共和制度寻找伦理价值支援。于是，一场以反儒教为中心的文化批判运动由此产生 ①。

在发表于文学革命开始前一年的《一九一六年》一文中，陈独秀指出，"儒者三纲之说，为一切道德、政治之大原。……缘此而生金科玉律之道德名词，曰忠，曰孝，曰节，皆非推己及人之主人道德，而为以己属人之奴隶道德也。人间百行，皆以自我为中心，此而丧失，他何足言。"② 陈号召国人摆脱纲常名教思想的束缚，恢复自由独立的人格，以适应现代文明社会的需要。

由陈独秀创办的《新青年》发动的反孔运动，对儒家伦理展开了整体的批判。在强烈的个性解放以及个人主体意识的裹挟下，五四启蒙知识人把这种对于以"三纲"为核心的儒家规范伦理的抨击，引向了批判"吾国自古相传之道德政治"的深度 ③，由此也直接开始对儒家德性伦理的堡垒发起了总进攻。

就在陈独秀借用尼采（Friedrich W. Nietzsche）的"主人道德"和"奴隶道德"来区别"三纲"与自由民主的同一年，20 岁的易白沙在《青年杂志》（《新青年》）上，分两次发表了《孔子平议》一文，既强烈抨击君主帝王在政治上的专制，也坚决反对孔子儒学在思想及

---

① 高力克：《五四的思想世界》，第 67 页。
② 陈独秀：《一九一六年》，《青年杂志》第 1 卷第 5 号，1916 年 1 月 15 日，第 3 页。
③ 陈独秀：《一九一六年》，《青年杂志》第 1 卷第 5 号，1916 年 1 月 15 日，第 3 页。

学术上的独断①。新文化运动的另一大将吴虞，正是在读了《孔子平议》之后，兴奋地引易白沙为"思想之同调"。这位被胡适誉为"只手打孔家店的老英雄"说："什么'文节公'呀，'忠烈公'呀，都是那些吃人的人设的圈套来诓骗我们的！我们如今都该明白了！吃人的就是讲礼教的，讲礼教的就是吃人的呀！"②

　　五四运动爆发前，倡议反传统的人主要关注与抨击的对象，正是礼教中的家族制度与妇女问题。当时著名的无政府主义领袖刘师复说："吾常谓支那之家庭，非家庭也，是一最黑暗之监狱耳。欲破此大狱，其惟婚姻革命、种姓革命乎！而助此二者之实行，则纲常名教的革命也。"③同时代的北京大学学生、《新潮》社主力傅斯年更是把传统的家庭视为破坏个性的最大势力和"万恶之源"④。傅斯年的看法，在他的老师辈李大钊那里也得到了积极回应："中国现在的社会，万恶之原，都在家族制度"⑤，而这正是因为，"我们现在所要求的，是个解放自由的我，和一个人人相爱的世界。介在我与世界中间的家……族界，都是进化的阻碍、生活的烦累，应该逐渐

① 易白沙：《孔子平议上》，《青年杂志》第1卷第6号，1916年2月15日，第1—6页；《孔子平议下》，《新青年》第2卷第1号，1916年9月1日，第1—6页。
② 吴虞：《吃人与礼教》，《新青年》第6卷第6号，1919年11月1日，第580页。
③ 刘师复：《废家族主义》，《师复文存》，上海：上海书店，1989年，第116—117页。刘师复为民国初年从东京归来的无政府主义的主要领导人，组织过晦明学社（舍）、心社，并发行《民声》。他的道德理想对于蔡元培影响甚大，参见王汎森：《反西化的西方主义与反传统的传统主义》，《中国近代思想与学术的系谱》，石家庄：河北教育出版社，2001年，218页。
④ 傅斯年：《万恶之源》，欧阳哲生编：《傅斯年全集》第一卷，长沙：湖南教育出版社，2003年，第104页。
⑤ 李大钊：《万恶之原》，《每周评论》第30号，1919年7月13日，第4版。

废除"①。

在中国现代史上，五四时期是价值观念转变的关键时代。这在很大程度上是由于知识人有意识、有系统地进行了"重新估定一切价值"的努力。而五四以来的新价值，归根到底就在于"个人的自作主宰"。在这场颠覆礼教的伦理革命中，支配中国社会两千多年的儒家伦理，在西方现代性的挑战下陷入全面瓦解。如果说，在康、谭、梁的时代，在个人的道德自主性（自由）之上，还有更高层次的公共善（天理或公理），那么随着专制王权基础的德性伦理的解纽，从五四开始，统一的公共善逐渐瓦解。每一个体都可以按照自己的天性发展自由意志。个人自由从此成为五四时期启蒙知识分子论证政治正当性的基础②。

四、重整"迷乱之现代人心"：迎受"穆姑娘"

然而，五四时期打倒旧礼教主要是破坏性的，因此，反礼教、白话文以及"民主"与"科学"，事实上并未能真正代替中国旧义理所占据的重要地位。因此，时人对于到底需要什么样的新道德伦理，确实疑莫能明，甚至一度对极力抨击的儒家道德原则和人生态度也不乏认同。另一方面，按照有些学者的说法，五四启蒙知识人也找到的一种"共同精神"，不过那是"偏激的个人主义"：反对一切权威，憎恶旧伦常、旧家庭，甚至连带仇视一切人与人的关系，试图将社会

---

① 李大钊：《我与世界》，《每周评论》第 29 号，1919 年 7 月 6 日，第 4 版。
② 许纪霖：《国本、个人与公意——五四时期关于政治正当性的讨论》，《史林》2008 年第 1 期。

分解为一个个的个人①。

随后，面对急迫的社会形势和救亡气氛，道德革命最终由个人的"伦理觉悟"转向社会（甚至包括世界）的解放与改造，而道德革命本身也转变为"国家至上"的政治革命。到了1925年"五卅"运动以后，思想界的倾向已经由批判传统转移到反对帝国主义，从个人立场转移到反对个人主义立场②。

社会的急遽转型和观念分化，必然带来道德认知的分歧和思想的紊乱。因此，前文所述的吴稚晖才有迎受"穆姑娘"以挽救道德衰微的说法。事实上，这一情境与西方启蒙运动失败而导致的道德问题大体相似。对此，麦金太尔（Alasdair C. MacIntyre）曾说："一方面，摆脱了等级制度和目的论的各个道德行为者，把自身构想为个人道德的权威统治者……另一方面，必须为已部分改变了的道德规则找出某些新的地位。"③对于中国的知识人来说，当道德革命的潮水冲决了儒家德性伦理的堤坝后，人们又将以什么思想观念或价值规范，来取代传统的精神超越资源呢？

面对"国是丧失"，《东方杂志》主编杜亚泉在《迷乱之现代人心》一文中打了一个譬喻："譬有一人，其始以祖宗之产业，易他人之证券，既而所持证券忽失其价值，而祖宗之产业已不能回复"④。那么，如何才能引导人们从"精神界破产"的局面中走出来呢？他认为，中

---

① 周策纵等著、周阳山编：《五四与中国》，台北：时报文化出版公司，1982年，第415—419页。

② 王汎森：《思潮与社会条件》，《中国近代思想与学术的系谱》，第258页。

③ 麦金太尔：《德性之后》，龚群、戴扬毅等译，北京：中国社会科学出版社，1995年，第80页。

④ 杜亚泉：《迷乱之现代人心》，《东方杂志》第15卷第4号，1918年4月，第2—3页。

国四千年以来以道德治国，是一个纯粹的道德国家，"则当此危殆之余，亦不能不以此道德为救国之良剂"，"发明固有之道德可矣"。这样，新旧道德两执而用其中，只是改变了道德的趋向而已。在他看来，"道德有体有用，体不可变而用不能不变"。对于"用"的层面，他认为"亟应变动之三事"是："改服从命令之习惯而为服从法律之习惯"，"推家族之观念而为国家之观念"，"移全力之竞争而为服务之竞争"。他认为，上述三项变革，是根据目前的情势而做出的"因时损益之策"，"新旧方面，两无背戾，而于社会秩序，亦不至有所撼摇"[①]。

在杜亚泉看来，"道德新旧，其差至微，而中国旧道德，与新者尤少抵牾"[②]。他对于道德的看法，与梁启超在《新民说·论私德》中对道德两分的看法相当接近，无疑属于调适一脉的道德观[③]，并且强调德性在道德重建中的极端重要性。也正是这种道德调适的观念，使得他在和反传统风头正劲的陈独秀的论战中，理直气壮地声称，共和政体绝非与固有文明不相容。政体虽已改变，但政治原理不变。他说："故以君道臣节名教纲常为基础之固有文明，与现时之国体，融合而会同之，乃为统整文明之所有事。"[④]

---

① 杜亚泉:《国民今后之道德》,《东方杂志》第 10 卷第 5 号, 1913 年 11 月, 第 2—5 页。

② 杜亚泉:《国民今后之道德》,《东方杂志》第 10 卷第 5 号, 1913 年 11 月, 第 3 页。

③ 此处借用了墨子刻在思想史研究中提出的"转化与调适"分析架构。所谓"转化"类型, 大致指主张用一套高远的理想彻底改造现实世界, 以达到"拔本塞原"的目的; 所谓"调适"类型, 大致倾向于小规模的局部调整或阶段性的渐进革新, 并反对不切实际的全面改革。参见黄克武:《一个被放弃的选择: 梁启超调适思想之研究》, 北京: 新星出版社, 2006 年, 第 6 页。

④ 杜亚泉:《答〈新青年〉杂志记者之质问》,《东方杂志》第 15 卷第 12 号, 1918 年 12 月, 第 4 页。

同样，对于当时处于风口浪尖的蔡元培来说，他对现实道德情境的关怀与个人的心灵秩序的重建，持有与杜亚泉相似的调适态度和偏重德性的倾向。1919 年 3 月，面对林纾在《公言报》上严厉指责北京大学"覆孔孟""铲伦常"，蔡指出，北大教员所反对的，只是那些依托孔子以反对改革之不合时宜的言论，而并非以孔子为敌。儒家的"五伦"除君臣一伦已经过时外，其余诸伦及"五常"都有普泛的道德价值①。

这并非是蔡元培面对诘难时的权宜之策。事实上，在辛亥革命前，蔡元培和他的同伴就认为要实行渐进式的革命，相信道德（与法律相对）的教化作用②。1912 年，蔡与汪精卫、张继成立了"进德会"，对于个人的道德做出了严格的限定，试图借此表明，新的政治秩序与传统的儒家精神并行不悖。

毫无疑问，蔡元培认同《新青年》关于自由个人的主张，但他始终没有放弃对传统道德的信仰，很自然，如果没有德性的培养，他不相信单单依靠个人自由就可以确保社会的进步。因此，在入主北大之后，蔡所倡导的教育模式，正是他在德国留学时熟悉的教育家洪堡（Friedrich von Humboldt）的理论，其中很重要的一点，就是对人文学科的偏爱以及对道德文明的高度重视。

1917 年 1 月 9 日，在蔡元培的北大就职演说中，如下的内容占有相当重的分量："诸君肄业大学，当能束身自爱。然国家之兴替视风俗之厚薄。流俗如此，前途何堪设想。故必有卓绝之士，以身作则，

① 周策纵:《五四运动：现代中国的思想运动》，周子平等译，南京：江苏人民出版社，1996 年，第 88 至 89 页。
② 魏定熙:《北京大学与中国政治文化（1898—1920）》，金安平、张毅译，北京：北京大学出版社，1998 年，第 118 页。

力矫颓俗。诸君为大学学生，地位甚高，肩次重任，责无旁贷，故诸君不惟思所以感己，更必有以励人。苟德之不修，学之不讲，同乎流俗，合乎污世，己且为人轻侮，更何足以感人。"[1] 在蔡看来，腐化堕落的风气仍是改革的最大绊脚石。而对于自我道德的修行，比成为一流学者更为重要。他甚至认为，中华民族的命运与知识人是否愿意进行重大的道德改革休戚相关[2]。

和杜亚泉以及蔡元培侧重调和的"复兴德性"相比，同时代的章士钊和李大钊的道德关怀，大体上走的是"重建规范"的路径——虽然在功利与道义的选择上，两人存在一定分歧。

尽管在辛亥革命后，章士钊一直倡导政治上的"调和"，但在此之前，章对于中国传统的德性内涵却有过激烈的批评。他说，中国"在道德上已经亡国"，而造成这一局面的罪魁祸首就是名教[3]。章强调否定人追求快乐的欲望是不正确的，而应以"最为平易近人""决无戕性作伪之忧"，又能发挥"一道同风之效"的功利主义[4]，作为新的伦理规范。

章士钊的这一看法，受边沁（Jeremy Beatham）和穆勒（John S. Mill，又译密尔）所倡导的功利论影响甚深。正如洛克（John Locke）所说："所谓善就是能引起（或增加）快乐或减少痛苦的东西。……

---

① 蔡元培：《就任北京大学校长演说词》，《蔡孑民先生言行录》，桂林：广西师范大学出版社，2005年，第148—149页。
② 蔡元培：《北大进德会旨趣书》，转引自魏定熙：《北京大学与中国政治文化（1898—1920）》，第170页。
③ 章士钊：《中国之本拔矣》，《帝国日报》1910年11月9日；《论进德会》，《民立报》1912年2月26日。
④ 章士钊：《论功利——答朱君存粹》，《甲寅》第1卷第5号，1915年5月10日，第7页。

所谓恶就是能产生（或增加）痛苦或能减少快乐的东西，要不然，它
就是剥夺了我们的快乐，或给我们带来痛苦。"因此，在功利主义者
那里，伦理学"这种学问的职务就在于找寻出人类行为方面能招致幸
福的尺度来，并且找寻出实践它们的方法来，这种学问的目的……只
在于所谓'正当'right，和正当的行为。"① 可见，功利主义者看重的
是道德行为的结果与利益。基于这样的立足点，他们对于道德规范的
强调，更多地落实在行为上对于普遍规范的遵从，而在人的内在品质
塑造上的要求，不如复兴德性者那样明确和强烈。在这种道德观之下，
古典世界中的诸种德性，并非被完全排斥，而是被化约为一种德性，
即"服从道德规则的性向"②。

　　所以，民国初年的章士钊把功利主义看作"改造法律的明星，
人类自由之保障"，主张将它确立为立法原则，并声称这一主义远比
社会主义好。③ 他主张国家的法律应该建立在承认个人自利的基础之
上，而最好的法律就是"其各方面自利之质分配最均"的法律④。章认
为，中国人道德不进，根本原因在于"法制不善"，求道德进步的根
本途径在建立新的法制⑤。

---

① 洛克:《人类理解新论》，关文运译，北京：商务印书馆，1981 年，第 199 页。
② 石元康:《二种道德观——试论儒家伦理的形态》，《从中国文化到现代性：典范转移？》，台北：东大图书股份有限公司，1998 年，第 113 页。
③ 行严（章士钊）:《法律改造论》，《民立报》1912 年 7 月 13 日。
④ 无卯（章士钊）:《迷而不复》，《甲寅》第 1 卷第 3 号，1914 年 8 月 10 日，第 15 页。
⑤ 无卯（章士钊）:《迷而不复》，《甲寅》第 1 卷第 3 号，1914 年 8 月 10 日，第 16 页。

结语

不难看到，进入转型时代以来，戊戌一代在"冲决网罗"的口号声中，着重摧毁的是儒家道德中作为规范伦理的"三纲五常"。随后兴起的五四新文化运动，又在"重估一切价值"的旗帜下，对儒家道德中德性伦理层面的"仁"进行扫荡，致力于实现"最后的觉悟"——伦理觉悟①。

然而，五四时期所推崇和宣扬的新思想主要是从西方搬来的，而并非来自对中国社会结构和历史过程的独特分析。因此，"许多深刻的思想命题是'悬浮'在人们所处的实际生活状态之上的，它们可能引起人们的震惊，却难以成为全社会持续关注的问题"。②随着社会的急遽转型和观念分化，必然带来道德认知的分歧和思想的紊乱。于是，道德关怀与重建的话题，重新成为时代关注的焦点。

用麦金太尔的话来说，现代道德危机是道德权威的危机，面临一个道德无序的状态，人们无从找到合理的权威。道德行为者虽然从似乎是传统道德的外在权威（等级、身份等）中解放出来了，但这种解放显然是以新的自律行为者的所有言辞都失去道德权威性为代价的。③因此，道德关怀与重建的工作，必须以重建道德权威性为中心。

本文考察了从杜亚泉、蔡元培到章士钊、李大钊的道德关怀与建设的努力。有趣的是，他们的主张，似乎正是沿着道德革命的反方

① 陈独秀：《吾人之最后觉悟》，《青年杂志》第 1 卷第 6 号，1916 年 2 月 15 日。
② 汪晖：《中国现代历史中的"五四"启蒙运动》，《汪晖自选集》，桂林：广西师范大学出版社，1997 年，第 309 页。
③ 麦金太尔：《德性之后》，第 9 页。

向而行：前者走向了复兴德性之路，而后者通向了重建规范之途。德性伦理强调的是道德主体所应该拥有的德性，或者说，其中心主题是人的自我实现——一个人以其所服膺的人格理想为目标，如何实现自我完善（good）？而规范伦理则强调，无论一个人成为怎样的人，他的外在行为都必须符合社会的普遍道德规范，都必须具有道德的"正当性"（right）。

　　本文的分析表明，面对道德的混乱与无序，无论是杜亚泉、蔡元培还是章士钊和李大钊都认为，一个社会的成员，完全有可能也有必要在基本的道德问题上达成一致。他们的分歧在于，究竟是将复兴德性作为道德重建的基础，还是建立一套完备的道德规范就可以通盘解决问题。在杜亚泉和蔡元培看来，规范伦理的"正当"源自"好"的德性。因此，在道德要素的排序中，德性较之规范应当具有优先性。因此，他们认为，中国作为一个纯粹的道德国家，当此混乱之时，仍应以"仁"为救国的良药。他们从体用两端出发，认为所需要改变的，只是"用"的部分，即具体的道德方式；而道德中"体"的部分，并无根本改变的必要。只有这样，才能重整文化的尊严，为道德重建提供坚实的德性基础。

　　而章士钊和李大钊的看法却与此存在分歧。他们强调，在一个社会中，如果人们的道德行为能够遵从社会的普遍道德规则，就足以维系一个社会的秩序、稳定与共识。因此，他们主张从具体的道德规范入手，通过功利或道义的角度建立宪法秩序，从而实现道德的重建。因此，章把功利主义确立为立法原则，主张国家的法律应该建立在承认个人自利的基础之上。李则认为，只有通过正当的制度，培育民众个体的善，才能营造社会共同的道德远景。

　　五四是一个道德和文化价值多元化的时代。然而，多元分为有序与无序的多元。无休无止、无法找到终点的互不相容、无从对话的道德争论，只能证明道德处于严重的无序状态之中。不同的思想家敏锐地意识到了这一点，并试图给出德性或规范的道德重建策略。那么，德性与规范究竟何者具有优先性？"善"与"正当"能否真正和谐相处？在五四一代知识人那里，始终没有一个确切和公认的答案。这一方面呈现了从晚清到民国思想转型的深刻复杂性，另一方面也为之后的"科学与人生观"的论战等事件埋下了伏笔。在五四过去一百年后的今天，当又一轮的社会转型带来新的道德嬗变时，建立和谐的道德生活和健康的心灵秩序的命题，再一次摆在人们面前。在这样的背景下，反思百年前那些困扰着思想家的有关道德革命与道德重建的问题，也许并非多余。

"世俗转型"与晚清知识人的道德变革

　　古典形式的道德观念，常常和一种目的论的有机宇宙观紧密相连。按照列奥·施特劳斯（Leo Strauss）的说法，一切自然的存在物都有其自然的目的与命运，这就决定了什么样的运作方式对于它们而言是适宜的①。在不同的历史时期，中国传统的宇宙观将人类的秩序纳入"天命""天道"或是"天理"之中。在"天"的统摄之下，自我、社会与宇宙共同构建了一个统一的、有意义的德性世界。依照这些思想框架和观念形态，中国人锻造出一种作为宇宙认知图式的宇宙观。根据这一宇宙观，他们"不仅能按照时空来构思宇宙世界并找到身在其间的位置，而且能使人生具有一种来龙去脉的意识"②。这一宇宙观充当了中国古代社会的价值基础，也因此构建起了一个具有德性的、与天相通的、内在超越的心灵秩序。在两千多年的漫长历史当中，正是因为这一具有超越价值的象征性秩序的存在，使得中国人摆脱了认知上的矛盾和价值取向上的迷惘。

---

① 列奥·施特劳斯：《自然权利与历史》，彭刚译，北京：三联书店，2003年，第8页。列奥·施特劳斯认为，就人而论，要以理性来分辨这些运作方式。理性会判定，最终按照人的自然目的，什么东西本然地（by nature）就是对的。

② Hao Chang, *Chinese Intellectuals in Crisis: Search for order and meaning,1890-1911.* Berkeley: University of California Press, 1987, p.7.

　　然而，到了 19 世纪中后期，随着中国对西方了解的加深，特别是在之后一系列对外战争中的屈辱性溃败，中国人不得不面对一个"三千年来未有之大变局"。在 19 世纪的最后 10 年间，一连串深层次的政治、社会与思想危机，伴随着世界格局的转变开始集中爆发。为什么思想文化危机不断深化的背后，构成思想文化核心的基本宇宙观和价值观动荡不安？从根本上看，其原因在于这一时期，中国社会传统的目的论宇宙观（天理），逐步被现代自然科学观，特别是晚清以来兴起的进化论所瓦解，代之而起的是一个由因果关系支配的、机械论的宇宙观（公理）。从此，世间万物的价值与意义，不再像以前一样具有道德（或宗教）的超越性，而必须借助一套可以为人们所认知和掌握的逻辑规范，通过人的理性实践来予以证明。这一历史过程，正是马克斯·韦伯（Max Weber）所说的"祛魅"（disenchantment），也是前现代社会走向世俗化（secularization）的重要标志①。

　　来源于"天"的超越价值世界从此动摇，中国读书人亟需寻找一条重构心灵秩序与政治秩序的道路。随着中国政局和世界形势的风起云涌，19 世纪末期，以"礼"为基础的儒家规范伦理，受到西潮

---

① 所谓世俗化，简单而言，是指人们的价值、信念和制度规范的正当性，不再来自超越世界，而是人们依据自由的意志和理性自我立法、自我决断，自由地选择自己的命运，设计理想的未来，参见许纪霖：《世俗化与超越世界的解体》以及相关主题笔谈，许纪霖主编：《世俗时代与超越精神》，南京：江苏人民出版社，2008 年 12 月。关于"世俗化"更完整的阐释，参见 Charles Taylor, *A Secular Age*, Cambridge.: Harvard University Press, 2007, p. 3. 需要说明的是，查尔斯·泰勒（Charles Taylor）所讨论的西方社会从公元 1500 年至今的"世俗化"进程，包含着更为丰富的内容。本文借用这一概念，并非以此对近代中国社会的思想演变，做出一个整全性的描述与判断，而是试图通过"世俗转型"这一视角，观察清末道德观念演变的轨迹，以及这一精神历程中新旧之间的断裂与连续。

的冲击和激进思想家们的严厉抨击，并成为这一时期价值批判的主要目标。康有为、梁启超等对于"君统"的攻击与谭嗣同在《仁学》中"冲决网罗"的呐喊，标志着"三纲之说"及其代表的儒家规范伦理的解体。在这个历史变革的重大时刻，传统的儒家道德价值观再也难以保持自身认同的方式，开始出现了失落与迷乱[①]。

一、天命、天道与天理：儒家的德性之源

在传统中国，直到近代前夕，"天"不仅是政治秩序正当性的来源，同样也是心灵价值的终极依据。如同黑格尔（Georg Wilhelm Friedrich Hegel）所理解的那样，对于中国人而言，天是最崇高的，是"抽象的普遍性，是自然关系和道德关系本身完全未定之总体"[②]。一般而言，中国传统道德本体论，其原始来源正是古代社会遵从天命的宗教观念。不过，在周代以前的殷商时期，天的含义并不包括抽象的或者超越的伦理道德意义。直到周代，天的观念才逐渐形成。西周时所承认的天，是"赏善罚恶的主宰"，"一切易朝更姓的政治变迁，莫不有天意存乎其间"[③]。正缘于此，梁启超在《先秦政治思想史·天

---

① 从 1895 年到 1920 年初约 25 年，中国的思想知识的传播媒介和思想内容均有突破性巨变。这一时期也因此被研究者视为中国思想文化"由传统过渡到现代、承先启后的"转型时代。张灏：《中国近代思想史的转型时代》，《二十一世纪》1999 年 4 月号。关于"转型时代"的最新研究，参见王汎森等：《中国近代思想史的转型时代——张灏院士七秩祝寿论文集》，台北：联经出版事业股份有限公司，2007 年。

② 黑格尔：《中国的宗教或曰尺度的宗教》，夏瑞春编：《德国思想家论中国》，南京：江苏人民出版社，1995 年，第 101 页。

③ 王治心：《中国宗教思想史大纲》，上海：上海三联书店，1988 年，第 45 页。

道的思想》中指出，"吾先民以为宇宙间有自然之大理法，为凡人类所当率循者。而此理法实皆天命。"在梁启超看来，正是因为天"有感觉有情绪有意志"，能够直接"指挥人事"，因此，这一感觉、情绪与意志，转化而成的人类生活的理法，就叫天道[1]。

相对于梁启超的敏锐，王国维在《殷周制度论》中显示出的历史洞察力则更加深邃："中国政治与文化之变革，莫剧于殷周之际。"在他看来，这一变革并非偶然，其出发点和归宿在于："（其旨）纳上下于道德，而合天子诸侯卿大夫士庶民以成一道德团体。周公制作之本意，实在于此。"[2]也就是说，周公制礼作乐的制度建设，其最终目的是要落实为一套完备的道德原则，并由此凝聚起一个道德团体。此后的梁漱溟强调"中国数千年风教文化之所由成，周孔（周公孔子）之力最大"，并以"周礼教化"为"以道德代宗教"的文化，将历史上的中国传统社会视为"伦理本位"的社会，正是王国维这一看法的延伸和深化[3]。显然，在周人的理解中，天与天命已经有了确切的道德内涵。秩序的观念逐步转化为"天道"的观念，而命运的观念则仍旧存在于"天命"观念之中[4]。

---

[1] 梁启超:《先秦政治思想史》，天津：天津古籍出版社，2004年，第28页。

[2] 王国维认为，这种变化从民族和文化的背景来看，是因为"自五帝以来，政治文物所自出之都邑，皆在东方，惟周独崛起西土"；从制度变化的内容来说，"周人之制度大异于商者，一曰立子立嫡之制，由是而生宗法及丧服之制，并由是而有封建子弟之制、君天子臣诸侯之制；二曰庙数之制；三曰同姓不婚之制。"王国维:《殷周制度论》，《观堂集林》，石家庄:河北教育出版社，2001年，第231页。

[3] 梁漱溟:《中国文化要义》，上海:学林出版社，1987年，第102页以及106页。

[4] 陈来:《古代宗教与伦理——儒家思想的根源》，北京：三联书店，1996年，第195页。

随着"天道"与"天命"的分梳，出现了从"天"向"人"的关键性转变。孔子的"仁"在当时是一个全新的观念，也标志着古代中国思想史上一次重要转型。这就是梁启超所言："顾儒家所确信者，以为'人能弘道，非道弘人'。故天之道地之道等等悉以置诸第二位，而惟以'人之所以道'为第一位。"[1]与此前的思想者相比，孔子明显重视个人内在的道德生活，另一方面，孔子依然保持着对天道的敬畏。这样的精神导向包含着人的内在道德方面的自由及其对整个宇宙自我开放的知识之间努力保持平衡的要求[2]。在孔子看来，"道"既表示宇宙中的"天"道，也表示人力无法控制的、天要借助于历史才能使其呈现出来的内容[3]。可见，儒家的观念所表现的人文精神，与现代的人文主义有着基本不同：现代人文主义排斥超越意识，而儒家人文思想通过"内圣"的观念，则以超越意识为前提。孔子思想中的德性伦理，也蕴含着"以天为主"的超越意识。孟子则依据孔子这种超越体验加以推广，认为任何人若能发挥己身天赋本有的善，均可与超越的天形成内在的契合[4]，因此"人人皆可以为尧舜"。孟子的看法极大地影响了晚明王阳明的心学理论，那就是充分鼓励每一个人积极开掘自身的意志自主性，通过实现人心与天的沟通，达到个人的彻底解放。

把天作为人间秩序合理性背景，并对这套解释自然与历史的宇

---

[1] 梁启超：《先秦政治思想史》，第 85 页。

[2] 杜维明：《传统儒家思想中的仁的价值》，杜维明：《儒家思想新论——创造性转换的自我》，南京：江苏人民出版社，1991 年，第 75 页。

[3] Benjamin I. Schwartz, *The World of Thought in Ancient China*. Cambridge.: The Belknap Press of Harvard University Press, 1985, pp.62-63.

[4] 张灏：《超越意识与幽暗意识——儒家内圣外王思想之再认识与反省》，张灏：《思想与时代》，上海：上海文艺出版社，2002 年，第 19 页。

宙法则论述得最充分的思想家是汉儒董仲舒①。在董仲舒那里，天不仅
仅是一个自然运行的天穹，而是宇宙所有秩序的本原与依据②。董仲舒
不是简单笼统地讲人伦的一切来自天，而是特别强调人间一切具体的
等级秩序均来自天，这是伦理道德化的表现③。因此，人世秩序的建立
必须求得与宇宙秩序的彼此配合。《春秋繁露》还特别强调了个人成
德的理想。由此可见，内蕴的德性有其超越的基础。这个观念无疑反
映的是"天人合一"的思想④。因此，"天"作为道德价值之源的理论
基础，到董仲舒这里才被建构起来⑤。

　　汉代以后，儒学式微而佛教兴盛，直到晚唐和北宋的时候儒家
学说才重新崛起⑥。在宋明时期，儒家思想内部最值得注意的动态，是

---

① 葛兆光：《七世纪前中国的知识、思想与信仰世界——中国思想史（第一卷）》，
　上海：复旦大学出版社，1998 年，第 373 页。
② 日本学者沟口雄三则强调，董仲舒的天道观中所掺杂的道家思想。他认为，
　董仲舒的天人感应论统合了基于阴阳五行说理解自然现象的自然法则，亦即
　"条理性"的天（这一"天"的观念多出于道家。依据道家的理解，天是超越
　人为的宇宙秩序，是最根本的理法）。在这一意义上，董仲舒的天人感应论，
　是对春秋战国以来"主宰的、根源的"天观（这一"天"的观念多出于儒家）
　与"条理性"的天观的统一综合。沟口雄三：《中国的思想》，北京：中国社会
　科学出版社，1995 年，第 7 页。
③ 李承贵：《德性源流——中国传统道德转型研究》，南昌：江西教育出版社，
　2004 年，第 3 页。
④ 张灏：《超越意识与幽暗意识——儒家内圣外王思想之再认识与反省》，《思想
　与时代》，第 24 页。
⑤ 李承贵：《德性源流——中国传统道德转型研究》，第 3 页。
⑥ 根据冯友兰的分析，宋代经过更新的儒学有三个思想来源。第一个思想来源
　是儒家本身的思想。第二个思想来源是佛家思想、连同经由禅宗的终结而来
　的道家思想。第三个来源便是道教，阴阳学家的宇宙论观点在其中占有重要
　的地位。宋明理学所持的宇宙论观点，主要便是由此而来。参见冯友兰：《中
　国哲学简史》，天津：天津社会科学出版社，2007 年，第 441 页。

作为超越价值的"天理"世界观的形成和演变。宋代思想家一方面通过宇宙论重建以伦理秩序为轴心的道德体系;另一方面,强调对于天的政治责任、强调遵循天理等观念与政治、道德的结合,也不断向更深层次发展。在周敦颐的《太极图说》中,不难看出这位宋明理学的开山祖师,试图把儒家的现实伦常与道教的"天"的宇宙图式连接起来的强烈冲动。张载在《西铭》中,也特别谈及"理"在天地之上。显然,这是一种"天人合一"的"属伦理又超伦理"的精神境界,而一切"见闻之知"以至"穷神尽化",都不过是为了"身而体道",为了作为主体的人通过伦理与天同一①。程颢、程颐则将道德本体"太极"改造为"理"。到了南宋,朱熹从多个角度出发,论证了"理"在伦理结构中的道德本体地位。在朱熹心目中,这个"理"既是内在的心、性、仁、义,更是外在的天与天命,即"理者,天之体;命者,理之用"。

不管这个"天理"是程颢、程颐式的具有"万物生生的'活脉'",还是朱熹式的人的内在道德特质的规范,一个具有超越意义的"天理"仍是宋儒心目中真理廊庙的基石,也是他们衡量自我心灵与社会道德的第一把标尺。按照沟口雄三的分析,人作为自然法则的一环,正确认识内在自我的道德本性,将其充分地自我发挥之时,政治领域或社会秩序就会依循条理而得到安定与和谐。这是天理观的思维模式。也就是说,自然法则与政治、社会秩序与人的道德性,"与其说依循着称之为天理的条理而成为一体,毋宁说就是依循着一个天理——在宋

---

① 李泽厚:《宋明理学片论》,《中国古代思想史论》,合肥:安徽文艺出版社,1999年,第232页。

代称之为天人合一——是之谓最高的境界"①。宋代以来,以天理观为标志的"天德本位"的观念取代了"宇宙本位"的观念,成为王朝政治思想与道德观念正当性的依据。

宋儒的天理世界观在陆九渊和其后的王阳明一系那里,有了新的演进。陆九渊将朱熹的"性即理"发展为"心即理",大大启动并提升了"心"作为沟通万物的本体作用。这一沟通宇宙的心学理论,直接开启了王阳明的道德理念。在王阳明的阐释中,特别突出了人心中自有"良知"的观点。在他看来,个人心灵既是道德的本体,又是道德的自我立法者与监督者。这一努力,一方面大大弥合了朱熹以来心、理二分的鸿沟;另一方面,王阳明将陆九渊的"心外无理,心外无事"的看法具体化了。"我心即宇宙"这简单五个字中所包含的强烈道德冲动与意志力量,直接可以与康德(Immanuel Kant)笔下不受窒碍的"道德自主性"颇为相似②。从晚明乃至之后道德转型的历史实践可见,王阳明的心学理论中所包含的强大意志自主性,极其深远地影响到 19、20 世纪之交的社会转型,并成为清末民初个人主义道德观的重要本土思想资源③。

---

① 沟口雄三、小岛毅主编:《中国的思维世界》,南京:江苏人民出版社,2006 年,第 232 页以及沟口雄三:《中国的思想》,第 15 页。

② 按照康德的说法,就是"作为自己和全部普遍实践理性相协调的最高条件,每个有理性东西的意志的观念都是普遍立法意志的观念。"也就是说,人作为理性的存在,是自己的"立法者"。人可以超越感性世界,不受感性欲望和自然因果律的支配,按照理性规定的法则去行为。伊曼努尔·康德:《道德形而上学原理》,苗力田译,上海:上海人民出版社,1986 年,第 81 页。本文在此只是简单类比,在哲学思想上,王阳明与康德的思想颇有不同。后者对于"道德自主性"的看法,摆脱了一切人的气性,如好恶、倾向、喜怒哀乐等。

③ 比如,梁启超对于个人"天赋良能,发挥到十分圆满"的"尽性主义"(梁启超:《欧游心影录》,张品兴主编:《梁启超全集》第五册,北京:北京出版社,1999 年,

"人心"与"道心"的合流，使得王阳明的心学理论，突破了儒家内部的种种约束性规范。但是，王阳明也承认，"人心是天渊，无所不赅，原是一个天。如今念念致良知，将此障碍窒塞一齐去尽，则本体已复，便是天渊了。"（《传习录》）这意味着王阳明的心学理论背后，仍有一个具有超越价值和终极意义的天，作为宇宙自然的理解原则、政治运作的基本规范和道德伦理的价值本原。总而言之，宋明理学以天人合一、万物同体的主观目的论，来标志人所能达到的道德境界——这被看作是人的最高价值所在。

从早期的天命、天道直到中后期天理与心、理合一，虽然终极价值的外在形态几经发展，但从儒家道德的基本方向和内在理路来看，它依然保存了超越世界和德性的终极来源，那就是"天"。不过，随着晚清以来"公理"世界观的逐步形成特别是进化论的引入，造成了儒家德性伦理（"仁"）与规范伦理（"礼"）的瓦解。天命、天理以及天道等传统儒家道德价值的超越之源，逐渐被一个科学的、进化的理性尺度所取代。人生与社会的意义也因此有了新的世俗化内涵——其终极价值不再来自一个超越的源头（"天"），而转由一个属"人"的世界裁定。中国社会开始进入一个道德观念的转型时代。

第 2980 页）；宋教仁在 1906 年 2 月 13 日的日记里也说："吾人可以圣人之道一贯之旨为前提，而先从心的方面下手焉，则阳明先生之说，正吾人当服膺之不暇者矣"（宋教仁：《宋教仁日记》，长沙：湖南人民出版社，1980 年，第 137 页）；毛泽东在泡尔生《伦理学原理》的批注中也写道："吾尝梦想人智平等，人类皆为圣人。"（中共中央文献研究室、中共湖南省委《毛泽东早期文稿》编辑组：《毛泽东早期文稿》，长沙：湖南出版社，1990 年，第 186 页）。

二、"理势"之争与"中体西用"

从清朝中叶开始，士大夫逐渐意识到已经置身于一个与以前"天下"想象完全不同的"万国"格局之中。鸦片战争以来，伴随着世界格局和国家力量的改变，西方列强的侵略扩张使得中国不仅陷入生存危机，而且也开始面对思想与意识形态的双重危机。当时和郭嵩焘一起出使西洋的黎庶昌敏锐地注意到，眼下的世界已经是"纯任国势强弱以为是非"的强权政治时代，"徒执礼义以相抵抗，彼且视为漠然。私谓朝廷处此时势，宜常有鞭挞四海之义，并吞八荒之心，然后退而可以自固其国"①。随着朝贡体系被坚船利炮所破，新兴的民族国家也取代了传统帝国，国与国之间新的交往逻辑逐渐成形。李鸿章在同治十三年上疏筹议海防时，痛心疾首地说："洋人论势不论理，彼以兵势相压，我第欲以笔舌胜之，此必不得之数也。……然则今日所急，惟在力破成见，以求实际而已。"②

"笔舌"不敌"兵势"的比较中所包含的心绪是极其复杂的。而基于"论势不论理"之上的"力破成见，以求实效"，则一方面来自"势"的压迫，一方面来自"理"的省悟。中国传统士人向来相信"天下之道，一而已矣，夫岂有二哉"③，也就是天下遵循的是同一种普遍适用和绝对正确的真理。在传统中国的知识体系与思想框架中，人们总是以国家政治与个人伦理的同一性以及社会秩序的和谐有序，作为

---

① 黎庶昌：《上沈相国书》，《西洋杂志》卷八，贵阳：贵州人民出版社，1992 年，第 252—253 页。
② 转引自石泉：《甲午战争前后之晚清政局》，北京：三联书店，1997 年，第 4 页。
③ 王韬：《弢园文录外编》，沈阳：辽宁人民出版社，1994 年，第 1 页。

文明价值的中心。他们坚信在这一点上中国优于西洋，以此在心理上获得一种"怀柔远人"式的自尊和满足。但是，迫在眉睫的内忧外患，使中国士人不得不承认，这一普世性的、以伦理道德为中心的文明优劣观（"王道"），在一个对礼义"视为漠然"且"论势不论理"（"霸道"）的新世界里，至少是暂时性地失效了。他们必须面对一个以国力强弱为标准的文明优劣观。在这样的观念支配下，强弱以国力富强来划分，是非则以战争的成败来决定。所以，文明必须与富强画上等号。无疑，这种与传承几千年的思维习惯截然不同的文明思路，带给了读书人巨大的观念冲撞。他们开始调整自己的视角，自强因此成为他们最迫切也最紧要的价值目标^①。

　　从此，"义理"的超越价值取向，逐渐面临着顺应"时势"的"事功"追求的挑战。士大夫开始将目光聚焦到"经世致用"的主张之上，"自强"成为新的国是。一般而言，在传统儒家思想中，经世致用主要体现了治国安邦、讲求建功立业的"外王"精神，其核心内容是面向现实、注重实效。但是，它自身并不具有价值正当性，因为在它之上，仍有一个源自"天"的德性价值世界作为统摄与规范。因此，"天下归仁"依然是儒家治国的终极目标。或者说，在中国传统政治文化中，合法的权力和正当的利益应该就是符合儒家伦理的权力和利益^②。因此，外王之道虽然与偏重修身养性、道德自律的"内圣"之学相对应，却只是补充性地构成了儒学为主体的伦理政治型文化。

---

① 罗志田着重从"物质"与"文质"的差异与转化，看待近代中国士人对于"中国向何处去"的思考，罗志田：《物质的兴起：20世纪中国文化的一个倾向》，《开放时代》2001年3月。

② 金观涛、刘青峰：《观念史研究——中国现代重要政治术语的形成》，香港：香港中文大学当代中国文化研究中心，2008年，第110页。

不过，在特定的历史时期，由于时势的刺激，经世致用的功利思潮常常会浮出水面，以富强策略来贬斥心性之谈，并通过与仁义相抗衡获得正当性。最典型的例子之一，就是两宋之际从欧阳修、王安石到陈亮、叶适的功利主义儒家一脉的兴起[①]。

晚清面临的国势积弱、内忧外患的情境与宋朝非常相似。因此，清朝中后期以来，重新复兴的今文经学强调"以经术为治术"而"通乎当今之务"，聚焦于除旧布新的"变通之法"[②]，开始摆脱传统理学"扶纲常，传圣学，位天地，育万物"的制约[③]。魏源等今文学者对儒家的"天理史观"加以修正，提出了一种"理势合一"的史观。"势"蕴含着"理"，但更重要的是，"势"也意味着人世演变嬗递的客观趋势。因此，历史不仅是一个道德衰替的过程，它也包含着有关世俗人事的种种长期发展的趋势，是一个长期发展、客观演进的过程。这意味着，历史发展存在着不以人的是非善恶为标准的某种功利主义的客观规律。从此，历史发展的规律，也就不再局限于复兴三代的崇高道德使命感之中，而是强调通过人们对现实的"势"的认识和把握，看待天理、解释天理。晚清的历史观和道德观也因此带有机械论和历史目的论的色彩。这是儒家伦理道德中"外王"路向的必然延伸。所以，士大夫对专门治国之才的强调，以及侧重于将制度研究看成是儒家学者正当的重要内容，其实暗示了"内圣"的道德修养已经不足以达到经世的目的，尚需制度方面的措施和税收、盐政、边防、漕运、军制

---

① 萧公权：《中国政治思想史》，沈阳：辽宁教育出版社，1998 年以及田浩：《功利主义儒家——陈亮对朱熹的挑战》，姜长苏译，南京：江苏人民出版社，1997 年。

② 魏源：《魏源集》下册，北京：中华书局，1976 年，第 432 页。

③ 罗泽南：《健庵说》，《罗泽南集》，长沙：岳麓书社，2010 年，第 85 页。

等专业知识作为补充。①

如果说，天理世界观笼罩下的德性义理，其重心落实在道德人心的"善恶是非"之上，那么由"义理"转换而成"时势"以后，价值的坐标必然就移到了国家"实力强弱"之上。儒家士大夫的价值观念与精神追求，慢慢从具有超越性的、以德性为内涵的"义理"隐退，转向了去价值的、以实力强弱为标准的"时势"。所以薛福成说："是故惟圣人能法圣人，亦惟圣人能变圣人之法。彼其所以变者，非好变也，时势为之也。"② 既然"天心变于上，则人事变于下"，所以王韬强调，"圣人之道"也在于"因时制宜而已"。他言之凿凿地说："即使孔子而生乎今日，其断不拘泥古昔而不为变通。"③ 传统儒家道德义理的超越内涵在对"时势"的适应与调整中日渐淡化，而"寻求富强"的功利主义尺度，开始在时势的压迫下成为部分士大夫因应困境的策略。从此，善恶是非渐渐由结局的得失来判断，文明的优劣渐渐由对抗的胜败来划分。"近代思潮之自具特色独成风气者，尚亦具有统一宗旨与共同趋势；抑且尚能综括全貌，可以一言以蔽之，则所谓足以纲纪一代思潮而构成一代主流之核心者，实为富强思想。"④ 其背后的历史情境，正是以"富国强兵"为核心理念的政治实践和国家动员。

从 1861 年冯桂芬在《校邠庐抗议》中的"以中国之伦常名教为原本，辅以诸国富强之术"开始，面对西方文明时，中国大体都还在

---

① 李泽厚:《经世观念随笔》,《中国古代思想史论》, 合肥, 安徽文艺出版社, 1999 年, 第 283 页。

② 薛福成:《变法》, 郑振铎编:《晚清文选》, 北京: 中国社会科学出版社, 2002 年, 第 287 页。

③ 王韬:《变法（中）》,《晚清文选》, 第 518 页。

④ 王尔敏:《中国近代之自强与求富》,《中国近代思想史论续集》, 北京: 社会科学文献出版社, 2005 年, 第 180 页。

传统模式之中求变。刘成禺在《世载堂杂忆》中谈到晚清朝士风尚时说:"道、咸朝官,尚讲求学问文字,虽吏治窳败,军事废弛,因循苟且,民怨沸腾,特士大夫尚鲜奔竞卑鄙之风。故太平天国奄有东南,捻、回起事西北,卒能削平大乱,自诩'中兴'者,大半皆当时朝官中笃行励学之士有以启之也。"[1] 然而,随着中国越来越深地卷入世界秩序,现实的"势"与传统的"道"就不能不发生冲突。宋育仁也注意到,"国势衰微,不能不兴功利以自救"。因为,"环球大势,以某国商业盛,即通行某国文,为便用而易谋利"[2]。而由此带来的道德后果之一,正如薛福成所描述的那样:"自中外交涉以来,中国士大夫拘于成见,往往高谈气节,鄙弃洋务而不屑道,一临事变,无所适从,其处为熟习洋务者,则又唯通事之流,与市井之雄,声色货利之外,不知他,此异才所以难得也。"[3] 对照此前朝官中大半"笃行励学之士"的描述,薛福成这种"异才难得"的感喟,恰好说明儒家道德伦理的"成见"与"气节",在"声色货利,不知有他"的功利主义思潮冲击下逐渐解体。

这一从"理"到"势"的观念嬗变,最终集中到张之洞的"中体西用"说之上。张之洞在他的《劝学篇》中,把中国知识看成是"体"(伦理道德与政治合理性的终极依据),把其他文明的知识限制在"用"(实用知识与技术)的范围之中,试图"以民族性价值理念抵制西方的经验理性"[4]。按照萧公权的分析,传统儒家的"治

---

[1] 刘成禺:《世载堂杂忆》,沈阳:辽宁教育出版社,1997年,第31页。

[2] 宋育仁:《泰西各国采风记》,钱锺书主编:《郭嵩焘等使西记》,北京:三联书店,1998年,第375页。

[3] 薛福成:《条议一则》,《晚清文选》,第289页。

[4] 刘小枫:《现代性社会理论绪论》,上海:上海三联书店,1998年,第139页。

术"分为三类，一是"养"，二是"教"，三是"治"。"养教之工具为
'德''礼'，治之工具为'政''刑'。德礼为主，政刑为助，而教化
又为孔子所最重之中心政策。"①很明显，张之洞为了名正言顺地接受
功利主义的"用"，被迫分离了传统意义上合而为一的政治秩序与道
德秩序。他的说法似乎振振有词，但实际上却意味着传统的知识、思
想与信仰，已经对现实的时势无能为力。更让张之洞无法预见的是，
"中体西用"之说产生了三个与儒家思想格格不入的后果：首先，"中
体西用"说意味着曾经浑然一体的道德实践与德性目标，如今一分为
二。"体"与"用"之间不再具有道德意义上的相关性，成为彼此割
裂的两个过程。德性的价值只在"体"的意义上发挥作用，而在"用"
的层面逐渐失效。其次，"中体西用"的广泛接受，表明中国传统的
有机世界观逐渐瓦解，而来自"泰西诸国"的机械论世界观、方法论，
开始在中国人的思想里牢牢地占据了一席之地。第三，从更深层次上
说，"中体西用"说的出现，也意味着士大夫产生了"意图伦理"（道
德动机）与"责任伦理"（现实效果）、价值判断与现实判断相分离的
世俗化要求。人们不再简单地依靠宗教信仰、道德的善恶，去寻求行
动的意义，而是由现实的利害关系、生活的功用效果来维系、调节和
处理社会现象和人际关系。正如梁启超在《国家思想变迁异同论》中
所说："神权政体与近世政治思想不兼容。近世之国家，乃生民以宪
法而构造之。其统治之权，以公法节制之；其行政也，循人生之道理，
因人为之方法，以图国民之幸福。"②

　　当然，张之洞这种将转化知识结构变成修补价值体系的努力，

---

① 萧公权：《中国政治思想史》上册，第 60 页。
② 梁启超：《国家思想变迁异同论》，《梁启超全集》第二册，第 455 页。

似乎想要竭力说明，限定在一个纯技术领域进行的西方化改革，只会保护而不会瓦解儒家道德的基础。不过，当时中国的儒家道德价值与西方科学理性之间的紧张显然大大加剧了。实际上，在文化的"体与用"之间划分出明确界限是徒劳的——已经被士大夫所接受的"西用"，也在不断挑战着士大夫的信仰，也埋下了儒家道德精神瓦解的伏笔。如同列文森（Joseph R.Levenson）揭示的那样："19 世纪的'体用'模式，不仅体现了外来因素所造成的儒教衰落，而且也是儒教本身衰落的象征。"①

19 世纪 90 年代，特别是甲午战争之后，在追求富强的努力中，晚清中国的历史情境在向着西方式的"现代"转化。在部分士大夫的思想中，出现了"向传统之外求变"的取向。光绪十七年十二月二十七日，崔国因在得知智利与美国冲突的消息后，就感到"当今之世，有理而无势，实不能以理屈人也……非兵力胜人，断不敢与人决裂，非兵力胜己，断不敢舍己从人。公法不足恃，条约不足据，惟势强者乃能伸理耳。有国者不可以不强。"他联想起孙武和孔子的话"勇怯，势也，强弱，形也"，"能治其国家，谁能侮之"。一年后，当他在报纸上看到英国在外国得到低进口税优待的消息，再次感慨："甚矣立国，不可以不强也，今日之势，一弱肉强食之势而已矣。"② 对于士大夫在时势左右之下道德节节败退的窘境，胡思敬的观察更加细

---

① Joseph R. Levenson. *Confucian China and Its Modern Fates: A Trilogy*, Berkeley: University of California Press, 1965, pp.77–78.
② 崔国因：《出使美西秘日记》卷九，合肥：黄山书社，1988 年，第 390—391 页，转引自葛兆光：《西洋新知的进入——19 世纪下半叶中国知识世界的变迁》，廖名春主编：《清华大学思想文化研究所集刊》（第二辑），北京：清华大学出版社，2002 年，第 93 页。

致:"光宣两朝朝政,事势悬绝,相去几至二三百年。然而其间千变万化,可以两种势力之消长竞争概举之。曰清流,曰洋务,此两种皆非此前所有也。"他注意到,每当"外侮日亟,而应变之才尤重,于是洋务之名又兴。洋务人才,始盛于出使及留学二途,不由科目进,与清流异趣。又习于骄奢结纳,急切功名,与数千年士大夫尚气节、重廉让之传统思想相违反。"他说,"李鸿章号为通时务,又喜功名,故洋务人才多辗转附之而起。"可是,"若辈于国家大计懵无所知,徒有急功切名之一念耳。"到了光绪末年,道德义理几乎完全被商业利润和军队力量所掌控:"小人阶之以取富贵者捷径有二,一曰商部,载振主之;二曰北洋,袁世凯主之。"①

部分士大夫对于实力与实利的追求,为晚清中国寻求富强之路提供了世俗化的第一推动力。但是,这样的动力建立在体用分离、德性退隐的思想基础之上。对于一个数千年来以精神立国的文明而言,缺乏道德精神引领与规范的逐利行为,反过来必然侵蚀儒家形而上的理学根基。面对更加急切的时势,主张今文经学的部分学者把孔子和三代圣人描述为富有创造性的改革家,并把唯意志论与经世变革的精神结合起来②。在他们的论述里,"立身须谨慎"的德性原则和圣贤工夫已经淡漠。他们的微言大义之中,关切的大都是"时势"赋予现实世界的改革契机。甲午战争之后,儒学的意识形态和道德精神发生了更加严重的动摇。中国人心中的自我形象极大地破碎。士大夫开始非

---

① 瞿兑之:《杶庐所闻录·养和室随笔》,沈阳,辽宁教育出版社,1997 年,第 47 页。
② Benjamin A. Elman. *Classicism, Politics, and Kinship: The Ch'ang-chou School of New Text Confucianism in Late Imperial China,* Berkeley: University of California Press, 1990, p.317.

常自觉而积极地改变自己，以期回应"西潮"的挑战。

三、来自"天演公理"的挑战

1895 年以后，康有为、梁启超、谭嗣同等人的思想，已经"与自强运动（即洋务运动）时期颇不相同，自强时期的求变求新，尚是相信中国的道统、中国的文化不可变，故其求变求新仅及于器物层面，而他们已经开始相信精神文化层面亦必须改变……他们较自强运动派更相信西学，视为是国家民族求富求强的万灵丹。"[①] 激进的变法者们为了挽救危亡，引入了从达尔文（Charles Robert Darwin）到斯宾塞（Herbert Spencer）、赫胥黎（Thomas Henry Huxley）等人的进化理论，为自己的政治行为寻找新的正当性依据，也为解释"时势"、顺应"时势"提供了一个历史目的论的参照系[②]。

对于绝大多数中国读书人而言，第一次完整系统地了解"物竞天择，适者生存"的进化公理，应当是在严复译述的《天演论》中。从下面这些文字里，他们读到了传统的教科书——"四书五经"当中

---

① 李国祁：《满清的认同与否定——中国近代汉民族主义思想的演变》，"中央研究院"近代史研究所编：《认同与国家》，台北："中央研究院"近代史研究所，1994 年，第 91—130 页。

② 关于进化论在近代中国传播与影响的研究成果甚多，如 James Reeve Pusey, *China and Charles Darwin*, Cambridge.: Harvard University Press, 1983；王中江：《进化主义在中国》，北京：首都师范大学出版社，2002 年；吴丕：《进化论与中国激进主义》，北京：北京大学出版社，2005 年；王东杰：《"反求诸己"——晚清进化观与中国传统思想取向（1895—1905）》，《中国近代思想史的转型时代——张灏院士七秩祝寿论文集》，第 315—351 页；王汎森：《近代中国的线性历史观——以社会进化论为中心的讨论》，《新史学》2008 年第 19 卷第 2 期。

找不到的内容：

"不变一言，绝非天运。而悠久成物之理，转在变动不居之中。是当前所见，经廿年卅年而革焉可也，更二万年三万年而革可也。特据前事推将来，为变方长，未知所极而已。虽然，天运变矣，而有不变者行乎其中。不变惟何？是名天演。以天演为体，其用有二：曰物竞，曰天择。此万物莫不然，而于有生之类为尤著。物竞者，物争自存也。以一物以物与物物争，或存或亡，而其效则归于天择。天择者，物争焉而独存。则其存也，必有其所以存，必其所得于天之分，自致一己之能，与其所遭值之时与地，及凡周身以外之物力，有其相谋相剂者焉。夫而后免于亡，而足以自立也。而自其效观之，若是物特为天所厚而择焉以存也者，夫是之谓天择。天择者，择于自然，虽择而莫之择，犹物竞之无所争，而实天下之至争也。斯宾塞尔曰：'天择者，存其最宜者也。'夫物既争存矣，而天又从其争之后而择之，一争一择，而变化之事出矣。"[1]

从西方思想史的脉络来看，达尔文进化论的历史意义在于，把上帝创世还原为神话，瓦解了神学的信仰基础；同时，又把包括人类在内的生物物种的生成和发展，视为自然过程，奠定了理性主义自然史观的科学基础。也就是说，它以科学理论的形式，挫败了神学目的论和决定论。所以，"达尔文主义不再是初步的科学学说，而成了一种哲学，甚至一种宗教。"[2] 不过，社会进化论的代表人物斯宾塞，从自然物种的普遍进化出发，以"适者生存"为阐释依据，把人类历史

---

[1] 严复：《天演论上·导言一察变》，王栻主编：《严复集》第五册，北京：中华书局，1986 年，第 1324 页。

[2] W.C. 丹皮尔：《科学史及其与哲学和宗教的关系》，李珩译，北京：商务印书馆，1975 年，第 378—379 页。

等同于物种的自然进化，进而确信人类社会不断由低级状态向高级状态进化的必然性。这当然只是一种关于达尔文主义的延伸推论和前卫想象，所以，柯林武德（Robin George Collingwood）把这种观点嘲笑为"得自进化论的自然主义并被时代倾向强加给历史学"[①] 的产物。因此，作为自然主义"进化史观"的反对者赫胥黎，在其所著《进化论与伦理学》（即严译《天演论》原本）中明确提出："社会文明越幼稚，宇宙过程对社会进化的影响就越大。社会进展意味着对宇宙过程每一步的抑制，并代之以另一种可以成为伦理的过程"，"社会的伦理进展并不依靠模仿宇宙过程，更不在于逃避它，而是在于同它作斗争"[②]，一再强调人类历史（伦理道德）与自然进化（物质宇宙）这两种过程所依据的原则的不同与背反。

耐人寻味的是，作为一个追求"信达雅"的译者，1896—1898年前后的严复在翻译《天演论》时，一直试图平衡赫胥黎和斯宾塞之间的思想张力，故而用心良苦地"取便发挥"，以图"达旨"。仔细阅读《天演论》译本不难看到，对于社会进化理论，严复的态度较为复杂：一方面，他不同意赫胥黎人性本善、社会伦理不同于自然进化的观点，另一方面却又赞成赫胥黎主张人不能被动地接受自然进化，应该与自然斗争、奋力图强的主张。他虽然同意斯宾塞认为自然进化是普遍规律，但又不满意其"任天为治"的弱肉强食的态度[③]。因此，严复既要为民族的自强保种寻找哲学基础，又不愿彻底打破传统的有机

---

① 柯林武德：《历史的观念》，张文杰、何兆武译，北京：中国社会科学出版社，1986 年，第 164 页。
② 赫胥黎：《进化论与伦理学》，《进化论与伦理学》翻译组译，北京：科学出版社，1971 年，第 57—58 页。
③ 李泽厚：《中国近代思想史论》，合肥：安徽文艺出版社，1999 年，第 595 页。

论宇宙观。两者结合导出了"天行人治，同归天演"的调和式表述。严复从老庄那里寻找进化论的哲学源头，把赫胥黎的"与天争胜"和斯宾塞的"任天为治"统一到"天演"之下，一并置于中国"易"的宇宙模式之中，以期为赤裸裸的强权竞争游戏，寻找一个超越的价值之源。严复思想中的内在紧张，使得具有结构和意义多向性的进化论，在传播之初就不可避免地发生了变异。而饶有意味的是，进化论一直以这种"文化误读"的方式，在近代中国传播。不过，作为一种时代的精神倾向，中国人对于进化论的误读，实际上是一种复杂的文化情感的产物。其目的很明显，就是要由此推演出关于社会变革的必然性和必要性的价值论证及历史依据。所以，进化论首先和一套目的论的历史观和宇宙观联系起来。

对于社会政治起源的历史解释，传统儒家倾向于一种循环说，认为人世的和谐秩序是由尧舜禹三代圣王开端，在后世治乱相循，通过一种盛衰轮转的方式，深深镶嵌于中国人的世界观当中。根据这种观点，历史的变化并不存在于生成之中，而是在"周而复始的大道运行之中"与天相通①，同时赋予人和社会以德性的内在价值。有德之君将以榜样的教化和由其仁慈之心所产生的开明政策的力量，成功地带来社会的和谐繁荣。但如果君位由无道者占据，则会带来社会的冲突与混乱。

然而，受到进化论的影响之后，中国人的历史观念发生了重大的改变。康有为根据"公羊三世说"，创造性地提出了一个线性历史目的论，将"据乱世"和"升平世"称为小康，而"太平世"则为大

---

① 杨联陞：《朝代间的比赛》，《庆祝李济先生七十岁论文集》卷一，台北：清华学报社，1965 年，第139—148 页。

同，三者同处于朝向未来的时间之链，依次上升。"小康为国别主义，而大同为世界主义"，孔子"立小康义以治现在之世界，立大同义以治将来之世界"，所以，"世界非经过小康之级，则不能至大同"①。

对此，梁启超的解释是："其意言世界初起，必起于据乱，渐进而为升平，又渐进而为太平。今胜于古，后胜于今，此西人打捞乌盈（达尔文）、士啤生（斯宾塞）氏等所倡进化之说也。支那向来旧说皆谓文明世界在于古时，其象为已过，春秋三世之说，谓文明世界在于他日。谓文明已过，则保守之心生，谓文明为未来，则进步之心生。"②梁启超认为，"三世进化"说与社会进化论在对于一个美好文明的渴求上是一致的，但是，这个完备的文明只存在于未来，而且也只能通过竞争进化的途径获得。

这样一来，进化论赋予了历史的未来趋势以向上的必然性，实际上把历史与一种新的乐观主义的自然决定论画了等号——历史变成了具有目的、可以为人类理性所掌控的事物。更重要的是，历史不再属于一个有机的宇宙的一部分，不再由一种超越世界来赋予价值。正是由于进化论是一套祛除了超越价值的科学公理，社会和个人的进化也就必然被解读为这一公理的具体体现。所以，在伦理道德层面，进化观念所包含的理性力量开始逐渐瓦解儒家道德观背后的天命、天道与天理。当超越世界和历史的发展被人的理性掌控以后，渐渐不再具有传统的神魅与德性的意义，而只是一个物理世界和一套机械程序。自然，进化的动力也不再是传统道德义理中的人格趋于完美（"止于至善"），而是一套祛除超越价值的"适者生存"的理性法则。

---

① 梁启超：《南海康先生传》，《梁启超全集》第一册，第481页。
② 梁启超：《论支那宗教改革》，《梁启超全集》第一册，第263页。

　　经历了历史观转变之后，道德观念也被重新放进特定历史环境，也就是所谓"时势"之下进行价值重估。于是，"过去""未来"这类超语境的是非标准淡化了，唯有当下的生存竞争最为紧要。既然世界上的宗教、学术、社会、国家，遵循的都是进化公理，那么，面对变动不居的时势，一方面，人们自然地相信"新的"总要胜过"旧的"，"未来"必定超越"过去"："由古世进化而有今世，由今世进化而有来世；今既胜于古，后又胜于今。"另一方面，"变化"成为时势的主要特征，一切都在"进步"的旗号下花样翻新，让人既倍感刺激却又疲于奔命："古人有古人的时势，斯有古人之理法；至今日而时势变矣，时势变，则理法从之而变。今人有今人之时势，至后日而时势又变矣，时势变则理法又从之变。"这位佚名作者的最后一句感慨，更是透露出变动的时势背后，隐藏着的当时人的一丝不安："生乎今之世，反古之道如此者，灾及其身也。"① 所以，杨度才会说："举自有人类以来变迁进化之往迹，而论其成败之因果者，历史家之言也，过去之事也；推人类所关系之理想以至于无穷者，哲学家之言也，未来之事也。而间于两者之间，则为现在。现在世界何等世界也？举天下之各民族群起而相竞争，观其谁优谁劣谁胜谁败，以待天演之裁判之世界也，而又数千年文明繁盛之支那人种存亡生死之关头也。"②

　　当超越的价值世界日渐衰微，进化论开始赋予人类推动历史和创造未来的正当性。因此，即使是强调"天行人治，同归天演"，当时思想界从严复翻译中读到的更多却是"人治"。其中固然与中国在

---

① 佚名：《与同志书》，张枬、王忍之编：《辛亥革命前十年间时论选集》第一卷上册，北京：三联书店，1963年，第403页。
② 杨度：《〈游学译编〉叙》，刘晴波主编：《杨度集》，长沙：湖南人民出版社，1985年，第73页。

世界竞争中一败涂地的历史困境密切相关，另一方面，进化论直接指向人类在自身历史中自我主宰的可能性，为中国这样的衰亡民族重新迅速崛起，提供了合理的预期。1903 年，张继煦在《湖北学生界》的《叙论》中，自信满满地说："虽然，竞争风潮之所趋，惟甘为傀儡，任客之所为，故权利为人所侵耳；若因机利导，奋起直追，则彼之磨牙吮血，竞争之不遗余力者，大岂知适以助吾之进化耶？"[①] 进化论把个人及其生存的意义，与一个合目的的历史过程紧密联系到一起。也就是说，每个人都可以凭借天赋的自由意志和能力进入社会竞争，而其最终结局将由社会的选择趋势给出。在这个意义上，进化论既是"泰西诸国"历史经验的放大，又是自由竞争时代期望的升华。因此，在晚清部分士大夫的心目中，它成为具有普世意义的人类理性主义的理论表达。进化论在近代中国掀起的思想风暴，其力量之大无远弗届。胡适回忆，《天演论》出版没几年，便风行全国，甚至成为中学生的读物。"天演""物竞""淘汰""天择"都成了报纸上的"熟语"和爱国志士的"口头禅"。他说："还有许多人爱用这种名词作自己或儿女的名字。陈炯明不是号竞存吗？我有两个同学，一个叫孙竞存，一个叫杨天择。"有趣的是，胡适自己的名字"也是这种风气底下的纪念品"[②]。

四、"力即理也"

自此，个人和社会的价值，开始由人们依据物质世界本身的逻

---

① 张继煦:《湖北学生界·叙论》,《辛亥革命前十年间时论选集》第一卷上册,
   第 434 页。
② 胡适:《胡适自传》,合肥:黄山书社,1986 年,第 47 页。

辑（科学方法和理性法则），通过自身的能力去证成，而不再借助超越的价值来源去裁决。这意味着，在一个世俗时代之中，"人"取代"天"成为世界的主宰和价值阐释的尺度，因此，"人力"必须超越"天行"也就不足为奇了。为严复翻译的《天演论》作序的吴汝纶说："盖谓赫胥氏以人持天，以人治之日新，卫其种族之说，其义富，其辞危，使读焉者怵焉知变，于国论殆有助乎？"①在他看来，天行通过人力实现，没有后者，前者也无所寄托。梁启超也认为，进化虽是"公理"之不得不然，但人对这一过程的积极参与，也指示了进化前进的方向："前人以为黄金世界在于昔时，而末世日以堕落。自达尔文出，然后知地球人类，乃至一切事物，皆循进化之公理，日赴于文明。前人以为天赋人权，人生而皆有自然应得之权利。及达尔文出，然后知物竞天择，优胜劣败，非图自强，则决不足以自立。……是故凡人类智识所能见之现象，无一不可以进化大理贯通之。……此义一明，于是人人不敢不自勉强者为优者，然后可以立于此物竞天择之界。无论为一人为一国家，皆向此鹄以进。"②就此而言，对于进化论的认知本身有助于历史的进化过程。"既知其果之所必至，又知其果之所从来，则常能造善因以补助之，使其结果日趋于至善。学术有助于进化，其功在是。"③

那么，"人治"的基础从何而来？除了一个通向美好未来的进化历史观以外，那就是贯通物质世界和人类社会的"力"的作用。在钱穆看来，对于"力"的理解与使用上的差异，也正是东西方文明的分

<hr>

① 吴汝纶：《天演论序》，《晚清文选》，第346页。
② 梁启超：《论学术之势力左右世界》，《梁启超全集》第一册，第557页。
③ 梁启超：《地理与文明之关系》，《梁启超全集》第三册，第943页。

水岭："将西洋史逐层分析，则见其莫非一种'力'的支撑，亦莫非一种'力'的转换。此力代彼力而起，而社会遂为变形。其文化进展之层次明晰者在此，其使人有一种强力之感觉者亦在此。"[①] 不过，在严复的思想中，这样一套主张极力发挥人的能力的力本论精神，仍然被归结为"民力、民智、民德"这样的综合标准，"浚智慧，练体力，厉德行"才是人全面进化的途径。而且，在诸种能力之中，严复依然强调"德"在竞争中的重要性。1906 年，他宣称"西人所最讲、所最有进步之科，如理化、如算学。总而谓之，其属于器者九，而进于道者一"。然而，"社会之所以为社会者，正恃有天理耳！正恃有人伦耳！"[②]1907 年，他再次指出："国与国而竞为强，民与民而争为盛也，非以力欤？虽然，徒力不足以为强且盛也，则以智。徒力于智，犹未足以为强且盛也，则以德。是三者备，而后可以为真国民。及其至也，既强不可以复弱，既盛不可以复衰。"[③]

对此，同时代的孙宝瑄也持相似的看法。1898 年，他对严复翻译的《天演论》曾有一段精辟的见解："《天演论》宗旨，要在以人胜天。世儒多以欲属人，而理属天，彼独以欲属天，以理属人。以为治化日进，格致日明，于是人力可以阻天行之虐，而群学乃益昌大矣。否则，任天而动，不加人力，则世界终古争强弱，不争是非，为野蛮之天下。"[④] 孙宝瑄敏锐地意识到，如果疏离了伦理道德的是非标准，一味放任赤裸裸的权力角逐和弱肉强食的竞争逻辑，人们面对的只能是一个充满欲望的丛林世界。所以，他把讲"争"的天演论和讲

① 钱穆：《国史大纲》，北京：商务印书馆，1996 年，第 24—25 页。
② 严复：《论教育与国家之关系》，《严复集》第一册，第 167—168 页。
③ 严复：《〈女子教育会章程〉序》，《严复集》第二册，第 252—253 页。
④ 孙宝瑄：《忘山庐日记》上册，上海：上海古籍出版社，1983 年，第 155 页。

"仁"的三世说结合起来，对人的"力"的理解做出了一个中国式的界定。在具有竞争性的"力"之上，人的价值的德性内涵——"仁"，仍然可以起到制约、规训与引领的作用："天演家有争存之说，故今之持论者多以争为人之美德。曰不争则治化不进，聪明不开。又谓世无大同，大同则平等，平等则无争，无争则世界毁于平散力矣。余曰不然。争有三等：争力、争智、争仁。争也者，求免也，前进也。据乱之世，争力求免于弱，进以强也。小康之世，争智求免于愚，进以慧也。大同之世，争仁求免于私，进以公也。争之极，归于无争，何散力之有焉！且争者，与贪得而行动者异也，图存以自立而已。据乱世，惟强者存，故争于强；小康之时，惟智者存，故争于智；大同之时，惟仁者存，故争于仁。"

这种基于传统文化立场的伦理主义，承认了竞争性的"力"在新"时势"下的决定意义，但又为超越的德性价值"仁"留下了余地。竞争之上，仍有"秩序"，用以制衡竞争式"力本论"的狂妄与戾气："最文明之世，万物皆列于秩序之中而已……四千年来讲秩序之学而无成，乃仅存秩序之虚褪，且容竞争于虚褪之中，转以此虚褪之秩序，隘其竞争之域，而为讲竞争者所败，而虚褪也将灭裂矣。虽然，竞争者，无极也，天则也；秩序者，太极也，亦天则也。今之人闻竞争之说，以为天则，而吾欲举秩序，亦天则之言以匹敌之"①。

不过，庚子之后中国的危机更趋严重，士大夫的言论重心也越来越趋向民族主义。严复式的"天行人治，同归天演"的调和式平衡被打破，德性之光在一个功利的、极端的"力"的世界里暗淡下去。一种基于实现权力、满足欲望的强者逻辑，站在了思想舞台的聚光灯

---

① 佚名：《无极太极论》，《辛亥革命前十年间时论选集》第一卷上册，第38页。

下。强权而非正义，才是国家之间关系的最终裁决者。晚清中国面临的这一无情现实，引申出一个让士大夫深感不安的推论：在崇拜赤裸裸的强权力量的同时，必须放弃文质彬彬的"君子道德"。而这一举措，在儒家圣人几千年的训诲中，绝对是遭到严厉谴责的。然而，在19世纪与20世纪之交这个"循优胜劣败之理，演强主弱奴之剧"的"竞争至烈之时代"①，中国实在无法成为这套"天演公理"的旁观者和局外人。进化理论为中国的不断挫败做出了"合理"解释，也为中国奋力走出沉沦提供了可行的指南。欧榘甲在《新广东》一文中说："夫自存者，争自立也。不能自立，即不能自存，即为他人所灭，即为天所弃。诸君，诸君，即不欲自立，独欲自存乎？"所以，"夫欲自存，惟信自己，无天可恃"②。既然"无天可恃"而且只能"惟信自己"，也就意味着人的价值不再由道德义理中的"是非善恶"来裁定，而是"自己负起了权威地宣判，何者为高级、何者为低级的责任，而彻底选择论者可以回答说，我们的判断本身就是通过自然选择形成的，因此，我们的判断会欣赏那些只具有生存价值的东西，并把它列为高级的东西——所谓生存价值事实上也就是使我们可以生存下去的东西"③。所以，晚清的《大陆》杂志发表的一篇文章，表达的正是此一世俗化进程中的价值追求："人当图此身之幸福，而不当图无据灵魂之幸福；当图实际之幸福，不当图虚幻之幸福。舍吾身实能得之幸福，而求诸渺不可知之灵魂，非大愚而何？"④

---

① 侯生：《哀江南》，《辛亥革命前十年间时论选集》第一卷下册，第538页。
② 太平洋客（欧榘甲）：《辛亥革命前十年间时论选集》第一卷上册，第282页。
③ W.C. 丹皮尔：《科学史及其和哲学与宗教的关系》，第426页。
④ 佚名：《唯物论二巨子（底得娄、拉梅特里）之学说》，《辛亥革命前十年间时论选集》第一卷上册，第412页。

　　在这样的背景下，读书人对于人性的理解也日渐幽暗。因为"夫人之性，去动物不远，故强凌弱众暴寡之野心在在思逞，于是以强力为自卫之要点，而因以形成国家"，所以，"智"与"德"是不可靠的，中国要想在生存竞争场中站稳脚跟，唯有依靠一套去除了道德人文的"强力""威力"甚至"暴力"："夫国家组织之目的，在于社会幸福之增进，及伸张个人之自由，其罪重要者在具强力，且备其他之暴力，此一定之理势。"① 对个人之间"心醉平和而尊崇道德"和悲天悯人的态度，部分读书人开始嗤之以鼻："吾固悲人，而人将不悲汝；吾固悯人，其奈人之不我悯何！"连接人与人的不再是传统中国"熟人社会"之中充满关怀与信任的道德纽带，彼此之间只剩下"优劣之无定，故当力占优势"的利益盘算②。推动社会进化的个人能力，在这里抽空了严复、孙宝瑄当年调和的德性义理，只剩下"立于不败之地"的"力"的逻辑。

　　20世纪初，传播《天演论》最为有力者当数梁启超。梁启超的思想比较复杂。戊戌期间，他大体相信，纯粹的"力"在世界竞争中的日趋式微，并且指出："世界之进化愈盛，则恃力者愈弱，而恃智者愈强。"又说："吾闻之春秋三世之义：据乱世以力胜，升平世以智力互相胜，太平世以智胜。"③20世纪初《新民说》发表以后，由竞争于"力"到竞争于"智"的"三世说"在他笔下消失了，"力"较之"理"更具有优先性。梁启超相信："昔天演学者通用语，皆曰物竞天择，优胜劣败。而斯氏（斯宾塞）则好用'适者生存'一语。诚以天

① 佚名：《中国之改造》，《辛亥革命前十年间时论选集》第一卷下册，第418页。
② 君平：《天演大同辨》，《辛亥革命前十年间时论选集》第一卷下册，第873页。
③ 梁启超：《变法通议》，《梁启超全集》第一册，第10页。

下事无所为优，无所谓劣。其不适于我也，虽优亦劣；其适于我者，虽劣亦优。"[1] 因为"此必至之势，不必讳之事也。如以为罪乎？则宇宙间有生之物，孰不自争者，充己力之所以能及以争自存，可谓罪乎？夫孰使汝自安于劣，自甘于败，不伸张力线以扩汝之界，而留此余地以待他人之来侵也。"[2]

梁启超的进化理念，受到日本思想家福泽谕吉文明论的影响甚深。在福泽谕吉看来，人类普遍进化的历史，是以文明为轴心，经由野蛮到半开化到文明的进化历程。"文明既有先进与落后，那么先进者自然就要压制落后者，而落后者自然要被先进者所压制"[3]。这一理念恰好与晚清以来中国的历史性遭遇不谋而合。国家富强的观念逐步取代了传统儒家"天下归仁"的德性主张，成为晚清时期新的公理。因此，在梁启超看来，"文明"得以与"富强"一道，共同构建一套普世性的核心义理与规范[4]。所以，梁启超相信，文明是通过竞争才形成的。国际社会是生存竞争的场所，也是适者生存的场所。当时人甚至以你死我活的"战争"一词，来形容激烈的竞争。不但军事交锋是战争，商业交往、学术交流都是赤裸裸的"战争"："善争者存，不善争者亡，善争者生，不善争者死。争之为道有三：兵战也，商战也，学战也。"[5] 在这个残酷的"战场"上，个人的情操与德性的陶冶，社会和国家公共伦理的培养，被"以暴易暴"的生存手段异化了。"后

---

[1] 梁启超：《记斯宾塞论日本宪法语》，《梁启超全集》第一册，第 336 页。

[2] 梁启超：《放弃自由之罪》，《梁启超全集》第一册，第 348 页。

[3] 福泽谕吉：《文明论之概略》，转引自郑匡民：《梁启超启蒙思想的东学背景》，上海：上海书店，2003 年，第 63 页。

[4] 梁启超：《自由书·文明三界之别》，《梁启超全集》第一册，第 340 页。

[5] 佚名：《与同志书》，《辛亥革命前十年间时论选集》第一卷上册，第 394 页。

此中国乎，则一时有一时之现象，一年又一年之变症，吾不知今日之为如何境况，焉知他日之如何结局也。"①未来既然不可捉摸，那么，每一个人除了成为活在当下的"战争国民"以外，别无其他更高远的人生意义："若据现在之时世，则有生产的能力者，为社会之优资格；而具一种雄毅之态以胜其他之暴力者，始可为世界的战争国民。"

　　为了生存，各个国家也不断寻求发展，以增进本国的能力。支配这一生存竞争的是优胜劣汰的法则，"优者"生存下来并更加繁荣，"劣者"则被无情地淘汰，文明因此得到发展。就是说，在梁启超看来，"文明化不是实现某一目的的过程，而是作为生存竞争的结果而产生的过程"②。他说："夫竞争者，文明之母也。竞争一日停，则文明之进步立止。由一人之竞争而为一家，由一家之竞争而为一乡族，由一乡族而为一国。一国者，团体之最大圈，而竞争之最高潮也。若曰并国界而破之，无论其事之不可成；既成矣，而竞争绝，毋乃文明亦与之俱绝乎！况人之性非能终无竞争也。然则大同以后，不转瞬而必复以他事起竞争于天国中。而彼时则已返为部民之竞争，而非复国民之竞争，是率天下人而复归野蛮也。"③

　　事实上，这并非梁启超一人的思想转变。当时，"力即理也"的说法频繁出现在报章杂志中。张鹤龄在《彼我篇》一文中说："吾儒者之言，谓论理不论力。庸讵知所据之力，即所据之理，更无力外之

① 张继煦：《湖北学生界·叙论》，《辛亥革命前十年间时论选集》第一卷下册，第439页。
② 佐藤慎一：《近代中国的知识分子与文明》，刘岳兵译，南京：江苏人民出版社，2006年，第95页。
③ 梁启超：《新民说·论国家思想》，《梁启超全集》第一册，第663页。

理乎？"① 极力主张"金铁主义"的杨度则相信："西哲之常言曰；'两平等相遇，无所谓权力，道理即权力也；两不平等相遇，无所谓道理，权力即道理也。'今日欧洲各国之自为交，与其交于他洲之国，则二者之区别也。"② 在一个帝国主义"不顾天理，不依公法，而惟以强权竞争为独一无二之目的"的世界上，进化论中重"力"的"优胜劣败"观在中国越来越具有说服力。一个崇尚个人欲望与个人权利的时代，也在去价值的"力"的推动下来到了："竞争者，富强之兆也。人之生也，莫不欲充其欲望；夫欲望无限，则其所欲望之物亦无涯矣。土壤有限，生物无穷，则其所欲望之物，亦不能无尽。因之相互欺侮，互相侵夺，而竞争之理，于是乎大开。惟其竞争也烈，则人思想智识益发达而不遏，譬如镜磨之正所以助其明也。"③ 一种占有式的个人欲望开始登堂入室，在一个世界格局和价值尺度日渐混乱的时代里，开始成为人们追求的新的人生目标。而在这个优胜劣汰的世界里，是非善恶的道德标准，被存亡与成败的现实法则所取代。美德被视为竞争的绊脚石，谦让者成了"弱者劣者"的代名词。

不仅如此，"权利"一语在当时开始与"权力"等同，甚至意味着对他人的强制④。"所谓强制者何？制人不制于人之谓也"；"制于人则权利全失，权利失则人性不全。夫不能制人者必为人所制，天地间仅此两途，故强制者万不可一日缺。"生存竞争所必需的自私性，恰

---

① 张鹤龄：《彼我篇》，《晚清文选》下册，第112页。

② 杨度：《〈游学译编〉叙》，《杨度集》，第73页。

③ 佚名：《权利篇》，《辛亥革命前十年间时论选集》第一卷上册，第483页。

④ 梁启超对于"权利"的理解常常与"强权"有意无意地混同，造成时人的诸多误读，参见许纪霖：《竞争观念与力的秩序——社会达尔文主义在近代中国》，《史学月刊》2010年第1期，第54页以及王中江：《进化主义在中国》，第156页。

好与传统儒家道德法则相反。显然，竞争的成功不是导致美德而是为了更好地适应环境。换言之，来自现实世界的秩序和传统道德的秩序，处于激烈的冲突之中。而善良和美德，与使人在生存竞争中获得成功的特性，却又往往截然相反。当传统的道德人文主义日渐消散，彼此的欺侮、侵夺与恶性竞争，在满足世俗欲望的冲动下也逐渐失去约束，甚至具备了价值行为上的正当性。这样的时代所呈现出的道德图景，的确与绵延数千年的、"以伦理代宗教"的古代中国大为不同了。从此，"王道"开始让位于"霸道"，"成王败寇"逐渐取代了"克己复礼"；对意味深长的"义理"的深刻体认，换成了对转瞬即逝的"时势"的功利性追逐。晚清中国的道德世界与政治世界，正是在这样的现实逻辑推动下，出现了"世俗化"的思想转型。

五、"个人"崛起：儒家规范伦理的解体

从现代伦理学的角度来看，儒家的道德体系是道义论和德性目的论的结合。一般认为，儒学大致可以分为以"礼"为基础的伦理规范与以"仁"为基础的德性原则两个层面。"仁"为人格完成的德性理想，"礼"则为涵养德性的伦理秩序，二者共同构成了一个"君子型的伦理道德"的图景[①]。如前所述，从中国思想史的内在脉络来看，当传统儒家道德发展到阳明学，"理"不再是外在的定理，而是沟通了各人的内在性道德主体。在"心即理"、"致良知"、尊重自我之悟的命题中，包含了肯定欲望的人性论和平等主义的价值诉求。而

---

① 高力克：《五四的思想世界》，上海：学林出版社，2003年，第64页。

晚明商业的兴起，也将个人本位、追求私利等与传统道德价值冲突的观念推到思想的前台。到了晚清，在内忧外患的刺激下，人们道德观念中的主体意识更加突显，个人的观念开始崛起，冲击着儒家道德的堤坝。

随着以进化论为核心的公理世界观的确立，传统的德性世界在力本论和历史目的论的秩序下逐渐祛魅。天命、天理、天道等超越价值的地位发生动摇，道德重心逐渐转向现实的、属人的世俗世界。"一人之行为，必由一人之意志决之；一人之意志，必由一人之智识定之。自由者，道德之本也，若一人之行为，不由一人之意志而牵率于众人，勉强附和，则失其独立之精神，丧其判断之能力，而一人之权利，遂以摧残剥落而莫能自保。"① 从严复翻译《群己权界论》以来，"个人"的观念逐渐在晚清思想界发生影响。之后，康有为的《大同书》和谭嗣同的《仁学》，都以个人自由和个人平等为立论之本。梁启超在《新民说》中《论权利思想》一节里说："一私人之权利思想，积之即为一国家之权利思想。故欲养成此思想，必自个人始。"② 不论是康有为、谭嗣同道德—精神意义上的个人，还是章太炎依据佛教理论衍生出来的自性—齐物的个人，在他们的道德观念当中，都不同程度地具有较为鲜明的主观性和批判性，张扬着独立的、平等的和反等级的价值取向。他们不是简单地认同现存社会制度和价值尺度，而是相信一切道德秩序应当"由我而出"。这为现代个人观念在晚清的出现奠定了基础，也为个人主义道德观在五四时期的崛起提供了重要的思想资源。

---

① 佚名：《教育泛论》，《辛亥革命前十年间时论选集》第一卷上册，第401页。
② 梁启超：《新民说·论权利思想》，《梁启超全集》第一册，第671页。

晚清的"个人"崛起与西方现代意义上"个人"的形成不同。西方社会的现代"个人"的背后，有一套整全性的自然法背景，启蒙运动正是将自然法作为最高法，确认"天赋人权"的神圣理念。中国没有自然法的传统，与之相似的是一个源自天命、天道、天理的超越世界观。晚清的个人出现，并不是诉诸自然法的主张，而是来自传统儒家"二元权威"论，特别是明末王学的"人心"与"天道"相通的思想。如前所述，王阳明相信每个人都有善根与良知，人人都可以成为圣人，关键取决于自我"致良知"的努力。这样，个人道德实践的重心落实到了自我的"人心"之上，个人由此获得了道德自主性和人格自由的正当性。清末"个人"的思想来源也非常丰富，它既来自西方霍布斯（Thomas Hobbes）、洛克（John Locke）、弥尔（John Stuart Mill）等人关于个人自由和个人权利的种种思想，也和明清之际思想家"合天下之私以成天下之公"的主张一脉相承。同时，晚清思想家"回归原典"的努力，极大地开掘了先秦诸子学与佛学之中关于道德自主性、个人平等的思想资源。多种理论资源的发酵与会通，在晚清的历史情境下开启了个人观念，使之成为现代性在中国发生的重要标志之一，同时极大地改变了中国人的道德观念。

因此，在知识、思想与信仰世界急遽转型的时代里，如何对待与安排儒家传统中的伦理规范和德性原则，成为当时的人们必须面对的一个核心问题。戊戌以来，以"礼"为核心的儒家规范伦理，不断受到激进思想家们的强烈挑战。和他们关于改革政治制度的批评相比，这些人中的绝大多数（如陈炽、陈虬与宋育仁等），依然对于儒家的信仰与思想保持着高度的热忱与尊重。但是，随着社会转型的加剧，身处香港的何启与胡礼垣率先反对"君为臣纲，父为子纲，夫为妻纲"的儒家"三纲"学说。在他们看来,"三纲"要求人们尊奉权威,这与他们所认同的平等原则格格不入。因此,作为国家建构和社会运行的意识形态基础,儒家"三纲"必须予以抛弃[1]。

这些抨击儒学规范伦理的激进主张,在维新运动的领军人物康有为那里得到了深化。在他的著作中,"仁"被赋予了追求自我和社会道德实现的理想。在完成于 1897 年的《春秋董氏说》里,康有为详细阐发了董仲舒的道德思想。他认为,董仲舒的道德思想是两种伦理的有机融合,一种伦理是以道德实现为中心的、源自古典儒学的精神超越性伦理。其核心正是被认为植根于"天"之中的"仁"的理念。而另一种伦理,则是与"礼"紧密联系在一起的社会约束性伦理。这种社会约束性伦理所体现的等级秩序("三纲"学说),在董仲舒看来,正是"礼"的伦理本质所在。而构成"三纲"基础的,是以君王和家庭为基础的、神圣不可改变的宇宙制度[2]。

耐人寻味的是,康有为认为,这两种伦理却缺乏一种自然协调的关系。康有为显然更加看重并赞赏仁、义、智等精神超越性伦理,而将"三纲"之类的社会约束性伦理放在了论述的次要席位。康有为认为,"礼"的意义,更多地在于作为儒家精神超越性伦理组成部分的一种道德礼节感,而不是在于董仲舒和《白虎通》所呈现的汉代儒学思想中以"三纲"为核心的社会约束性伦理[3]。

---

[1] Hao Chang, "Intellectual change and the reform movement, 1890-8," in Denis Twitchett and John K. Fairbank eds., *The Cambridge History of China*, vol. 11, New York: Cambridge University Press, 1978, p. 331.

[2] 康有为:《春秋董氏学》,《康有为全集》第二集,北京:中国人民大学出版社,2007 年,第 372 页。

[3] Hao Chang, *Chinese Intellectuals in Crisis: Search for order and meaning, 1890-1911*, p.48.

　　康有为的这一思想倾向，糅合了影响他的佛教思想和西方自由主义的理念。在他对于《中庸》的评注中，他将儒家的基本德行"智""仁""勇"，等同于佛学中的"智慧""慈悲"与勇敢无畏的观念。根据张灏的分析，对康有为来说，"仁"还象征着一种以"天人合一"信仰为核心的世界观。简单地说，他认为全人类同属于一个无差别的共同体——大同。而大同社会正意味着超越"据乱世"与"升平世"的"礼"的等级秩序，实现终极的"仁"。比如，为了天下"大同"的实现，他提出家庭应当包括在要被废除的制度之中。又如，在其随后立孔教为国教的计划中，康有为主张改革孔教当中与公民社会不符合的宗族伦理①。另一方面，这种世界观意味着每个人都具有天赋的道德能力。因此，在《实理公法全书》中，康有为通过一套欧几里得几何学的模式，解释传统的仁学主张。康有为明确将个人视为各有各的"灵魂之性"，众生平等。而且，正因为"人人皆天生，故不曰'国民'而曰'天民'；人人既是天生，则自隶于天，人人皆独立而平等。"②他把这一观念与董仲舒的"人生于天"的信仰联系起来，认为"天子"不应当只是帝王的特权，而应该是属于每个人的权利。

　　康有为强调，人人都有来自于道德与意志的自主之权，西方自由主义理想中的个性自由、平等和民主，都是作为宇宙和人的道德思想的"仁"的必然结果③。他这种"存仁弃礼"式的道德激进主义态度，虽然在表面上未能直接攻击儒家，但显然已经"使人对这些主要

---

① 康有为：《请尊孔圣为国教立教部教会以孔子纪年而废淫祀折》，汤志钧编：《康有为政论集》，北京：中华书局，1981年，第282页。

② 康有为：《孟子微》，北京：中华书局，1987年，第13页。

③ Hao Chang, *Chinese Intellectuals in Crisis: Search for order and meaning, 1890-1911*, p.54.

的价值观和信仰产生疑问，这一事实即意味着作为中国信仰核心的儒家正日趋衰微。"①

与康有为同时代的谭嗣同则朝前跨出了一大步，率先向儒家价值系统公开发难。和康有为一样，谭嗣同也认同个人道德（"仁"）自主的活力。在佛教、道教乃至新儒家学说的多重影响下，他相信人心经过适当的修养和发展，能够产生一种拯救性的精神力量。谭嗣同看重的是战无不胜的精神（心力）的力量，这种力量可以被概括为"人人有自主之权"的激进平等主义和能动主义②。对谭嗣同来说，"仁"的核心建立在与"三纲五常"相对立的伦理观之上。所以，不仅"三纲五常"，而且整个伦理规范（"名教"）都不符合"仁"的精神。他认为，"名教"与"仁"的精神不但难以调和，而且极有可能制造矛盾，成为社会巨变的导火线③。这直接导致了他在《仁学》中强烈批判儒家的"名教纲常"，号召"冲决"现存儒家秩序的"网罗"。谭嗣同甚至愤怒地认为，"三纲"应对他斥为"盗行"和"虚伪"记录的

---

① Hao Chang, "Intellectual change and the reform movement, 1890-8", p.282.

② 对于晚清士大夫而言，这一时期推尊自我、强调心力之风的开启者，其渊源当可上溯至清中叶的龚自珍。"心力"一词之所以在近代中国成为流行观念，其源实出于龚自珍的大力提倡。参见高瑞泉：《天命的没落——中国近代唯意志论思潮研究》，上海：上海人民出版社，2007年。除开儒家理论之外，大乘佛教、基督教思想以及西方科学知识，在谭嗣同的仁学宇宙观与"心力说"的建构过程中，同样扮演了十分重要的角色。另外，谭嗣同的仁学与"心力说"也受到傅兰雅（John Fryer）所翻译的亨利·伍德（Henry Wood）的《治心免病法》一书的较大影响。谭嗣同相信，人的心灵经过适当的修养和发展，能够产生一种拯救性的精神力量——心力。参见 Hao Chang, *Chinese Intellectuals in Crisis: Search for order and meaning, 1890-1911*, pp.78-79.

③ Hao Chang, *Chinese Intellectuals in Crisis: Search for order and meaning, 1890-1911*, p.77.

中国社会和政治传统负责①。他还大胆预言，在"仁"强烈能动性的作用之下，以"礼"为基础的现行社会体制将要崩溃。所以，他这样写道：

> "仁之乱也，则于其名……名本无实体，故易乱。名乱焉，而仁从之，是非名罪也，主张名者之罪也。俗学陋行，动言名教，敬若天命而不敢渝，畏若国宪而不敢议。嗟乎！以名为教，则其教已为实之宾，而决非实也。又况名者，由人创造，上以制其下，而不能不奉之，则数千年来，三纲五伦之惨祸烈毒，由是酷焉矣。君以名桎臣，官以名轭民，父以名压子，夫以名困妻，兄弟朋友各挟一名以相抗拒，而仁尚有少存焉者，得乎？"②

正如有学者指出的，对于儒家名教的反抗，早在魏晋时代便已经发生，但那是新道家持"自然"的观念"非汤武而薄周孔"，仍然属于中国文化传统内部的批判。谭嗣同的批判不像同时代的思想者的主张那样，出于民族主义或追求富强的实用主义的考虑，而是"以西方的政教风俗为根据（其中尤以基督教的灵魂观为理论上的枢纽），以否定中国的伦常秩序"。这让谭嗣同对于儒家规范伦理的批判，与此前的"自然"与"名教"之争有了根本不同。而饱受继母虐待的抑郁童年，婚姻不幸的中年以及家庭成员接连因病死亡，也令谭嗣同"自少至壮，遍遭纲伦之厄，涵泳其苦，殆非生人所能任受"③，甚至让他数度产生过自杀的

---

① 蔡尚思、方行编：《谭嗣同全集》（增订本），北京：中华书局，1981年，第4页及第54页。
② 谭嗣同：《仁学·八》，《谭嗣同全集》（增订本），第229页。
③ 谭嗣同：《仁学·自叙》，《谭嗣同全集》（增订本），第3页。

念头①。这种痛苦而真实的生存处境,使谭嗣同对"三纲"所造成的社
会悲剧的体会尤为深刻独特:

> "君臣之祸亟,而父子、夫妇之伦遂各以名势相制为当然矣。此
> 皆三纲之名之为害也……君臣之名,或尚以人合而破之。至于父子之
> 名,则真以为天之所合,卷舌而不敢议。不知天合者,泥于体魄之言
> 也,不见灵魂者也。子为天之子,父亦为天之子,父非人所得而袭取
> 也,平等也。且天又以元统之,人亦非天所得而陵压也,平等也……
> 夫彼之言天合者,于父子固有体魄之可据矣,若夫姑之于妇,显为体
> 魄之说所不得行,抑何相待之暴也……村女里妇,见戕于姑恶,何可
> 胜道?父母兄弟,茹终身之痛,无术以援之……又况后母之于前子,
> 庶妾之于嫡子,主人之于奴婢,其于体魄皆无关,而黑暗或有过此者
> 乎!三纲之慑人,足以破其胆,而杀其灵魂。有如此矣。《记》曰:
> '婚姻之礼废,夫妇之道苦。'……实亦三纲之说苦之也。夫既自命为
> 纲,则所以遇其妇者,将不以人类齿……自秦垂暴法,于会稽刻石,
> 宋儒炀之,妄为'饿死事小,失节事大'之瞽说,直于室家施申、韩、
> 闺闼为岸狱,是何不幸而为妇人,乃为人申、韩之,岸狱之!此在常
> 人,或犹有所忌而不能肆;彼君主者,独兼三纲而据其上,父子夫妇
> 之间,视为锥刃地耳。书史所记,更仆难终……独夫民贼,固甚乐三
> 纲之名,一切刑律制度皆依此为率,取便已故也。"②

谭嗣同对于儒家文化的激烈控诉,在晚清思想界是独一无二的。
从某种程度上来说,其激进之处甚至于超过了五四一代知识人的反传

---

① 张灏:《烈士精神与批判意识:谭嗣同思想的分析》,顾忠华译,桂林:广西师
范大学出版社,2004 年,第 8 页。

② 谭嗣同:《仁学·三十七》,《谭嗣同全集》(增订本),第 348—349 页。

统主义。然而值得注意的是，谭嗣同对于"三纲五常"的抨击，主要集中在君臣之纲。同时，他在论辩中巧妙地绕开了孔子，而把批判"伦常之网罗"的矛头对准了争议颇大的荀子。按照有些学者的分析，正因为如此，谭嗣同才没有全面否定中国文化的传统。至少对于儒家道德中"仁"的德性内核，他通过一种精神性（宗教性）取向的方式予以留存并且试图发扬光大。这是他和五四一代启蒙知识人的区别之处。

康有为、谭嗣同所阐发的仁学世界观，虽然仍旧带有天理世界观的底色，但其个人观所具有强烈道德自主性，已经使得它具备了现代个人的色彩。谭嗣同激进的"仁学"主张，更是体现了一个强大的精神性的人格主体和意志自我。它要冲破一切对自由意志的束缚，去追求道德的自由与人格的平等。但是，"自由"与"平等"如何获取，或者说，怎样才能成为一个"不失自主之权"的人，却需要更加具有建设性的理论予以论证和支持。对此，梁启超从伦理学的层面上，回应了谭嗣同激烈地提出却未曾言明的问题，那就是儒学的变革与承续。如果说，康、谭所理解的仁学的道德—精神世界，其内涵还是一个有着道德意义的宇宙世界的话，那么，梁启超、严复笔下"国民"所植根的世界，则是一个以"力本论"为中心的机械主义的"群"的世界。梁启超（以及严复）所理解的"个人"，虽然同样强调个人的意志自主性，但与康、谭不同的是，这是在民族国家谱系下建构的"国民"。

所以戊戌变法之后，梁启超在《新民说》中用西方现代伦理补充和更新中国旧伦理，以塑造一套新的人格理想和社会价值观。梁启超认为，"夫言群治者，必曰德、曰智、曰力，然智与力之成就甚易，惟德最难"[1]。在梁启超看来，道德分为两个范畴，一为公德，一为私

---

[1] 梁启超：《新民说·论私德》，《梁启超全集》第一册，第714页。

德。"人人独善其身者谓之私德,人人相善其群者谓之公德,二者皆人生不可缺之具也。"[①] 中国传统伦理是"私德居其九,而公德不及其一焉",因此,"若中国之五伦,则惟于家族伦理稍为完整,至社会、国家伦理,不备滋多。此缺憾之必当补者也,皆由重私德轻公德所生之结果也。"

尽管如此,梁启超仍特别强调,如今试图用一种新的道德来教育国民,却并非单单依靠"泰西之学说所能为力"。原因有两方面:其一,道德是"行",而不是"言"。因此,道德的本原出于"良心之自由",就这一点而言,"无古无今无中无外,无不同一",所以"是无有新旧之可云也"。其二,任何一种道德,都与孕育该道德的社会性质密切相关。"一旦突然欲以他社会之所养者养我,谈何容易耶"?况且,"在今日青黄不接之日,……国民教育一语,亦不过托诸空言,而实行之日,终不可期,是新道德之输入,因此绝望矣"[②]。

基于这些考虑,梁启超指出,"今日所恃以维持吾社会于一线者",仍是"吾祖宗遗传固有之旧道德"。他认为,道德与伦理存在差异,因为道德包括伦理,伦理却无法涵盖道德。"伦理者或因于时势而稍变其解释,道德则放诸四海而皆准,俟诸百世而不惑也。"梁启超举例说,忠君之道有罪,多妻主义不道德,这只是不适用于今天的伦理规范,但是,其中的"忠"和"爱"两种道德,则是古今中西一律。所以,梁启超认为,称中国伦理有缺点并不错,但认为中国的旧道德有缺点却不公平。

---

① 梁启超:《新民说·论公德》,《梁启超全集》第一册,第 660 页。
② 梁启超:《新民说·论私德》,《梁启超全集》第一册,第 714 页。

可见，梁启超并没有从根本上抨击儒家的道德伦理。1905 年，梁启超在完成《论私德》一文后，又编订了两本册子，一是《德育鉴》，一是《明儒学案》节本。他说，上述三件作品的发表，目的在于指出王阳明道德哲学的巨大现实意义。在这一时期，梁启超致力于将西方的公德思想引介到中国，但在私德的许多问题上，他依然保持着对传统的信仰。他不断强调"养心"与"宋性"的重要性，并模仿曾国藩的做法，在日记中对自己每天的言行与思想进行反省。他运用克己、诚意、主敬、习劳、有恒等五个概念，作为进行自我省察和自我批评的指导原则。在梁启超看来，儒家思想中有关人格修炼的某些举措，对于"新民"人格的训练非常必要。显然，梁启超对于儒家思想的兴趣表明，"实现一个侧重内心和行动的人格，这与他所提倡的新的民德和政治价值观没有任何矛盾"。同时，梁启超的态度也"向我们展示了在近代中国文化时代思潮中继续存在着的某些儒家传统成分"①。

结语

回顾戊戌以来晚清知识阶层的思想与实践，可以看到，从儒家道德之中寻求个人解放的钥匙，成为"改良时代关于生活方式的自由主义的核心"。而对于传统中国来说，所谓生活方式，直接指向以"三纲五常"为核心的儒家纲常伦理。以康有为、谭嗣同、梁启超为代表的众多思想家，朝儒家的规范伦理发起挑战。在这些思想家那里，个

---

① Hao Chang, *Liang Ch'i-ch'ao and Intellectual Transition in China, 1890-1907*, Cambridge.: Harvard University Press, 1971, pp. 294-295.

人的解放最终被设想为这样一个过程,即整个"界"的制度(地域的、文化的、种族的)最终被打破。但另一方面,知识人仍然"强调区分内在道德精神和世上邪恶外在力量的多种层次"。正是对这些不同的层次的态度,"形成关于道德努力的论争的主题"①。然而,即便这种论争激烈得不可开交,孔子的精神权威和儒家"仁"的德性,仍被他们小心而妥善地保存着。无论康有为的"仁"的宗教化和乌托邦化,谭嗣同的"仁"的意志自主化,还是梁启超的"仁"的德性化,其要旨都在于改革制度化儒学的"礼",并试图从中剥离并发掘"仁"的价值资源。

　　道德嬗变的终极原因,在于世界观和宇宙观的转型。晚清的公理世界观不再像传统的天理那样,以高于人的方式存在,而是成为日渐自主的个人自我立法的产物;另一方面,公理又以天理的替代品的形式存在着,"理"继承了传统哲学中"理"的基本品格,"公"则成为对"天"的替代,在晚清既具有义理和规范的价值,又在一定程度上因为与传统道德的关联而内含伦理的纵深。这导致晚清的道德观念呈现出一种内在的紧张。名教纲常要求人们尊奉权威,并把它当作国和家的组织原则。这与晚清个人强调自我解放与独立人格的呼吁格格不入,因此,儒家"三纲五常"必须抛弃。另一方面,无论是康有为、谭嗣同的精神超越伦理下的"个人",还是严复、梁启超所渴盼的"新国民",在它们之上都有一个更高的伦理尺度——前者是精神超越性的、有道德自主性的"仁",它既具有传统的德性内涵,又包含了现

---

① Charlotte Furth, "Intellectual change: from the Reform movement to the May Fourth movement, 1895–1920", in John K. Fairbank eds., *The Cambridge History of China*, vol. 12, Cambridge.: Cambridge University Press, 1983, p.388.

代意志论的成分；后者是以"公德"为核心、公德与私德并重的道德改良法则。可见，公理世界观下"德性之善"的色彩虽然明显减弱，但是在它的统摄下，"冲决网罗"的个人依然具有公共的善，依然有成为"好人"（君子之德）的准则。公理世界观之下的道德观，既构成晚清伦理和精神世界的底色，也为之后五四的道德革命与道德重建埋下了伏笔。

文化认同与国家忠诚：
民初道德观念的思想分途

  传统中国是一个基于超越世界观和儒家精神价值之上的社会。人们安身立命的心灵秩序和以普世王权为核心的政治秩序，其正当性均来源于人之心性当中具有超越价值的"天命""天道"或"天理"[①]。与西方社会的历史进程相似，伴随着清末民初"天下"秩序的剧变和以"天演"公理为中心的科学观念的兴起，"公理""公例"与"公法"所主导新世界观开始形塑中国人的价值世界。对于"以伦理代宗教"的儒家中国而言，这一世界观转型最直接的社会后果之一，是儒家精神信念与人文基础日渐动摇，道德的内在深度逐渐丧失以及道德观念的分化与重组[②]。

[①] 陈弱水主编：《中国史新论：思想史分册》，台北："中央研究院"、联经出版事业公司，2012年，第11—93页。

[②] "道德"(morality) 与"伦理"(ethics) 常常被视为同义词或近义词，两者在原始语义上都与品格 (character)、习惯 (habit) 相关，也都以"善"为追求目标。本章在对道德议题进行概括性叙述时，通常对两者不加区分。就两者的差异而言，道德更多地表现为一种与超越价值相连的、追求"善"的理想；伦理则大体表现为道德的行为规则尺度。亨利·西季威克 (Henry Sidgwick)：《伦

晚清以来，在知识人"冲决网罗"的呼吁之下，获得初步意志自主的个人，开始挣脱传统乡土社会家庭、村社、宗族、社群等血缘纽带与儒家的纲常伦理。到了民国初年特别是五四时期，中国社会的道德观念发生更大变化。趋乐避苦的"乐利主义"的流行，使得个人欲望的合理性得到广泛认同。杜亚泉在《人生哲学》之中写道："人类的生活，若是善的，就是合理且快乐的。"① 陈独秀也谈到："执行意志，满足欲望（自食色以至道德的名誉，都是欲望），是个人生存的根本理由，始终不变的（此处可以说"天不变道亦不变"）。"② 与此同时，个人主义也在这一时期狂飙突进，成为人们"自作主宰"并且得以"重估一切价值"的思想依据。从此，在世界观转型的历史背景之下，功利主义与个人主义彼此交织，形塑时人对于道德观念的理解。因此，傅斯年说："'善'是从'个性'发展出来的，没有'个性'就没有了'善'。……要是根本不许'个性'发展，'善'也成了僵死的，不情的了。僵死的，不情的，永远不会是'善'。所以摧残'个性'，直不啻把这'善'一件东西，根本推翻。"③

"天理"世界观的瓦解与"公理"世界观的形塑是一个现代性事件。现代性最显著的特征之一是个人主体性获得极大解放——个人

理学方法·总论》，廖申白译，北京：中国社会科学出版社，1993年，第33—34页。就本章涉及较多的儒家道德而言，其中的"仁"特指人的内在之善涵养与发展的最高层次，属于儒家道德体系中"德性伦理"的部分；其中的"礼"，意指在"善"的指导下的人际关系和行为准则，属于儒家道德体系中"规范伦理"的部分。

① 杜亚泉：《人生哲学》，北京：新星出版社，2007年，第165页。

② 陈独秀：《人生真义》，《新青年》第4卷第2期，1918年2月25日。

③ 傅斯年：《万恶之原（一）》，欧阳哲生编：《傅斯年全集》第一卷，长沙：湖南教育出版社，2003年，第104—105页。

能够自主决定属于自己的价值和良善的生活方式，并且成为社会道德的立法者。借用迈克尔·奥克肖特 (Michael Joseph Oakeshott) 的说法，民初以来的中国社会正经历一场类似近代欧洲从"共同体道德"向"个体道德"的大转变。[①] 传统社会强调个人的地位、权利、义务取决于身处其中的共同体的文化习俗和道德标准，也体验并实践着共同的伦理关系与道德价值。因此，自我之善、他人之善和共同体之善本质相同而且彼此相通。然而，当现代个人对自己的行为和信仰拥有选择的权利和追求的自由，人类社会逐渐从一个"共同体"成为个人的"联合体"，"共同的德性"也随之分解成为"多元的德性"。

伴随王权崩解与共和初建的丛生乱象，民初中国正处于道德和文化价值的多元时代。面对因道德权威丧失而导致多元价值不可通约，梁启超曾表达心中忧虑："今日正当过渡时代，青黄不接，前哲深微之义，或淹没而未彰，而流俗相传简单之道德，势不足以范围今后之人心，且将有厌弃陈腐而一切吐弃之者，……苟不及今急急斟酌古今中外，发明一种新道德者而提倡之，吾恐今后智育愈盛，而德育愈衰。"[②] 显然，无法找到终点且互不兼容、无法对话的道德冲突，只能证明一个时代的道德精神处于严重无序的状态。那么，对于身处世界观转型这一"过渡时代"的知识人来说，"发明一种新道德"的动力来自何方？"斟酌古今中外"之后，现代中国道德价值的普遍性又将建立在何种基础之上？

---

① 迈克尔·奥克肖特：《哈佛演讲录——近代欧洲的道德与政治》，顾玫译，上海：上海文艺出版社，2003 年，第 19—24 页。
② 梁启超：《新民说·论公德》，张品兴主编：《梁启超全集》第二册，北京：北京出版社，1999 年，第 662 页。

一、公德、私德与"群"

"公德"观念在近代中国的兴起，与晚清以来"群"的认知紧密联系。"公德"一词最早出现于梁启超笔下——在1902年2月8日刊布的《新民丛报章程》之中，他第一次使用"公德"一语。该文第一章第一条开宗明义："中国所以不振，由于中国公德缺乏，智慧不开。"[①]梁启超对公德观念的系统阐释，则见诸同年3月10日发表的《新民说》第五节《论公德》。写作《新民说》之时，梁启超正因戊戌政变失败流亡日本，恰逢日本知识界热议社会公德议题。西方价值观念与梁启超固有的儒家思想相互激发，让他得以在《新民说》当中催生出一套培养新国民的人格理想与价值观念。

纵观《新民说》，其核心道德价值反映在梁启超对于"利群"与"合群"的不懈追求之中。受"优胜劣败"的社会进化论和国际时势的强烈刺激，在梁启超、严复等晚清知识人的价值观念当中，"群"与建立一个强大民族国家的目标密切相关。柳诒徵当日已有观察："方清季初变法之时，爱国合群之名词，洋溢人口，诚实者未尝不为所动。"[②]在完成于《新民说》前两年的《十种德性相反相成义》一文当中，梁启超把建立"群德"的意义，明确放置在"天演"公理的框架之中。他强调，"合群之德者，以一身对一群，常肯绌身而就群；

[①] 丁文江、赵丰田编：《梁启超年谱长编》，上海：上海人民出版社，1983年，第272页。

[②] 柳诒徵：《论中国近世之病源》，《学衡》1922年第3期，转引自孙尚扬、郭兰芳编：《国故新知论——学衡派文化论著辑要》，北京：中国广播电视大学出版社，1995年，第150页。

以小群对于大群，常肯绌小群而就大群"。梁启超相信，"合群之力愈坚而大者，愈能占优胜权于世界"，而"国民未有合群之德，欲集无数不能群者强命为群，有其形质无其精神也"①。因此，基于"合群德"的深刻思考，两年后梁启超把"新民"的目标落实为"利群""合群"，显然自在情理之中。如张灏所言，此前"他（梁启超）将合群作为道德体系主要功能的反映，现在合群概念同样是他道德思想的核心"②。

在《新民说·论公德》的开篇，梁启超即对"公德"予以界定："我国民所最缺者，公德其一端也。公德者何？人群之所以为群，国家之所以为国，赖此德以成立者也。人也者，善群之动物也，……而遂能有功者也，必有一物焉，贯注而联络之，然后群之实乃举。若此者谓之公德。"之后，他对公德性质也有进一步阐明："道德之本体一而已。但其发表于外，则公私之名立焉。人人独善其身谓之私德，人人相善其群谓之公德，二者皆人生所不可缺之具也。"公德观念之所以在梁启超的"新民"理论体系当中具有重要地位，根本原因在于能够"固其群，善其群，进其群"。因此，作为公德的基础——"群"成为梁启超心目中道德法则的试金石："公德者，诸德之源也，有益于群者为善，无益于群者为恶。"③

因此，在完成于1903年之前的《新民说》诸篇当中，梁启超特别强调公德与国家伦理紧密相连。在他看来，政治生活是个人成德的场所，政治参与具有完善个人德性与公共道德的内在价值。因此，紧

① 梁启超：《十种德性相反相成义》，《梁启超全集》第二册，第429页。
② Hao Chang, *Liang Ch'i-ch'ao and Intellectual Transition in China, 1890-1907*, Cambridge.: Harvard University Press, 1971, p. 151.
③ 梁启超：《新民说·论公德》，《梁启超全集》第二册，第660—662页。

接着《论公德》一章，梁启超的"新民"论述相当自然地转向《论国家思想》。作为"新民"理论的一部分，这一时期梁启超对"群"的理解，大致接近于一种共和主义式的国家认同——国家不仅仅是实现个人权利的工具，也是公民自治的共同体。国民对于所在共同体的政治参与程度，直接决定共同体的兴衰成败。对于梁启超而言，这一观念主要有两个思想来源：一是德国政治学家伯伦知理 (Bluntchli Johann Caspar) 的"国家论述"和社会达尔文主义，二是清初顾炎武、黄宗羲的思想以及 1850 年代以来中国思想界对于公私、民主、自主之权和群己关系的思考①。因此，在梁启超的思考当中，国家观念并未像黑格尔 (Georg Wilhelm Friedrich Hegel) 所理解的那样，通过道德化或神圣化的途径，成为共同体的最高之善②，而是体现为一种更近似于马基雅维利 (Machiavelli) 所主张的、结合国民与国家的世俗国家理性③。梁启超的"公德"观念正是建立在这一中国式的国家理性之上，集中表现为公民对民族国家的忠诚、认同与尊重。在《新民说》当中，《论公德》一节总论新国民所需要的道德。随后《论国家思想》一节，则具体论述国家观念的树立乃是实现"公德"的首要方法，也是形成民族凝聚力的有效途径。

　　因此，在论及公德问题之时，梁启超批评中国传统伦理偏于私德而公德阙如。在他看来，正是因为"束身寡过"成为传统德育的

---

① 黄克武:《从追求正道到认同国族：明末至清末中国公私观念的重整》，黄克武、张哲嘉编:《公与私：近代中国个体与群体之重建》，台北:"中央研究院"近代史研究所，2000 年，第 91 页。

② Charles Taylor, *Hegel*, Cambridge.: Cambridge University Press, 1975, p. 438.

③ J. S. McClelland, *A History of Western Political Thought*, London: Routledge, 1996, p. 166.

中心，直接导致国民漠视"本群本国之公利公益"，最终"益不复知公德为何物"。梁启超注意到，一方面，中国传统的君臣、父子、兄弟、夫妇、朋友等"五伦"多为私德，处理的是"一私人对一私人"的关系，而非新伦理倡导的"一私人对一团体"的公共交往；另一方面，私德强调的是个人基于"自爱"的"私人之资格"，而非新伦理倡导的基于"兼爱"的"完全之人格"。正因如此，当日中国放眼望去，多是唯利是图的"杨朱"和缺乏公心的"犬儒"，唯独难见具有公共观念、勇于担当国家责任的国民。所以，梁启超指出："凡人对于社会之义务，决不徒在相知之朋友而已。即绝迹不与人交者，仍于社会上有不可不尽之责任。"在《新民说》的《论合群》一节中，梁启超区分了"一人之我"和"一群之我"，"同是我也，而有大我小我之别焉"。他相信，公德意识使人人都意识到"吾一身之上，有大而要者"即国家的存在。换言之，公德成为"人群之所以为群，国家之所以为国"所依赖的共同价值。因此，从国家伦理层面言之，梁启超笔下的"公德"一改传统"私德"强调私人关系的维系，而是代之以一套普遍性的公共伦理关系，直接联系"个人"与"群"①。另一方面，"公德"作为世俗性的国家伦理，不再具有如传统儒家道德的超越价值和神魅力量，而是具体化为公共的政治美德：尚武、进取、自尊、忠诚、坚毅和合群②，特别重视公民对公共事务的参与和对公共福祉的奉献。

耐人寻味的是，自 1903 年访美归国之后，梁启超的上述公德观

---

① 黄克武：《一个被放弃的选择——梁启超调适思想之研究》，北京：新星出版社，2006 年，第 70—71 页。
② 许纪霖：《政治美德与国民共同体——梁启超自由民族主义思想研究》，《天津社会科学》2005 年第 1 期。

念却发生重大改变。在此前完成的《新民说》诸篇当中，梁启超对于"公德"的理解，是把个人私德和社会伦理，编织进一个更具价值优先性的"公德"（政治美德）之中，从而构建起国民共和主义式的公共价值认同。然而，从梁启超续写《新民说》的《论私德》开始，儒家"修齐治平"的观念在他的道德世界里重新崛起："是故欲铸国民，必以培养个人之私德为第一义；欲从事于铸国民者，必以自培养其私德为第一义。"在此时的梁启超看来，公德固然重要却也只是"私德之推"，"知私德而不知公德，所缺只在一推"；但是，如果藐视私德的培养而谬托公德，则"并所以推之具而不存也"①。

正如黄遵宪在写给梁启超的信中所说，这一思想转变更大程度上基于梁启超"自悔功利之说、破坏之说之足以误国也，乃壹意反而守旧"②。梁启超在《论私德》一章的小序里坦承，这一转变正是因为"举国嚣嚣靡靡，所谓利国进群之事业，一二未睹，而末流所趋，反贻顽钝者以口实，而曰新理想之贼人子而毒天下。"如果说，梁启超在《论公德》一章当中，认为应通过对"公德"的阐扬进而拓展个人"私德"，试图"择其所本无而新之"。那么，当他写作《论私德》一章之时，面对的却是中国社会因政治和心灵失序带来的整体性精神溃败："自由之说入，不以之增幸福，而以之破秩序；平等之说入，不以之荷义务，而以之蔑制裁；竞争之说入，不以之敌外界，而以之散内团；权利之说入，不以之图公益，而以之文私见；破坏之说入，不以之箴膏肓，而以之蔑国粹。"③诚然，自由、平等、竞争、权利等学

---

① 梁启超：《新民说·论私德》，《梁启超全集》第二册，第714页。
② 丁文江、赵丰田编：《梁启超年谱长编》，第340页。
③ 梁启超：《新民说·论私德》，《梁启超全集》第二册，第714页。

说，正是梁启超眼中"新国民"所必须具备的政治美德。然而，当传统儒家道德被当日"功利之说"和"破坏之说"瓦解之后，"新国民"必然在"过渡时代"当中异化。这恰恰为梁启超撰写《新民说》之初所始料未及。因此，面对道德价值内在深度日渐衰微，梁启超的论述底线回到对于传统道德"淬励其所本有而新之"，重新提倡"保国粹以固国本"①。

可见，"公德"与"私德"作为梁启超新民思想当中的重要组成部分，在各个历史时期的重心颇有不同。在《新民说》前期，梁启超的思考侧重前者，而在《新民说》后期，他对于后者关注更加密切。梁启超显然已经意识到，"群"不只意味着一个政治层面上拥有共识的国民共同体，同时也是一个基于特定社会性质、有着共同道德精神的伦理共同体。"苟欲行道德也，则因为社会性质之不同，而各有所受。其先哲之微言，祖宗之芳躅，随此冥然之躯壳，以遗传于我躬，斯乃一社会之所以为养也。"此即意味着共同体的认同，仅仅依靠政治美德和国家理性仍有不足，仍须借助于具有超越价值的精神来源。在近代中国的世界观转型进程中，这一精神信念与理性基础，只有仰赖于共同体特定的历史文化、传统习俗、道德信仰以及先哲的遗训。所以，梁启超认为，"今日所恃维持吾社会于一线"者，正是"吾祖宗固有遗传之旧道德"②。在他看来，人格理想的建构乃至公共伦理的证成，仍然需要个人通过传统儒家"内圣外王"的道德途径方能最终实现。因此，梁启超对于公共伦理的态度，从《新民说》前一部分侧重的国家理性，转向后一部分对儒家文化价值的重新阐扬。1905 年

---

① 丁文江、赵丰田编：《梁启超年谱长编》，第 341 页。
② 梁启超：《新民说·论私德》，《梁启超全集》第二册，第 719 页。

以后，梁启超编撰《德育鉴》和《明儒学案》节本，即试图将王阳明和曾国藩的修身准则当作借镜，通过个人正本、慎独、谨小的自我策励，实现人格圆满并达成社会公共伦理的塑造①。饶有意味的是，在《德育鉴》当中，梁启超仍以相当多篇幅，将传统理学的范畴与概念置换为现代社会的政治理念，以期培养新国民。在他的笔下，对个人"良知"的锤炼，其目的仍在实现爱国合群的"公德"，培养现代国民的爱国心。

在 1912 年发表的《中国道德之大原》一文当中，梁启超对于儒家道德"善美之精神"的忠诚，得到更全面的确认。在他看来，中国文化之所以历数千年而不坠，正是因为有共同的道德"主宰之，纲维之"。因此，"夫既有此精神，以为国家过去继续成立之基，即可用此精神，以为国家将来滋长发荣之具"②。因为儒家道德伦理"内发于心，而非可以假之于外，为千万人所共同构现"，所以梁启超强调儒家纲纪伦常的现实意义，就在于能让"人人各审其分所在，而各尽其分内之职"，使得社会成为一个有序而理性的共同体。

梁启超这种对于一国之独特文化价值的理解，到了民国初年，首先体现为对于"国性"问题的高度关注——这也是当时部分知识

---

① 研究表明，在 20 世纪最初十年里，中国知识界讨论公德问题的基本思路是将其理解为个人和社会生活的伦理关系，并且认为这种伦理关系的培养，有助于国家社会集体意识的形成。不过，梁启超在《新民说》当中强调的是公德与国家意识的关联，对于公德的社会伦理则一面较少涉及。1903 年，马君武在日本亦曾发表《论公德》，其公德内容则完全属于社会文化性质，与梁启超所论不完全相同，但是梁启超的著述在当时的社会影响力则无疑更大。陈弱水：《中国历史上"公"的观念及其现代变形》，《公共意识与中国文化》，北京：新星出版社，2006 年，第 110 页。

② 梁启超：《中国道德之大原》，《梁启超全集》第四册，第 2474 页。

人如梁济、章士钊、张东荪等人所关怀的问题。所谓国性（国本），就是国家赖以存在之本，亦即政治共同体最根本的原则、义理和规范。1912 年，梁启超在《国性论》一文中，将国性视为一个国家独一无二的灵魂。它通过数千年传统凝结而成"国语""国教"和"国俗"体现出来，是一个国家公认的立国原则。因此，"国性可助长而不可创造也，可改良而不可蔑弃也"。如果一个国家与过去决裂，其后果无疑是一场灾难。因为共同体公共价值的丧失，必然导致个人对个人的行为、个人与社会之行为，"一切无复标准，虽欲强立标准，而社会制裁力无所复施，驯至共同生活之基础，日薄弱以即于消灭"。

此时，欧战的爆发及其带来的灾难性后果，引发梁启超对于西方文明的反思，也大大强化了他对于儒家道统"至善美而足以优胜于世界"的道德认同。在完成于这一时期的《欧游心影录》当中，梁启超将批判矛头指向"纯物质的纯机械的人生观"。他认为，正是这一套科学理性与物质主义，将人类的一切内外生活都归结到物质运动的"必然法则"之下，造成"一种变相的运命前定说"，进而完全否认人类精神的自由意志。意志既然不自由，善恶责任也就与人的自我无关。结局是人类在物质上虽然大大进步，但"人类不惟没有得着幸福，倒反带来许多灾难"。缺乏善恶道德的约束，乐利主义、唯我主义、强权主义必然甚嚣尘上；个人的、国家的欲望无法满足，彼此之间必然弱肉强食，结果只能生灵涂炭。梁启超说："欧洲人做了一场科学万能的大梦，到如今却叫起科学破产来，这便是最近思潮变迁的一个大关键了。"他洞察到现代社会因价值理性与工具理性分离，所带来的心灵危机和文明失序。而对于欧洲人来说，最直接表现就是人生观的物质化与机械化。其后果必然是道德上的灭顶之灾："这不是道德标准应该如何变迁的问题，真是道德这件东西能否存在的问题了。"

另一方面，基于文化民族主义的立场，梁启超同时强调："近来西洋学者，许多都想输入些东方文明，令他们得些调剂。我仔细想来，我们实在有这个资格。"在他看来，西洋文明往往将理想与实际分为两截，唯心与唯物各走极端，以致出现今日种种弊端。而中国的传统文化如孔、老、墨诸家皆主张"理想与实用一致"，正好可补西洋文化之不足。梁启超乐观地说："大海对岸那边有好几万万人，愁着物质文明破产，哀哀欲绝地喊救命"，中国文化理应承担起"超拔"对方的历史责任①。

可见，在梁启超的心目当中，共同体的公共伦理、政治美德与文化价值彼此交织却又具有内在张力。如前所述，在《新民说》早期，基于一种接近共和主义的理想，梁启超将"国家"与"国民"视为水乳交融的整体。他试图通过塑造国民的政治美德，培养其对于国家利益与福祉的参与感与荣耀感，也以此强化国家作为公民自治共同体所具备的"公共意志"。但是，对于有着独特历史文化传统的中国社会而言，单纯基于政治共识之上的公共道德缺乏厚重感，难以支撑民族国家的精神价值与伦理文化。于是，在《新民说》后期直至欧战前后，梁启超充分意识到，共同体还需要独特文化和公共价值认同作为道德基础。因此，从一种文化民族主义的视角着眼，梁启超确信，现代共和国不仅是一个具有共同政治理念的"政治联合体"，更应该是一个分享公共道德与文化的"伦理共同体"。

从清末民初的《新民说》《国性论》到欧战时期的《欧游心影

---

① 梁启超：《欧游心影录》，《梁启超全集》第五册，第 2968—2984 页。

录》，梁启超关于道德议题的多元思考，为民国初年直至五四时期知识人反思公民道德与国家伦理、推进政治秩序与心灵秩序的深度互动，提供了丰厚的思想资源。梁启超关于共和主义式的政治美德的见解，在章士钊、李大钊等关切民国政治的知识人思想当中得以"创造性转化"；梁启超重视共同体独特文化价值的主张，则被梁济、杜亚泉、陈寅恪、吴宓等力主复兴传统道德文化的知识人发扬光大。

二、从个人德性到公共伦理：儒家纲常的"抽象理想"

1918 年 11 月 10 日，一位叫梁济的前清小官员在北平城外积水潭自沉。自杀前一个月，梁济在《敬告世人书》中说明自杀的理由："吾今竭诚致敬以告世人曰：梁济之死，系殉清朝而死也。……吾因身值清朝之末，故云殉清，其实非以清朝为本位，而以幼年所学为本位。"在他看来，迫使他"不容不殉"的根本原因，并不在于清朝政权在共和革命中的覆亡，而是这一政权赖以依托的儒家道德文化随之而来的彻底沦丧。用梁济的话说，这种道德文化就是"幼年所学"之"吾国数千年先圣之诗礼纲常，吾家先祖先父先母之遗传与教训"，"以对于世道有责任为主义"[①]。

正如梁济之子梁漱溟日后在《中国文化要义》一书当中所描述的，传统中国秉持的是一种"天下"主义的理想，"它不是国家至上，不是种族至上，而是文化至上"。王朝的认同基于超越种族的文化中心主义，只要统治权力承认儒家的文化理想和政治理念，就具有统治的正当性。在"修身、齐家、治国、平天下"的价值序列当中，以

---

① 梁济：《梁巨川遗书》，上海：华东师范大学出版社，2008 年，第 51 页。

"仁"为核心的儒家道德是其本质。因此，在传统中国社会，政治根本法则与伦理道德彼此交织，"融国家于社会人伦之中，纳政治于礼俗教化之中，以道德统括文化，……确为中国的事实"①。

　　然而，随着清末民初世界观的转型与政治社会的动荡不安，梁济所赖以安身立命的儒家道德，逐渐陷入无可挽回的境地。儒家纲常伦理的"本位"丧失之后，崇尚享乐与感官满足的"乐利主义"以及漠视社会责任、主张个人价值至上的"唯我主义"，开始在神州大地畅行无阻。梁济注意到，"今人为新说所震，丧失自己权威。自光、宣之末，新说谓敬君恋主为奴性，一般吃俸禄者靡然从之，忘其生平主义。苟平心以思，人各有尊信持循之学说。彼新说持自治无须君治之理，推翻专制，屏斥奴性，自是一说。我旧说以忠孝节义范束全国之人心，一切法度纲纪，经数千年圣哲所创垂，岂竟毫无可贵？"②梁济自幼所受道德教育，使他无法容忍世道人心的混乱和道德的流离失所。精神上的急迫感和焦虑感，让他和九年之后以同样方式弃世的王国维一样，深感"此文化精神所凝聚之人，安得不与之共命而同尽"。于是，梁济决定去殉自己的文化，为不能实现的道德理想而自我牺牲，并以此警世。

　　梁济弃世之后，当时知识人对此各有评价。旧派文人如北大教授、桐城派传人姚永朴为梁济写了《梁君巨川传》，认为梁氏之死"非徒殉清，实殉所志"。而时人一般视为趋新的《新青年》知识人，虽然对于梁氏的极端行为有所保留，但陈独秀仍赞赏梁济真诚纯洁、言行一致的精神。陶孟和也认为梁氏果断不屈、清正廉洁。不过，他

① 梁漱溟:《中国文化要义》，上海：学林出版社，1987年，第17页。
② 梁济:《梁巨川遗书》，上海：华东师范大学出版社，2008年，第55页。

从功利主义的立场着眼，认为梁氏是"误送性命"。胡适则觉得，梁济的死因不在精神先衰，而是因为知识思想不能调剂补助他的精神。1925 年，徐志摩在阅读《桂林梁先生遗书》之后，在《晨报》副刊撰文，对梁济的去世提出一己之见。徐志摩认为："这因为他全体思想的背后还闪亮着一点不可错误的什么——虽你叫他'天理'、'义'、信念、理想，或是康德的道德范畴——就是孟子说的'甚于生'的那一点，在无形中制定了它最后的惨死。"正是出于对道德良知的崇敬与尊重，徐志摩由梁济之死生发出对于功利主义人生观的反思："梁巨川先生的自杀，……是精神性的行为，它的起源与所能发生的效果，决不是我们常识所能测量，更不是什么社会的或是科学的评价标准所能批判的。在我们一班信仰（你可以说迷信）精神生命的痴人，在我们还有寸土可守的日子，决不能让实利主义的重量完全压倒人的性灵的表现，更不能容忍某时代迷信（在中世是宗教，现代是科学）的黑影完全淹没了宇宙间不变的价值。"[1]

　　梁济的自沉，是民初知识人遭逢时代变局时的一场悲剧。在这场悲剧背后，折射出梁济以及时人对于清末民初道德议题的深刻反思[2]。就梁济念兹在兹的"诗礼纲常"而言，最初正是儒者用来建立和维持人与神明之间的联系，随后延伸为个体与群体之间的和谐以及与外部环境不可分割的伦理规范（礼）[3]。从历史上看，虽然"礼"的重

---

[1] 梁济:《梁巨川遗书·附录》，上海：华东师范大学出版社，2008 年，第 291—315 页。

[2] 林毓生:《论梁巨川先生的自杀——一个道德保守主义含混性的实例》，《中国传统的创造性转化》，北京：三联书店，1996 年，第 222 页。

[3] 郝大维、安乐哲:《孔子哲学思微》，蒋弋为、李志林译，南京：江苏人民出版社，1996 年，第 62 页。

心和应用范围时有变化，但它把群己融为一体的公共道德功能却一以贯之。中国社会各阶层以"礼"来规范生活，通过人际活动实践儒家道德文化，从而达到个人与整体在德性上的融洽一致。因此，从个人内省到政治演进，"礼"既是一种伦理形式，也是蕴涵意义的文化传统。通过"礼"所规范的道德实践，中国社会独特的文化传统方才得以延续千年。

晚清以来，激进知识人开始挑战以"三纲"为核心的儒家之"礼"，鼓吹"三纲"既是专制的基础和个人不自由的渊薮，也是建立强大现代国家最大的绊脚石。然而，就在中国社会推陈出新的清末民初，梁济、杜亚泉、陈寅恪以及吴宓等知识人却认为，在规范现代人际关系、确立共和国的伦理底线上，"三纲"的理念仍有抽象继承的意义①。借用陈寅恪评价同时代另一位"殉文化"者王国维的话来说，就是"吾中国文化之定义，具有白虎通三纲五常六纪之说，其意义为

---

① 实际上，受到儒家思想的影响，《新青年》知识人也保存着对儒家纲常伦理部分内容的"同情之理解"。陈独秀在给吴虞（又陵）的信中承认："况儒术孔道，非无优点，而缺点则正多。"（陈独秀：《复吴又陵》，《新青年》第2卷第5号，1917年1月。）他答复读者："记者之非孔，非谓其温良恭俭让信义廉耻诸德及忠恕之道不足取；不过谓此等道德名词，乃世界普通实践道德，不认为孔教自矜独有者耳。士若私淑孔子，立身行己，忠恕有耻，固不失为一乡之善士，记者敢不敬其为人？"（陈独秀：《答〈新青年〉爱读者》，《新青年》第3卷第5号，1917年7月。）儒家倡导的"忠恕"之道，此时也得到胡适的推崇。他将"己所不欲，勿施于人"的"恕道"，与基督教的"金律"和康德的绝对律令相比较（胡适：《藏晖室札记》，《新青年》第3卷第5号，1917年7月。）常乃惪在《我之孔道观》中，则认为应当"祛尊孔与诋孔之一念"，将孔子主张的"絜矩之道"与后人抨击的"三纲五常"区分开来，历史地对待孔子的思想与学说（常乃惪：《我之孔道观》，《新青年》第3卷第1号，1917年3月）。研究表明，五四新文化运动与晚清儒学变迁在学术史上存在着一定的内在关联，欧阳军喜：《五四新文化运动与儒学：误解及其他》，《历史研究》1999年第3期。

抽象理想最高之境，犹希腊柏拉图所谓 Idea 者。……其所殉之道与所成之仁，均为抽象理想之通性，而非具体一人一事"[1]。显然，梁济和陈寅恪均相信，数千年来，以"忠孝节义"为核心的儒家之"礼"，带有道德命令的义务论色彩，指向个人道德行为和人格的完善。另一方面，在儒家"天下主义"的文化秩序当中，"纲纪之说"注重对永恒道德理念的忠诚。因此，儒家"于世道有责任"的社会担当和"修齐治平"的圣王之道，集中体现了国家与社会不可或缺的公共伦理。梁济试图用自尽来表明，儒家道德的理论与实践并不因王朝倾覆而弃如敝屣，反而对于彰显传统人文价值、矫正世道人心大有裨益。其"抽象理想之通性"也足以共筑民国社会的伦理基础。

与梁济对于儒家"诗礼纲常"高度认同相似，吴宓试图建构一种儒家普遍主义的人文原则。在民初社会纷繁复杂的个人观念当中，吴宓倡导的是其哈佛大学导师白璧德（Irving Babbitt）标举的人文主义个人道德观。白璧德把"古典的"和"浪漫的"两个文学批评范畴提升到人生观念的高度。他认为，"古典的"代表超历史的审美、伦理标准以及个人生活的自省，象征社会组织和人生秩序；而"浪漫的"则代表着标准的丧失、个人感情和集体生活的失控等等[2]。因此，在《我之人生观》一文中，吴宓将人生观分为以物为本的"物本主义""以人为本"的道德和"以天为本"的宗教[3]。他认为，生活在自

---

[1] 陈寅恪：《王观堂先生挽词并序》，《学衡》第 64 期，1928 年 7 月，转引自《国故新知录——学衡派文化论著辑要》，第 418 页。

[2] 本杰明·史华慈 (Benjamin I. Schwartz)：《论五四及其以后新一代知识分子的崛起》，黄兴涛、罗检秋译，王跃、高力克编：《五四：文化的阐释与评价——西方学者论五四》，太原：山西人民出版社，1989 年，第 121 页。

[3] 吴宓：《我之人生观》，《学衡》第 16 期，1923 年 4 月，转引自《国故新知论——学衡派文化论著辑要》，第 160 页。

然主义境界之中的人，只是"有欲而动，率性而行"的"自然人"。只有生活在"人文主义"境界之中的人才是"道德人"，奉行中庸和忠恕之道，以理节欲，同时又遵循可普遍化的道德规范，承担道德义务，严格根据善恶标准调节人际关系。

在吴宓、梅光迪等深受白璧德影响的留美知识人看来，儒家道德才是传统中国人文主义的象征。吴宓并不反对个人主义，但他强调应通过人文主义所重视的公共伦理，平衡"唯我主义"带来的偏执与狂妄。梅光迪在给胡适的信中也写道："盖今人假以推翻旧社会制为名，创一种所谓'新道德'者，其新道德为何，则个人自由不受约束是也。个人有放辟邪侈行为，则曰旧社会制之过也，非个人之过也。于是，个人对社会无责任，可以为所欲为。"[①] 如果说，晚清以来激进知识人鼓吹个人独立自主之目的在于张扬个性、反抗礼教压迫，吴宓则试图寻求东西方道德当中的普遍价值以塑造中国社会的公共认同。

吴宓对于普遍道德法则的认同基于他的哲学观念。他赞同柏拉图（Plato）所说的"观念世界"与"现象世界"二分的立场。现象世界是观念世界的摹本，"观念为一，千古长存而不变；外物实例则为多，到处转变而刻刻不同。前者为至理，后者为浮象。"换言之，东西方道德现象虽然千差万别，其内在道德观念却恒久不变。从本体论引申到道德观念，吴宓主张绝对的、普遍的伦理原则与道德尺度（"圣道"），即东西方古典之中蕴含的人文主义。所以，在一个变动不居的时代，最重要的是发扬人文主义这一时代共通的道德，使个体成为道德人，使社会成为道德的社会。于是，从儒家道德的人文主义立场出

---

① 耿云志编：《胡适遗稿及秘藏书信》第33册，合肥：黄山书社，1995年，第153—157页。

发，吴宓提出实践道德、培养"人文化"个人的基本方法，即"克己复礼""行忠恕""守中庸"①。他认为，人性善恶并存，"克己"需要祛除人性的恶端，节制恶欲，而"复礼"则意味着保持和涵养人性的善端，使行为合乎礼仪。"忠恕之道"分别指向"尽己"和"推己"，即在充分实现"自性"的同时，推广并扩充这种自爱，以达到宽厚待人、体恤他人的目的。"中庸"则指行事适当而有理，保持中道，既不过也无不及。

　　总体来看，民初这些知识人几乎没有政治上的企图和作为，对旧政体的回光返照也并不乐观。梁济在去世前力主维新，陈寅恪、吴宓等人则在西方接受了完整的现代学术训练。然而，他们身处"一个道德与社会政治秩序已不再理解为是统一的革命的世界"，因此"文化成了一种精华"②。如果将他们视为文化意义上的"保守主义者"的话，他们确实如同哈耶克 (F. A. Hayek) 所描述的那样："典型的保守主义者通常都是具有极强的道德信念的人士"③。面对因世界观转型带来的功利主义与个人主义的泛滥，守护与弘扬儒家道德与人文传统，成为民初知识人因应政治秩序与心灵秩序双重危机的重要策略之一。到了 1925 年，章士钊在写给梁漱溟的信中，仍特别强调其父梁济一生"得力之处"在于"寡欲而不欺志"。不过，梁济的苦心"殆非今世言功利讲科学者所能彻悟"④，这让章士钊也深感不安。

---

① 吴宓:《我之人生观》,《学衡》第 16 期，1923 年 4 月，转引自《国故新知论——学衡派文化论著辑要》，第 160—171 页。

② 魏斐德 (Frederic Wakeman, Jr.):《关于国民性探索》,复旦大学历史系编:《中国传统文化的再估计》，上海：上海人民出版社，1987 年，第 162—163 页。

③ 弗里德利希·冯·哈耶克:《自由秩序原理》下册，邓正来译，北京：三联书店，1997 年，第 193 页。

④ 章士钊:《遗书——答梁漱溟》,章含之、白吉庵编:《章士钊全集》第五卷,上海：文汇出版社，2000 年，第 396 页。

这些深谙传统知识与思想资源的知识人，深切忧虑儒家道德的失落。对于儒家规范伦理的抽象继承，在民初的激变时代里，既包含了部分知识人对于中国独特文化传统的认同，也体现他们在这一认同之上对于传统思想资源的再度发掘。梁济等人相信，儒家纲常伦理所蕴含的价值理想，在规范与重整社会秩序之上，依然足以发挥切实有效的作用。不仅如此，这些价值理想协助知识人确认自身立场，提供社会公共认同的文化传统。从这一视角而言，儒家纲常伦理的抽象意义，依然存活于延续不断的历史文化之中。因此，对于文化传统的维持就是对道德的维持，而对于传统道德的维持，也是保护中国即将失堕的文化传统。

对于这一道德立场与文化态度，《东方杂志》主编杜亚泉有着敏锐感知和复杂理解，值得详论。在杜亚泉眼中，清末民初"国是丧失"的忧虑与批判西化的过程几乎同构。它们都奠定在一个坚实信念之上，即古今中外的道德变迁只发生在道德的具体规范层面。而传统中国道德秩序和谐而稳妥，它的根本原则（如仁爱）普遍而永恒，不受时代和地域的限制。另一方面，和传统儒家知识人一样，杜亚泉相信人的道德能力与生俱来，他"热切地期望自己能在社会中实现并光大自己的道德本性"，因为"这不止是为了个人人格的完成，同时也是为了使社会能有秩序"①。这一思路与传统儒家"仁道"原则一脉相承。因为按照传统和先辈教诲，"仁道"原则以肯定人的内在价值为前提，注重成己和成人的统一——成己意味达到完美人格，成人则蕴含关怀群体。

然而，民初中国社会"人心庞杂而无折衷之公理，众志分歧而

---

① 林毓生：《中国传统的创造性转化》，北京：三联书店，1996年，第213页。

无共循之途辙"。因此，国民概念也随之纷纭错杂、变幻离奇而不可究诘。在杜亚泉看来，其中根本原因在于，中国国运之衰颓，正与外来新兴理论联翩输入同步发生。换言之，在西方世界，现代思想以"历时态"的形式逐层演进，而在近代中国社会则表现为"共时态"的多元典范冲突①。加之中国人"未尝为有条理之贯串，有统系之吸收"，最终导致"国民概念，遂蒙其弊"。当然，在他看来，"共同概念"并非"必始终笃定而不可改易也，时势所趋，会逢其适，未尝不可易辙改弦，但必为有步骤之变更，得大多数之赞许，则仍可稳健进行，而不失共同之本旨"②。对于知识界"言新道德者"颠覆民族传统所造成的价值失范，杜亚泉认为，传统之形成决非一朝一夕之功。"国民性之为物，毁之易而成之难。既毁矣，而欲复其旧观，更非易易。且当毁坏之时，社会秩序骤然变更，必发生无数之纷扰，经历无数之痛苦。"③

面对传统世界观毁损与西方思潮带来的思想震荡，杜亚泉意识到，"欲保持国家之接续主义，使不致破裂，此非国法之所能限制也，要恃国民之道德以救济之"④——一方面，西方思想已经将西方带入怀疑和绝望，所以渴望把同胞从被这些思想弄得莫衷一是的状态当中解放出来；另一方面，激励人们重新肯定在传统中国文明当中领悟到的各种永久理想⑤。于是，杜亚泉在《东方杂志》上明确主张"标准于

① 高力克：《五四的思想世界》，上海：学林出版社，2003年，第15页。
② 杜亚泉：《国民共同之概念》，《东方杂志》第12卷第11号，1915年11月。
③ 杜亚泉：《欧战后中国所得之利益》，《东方杂志》第16卷第2号，1919年2月。
④ 杜亚泉：《接续主义》，《东方杂志》第11卷1号，1914年7月。
⑤ Jerome B. Grieder, *Hu Shih and the Chinese Renaissance: Liberalism in the Chinese Revolution, 1917-1937*, Cambridge.: Harvard University Press, 1970, p. 135.

旧道德，斟酌于新道德"①，并以此作为当时化解中国社会文化危机最有效的策略。他希望把中国固有的文化精神重新拿来济世救人，进一步化解它与现代性之间的紧张②。在这一点上，杜亚泉和同时期的梁启超达成默契。正如研究者对梁启超的判断一样，杜亚泉对于儒家思想的兴趣同样表明，"实现一个侧重内心和行动的人格，这与他所提倡的新的民德和政治价值观没有任何矛盾"。这也"向我们展示了在近代中国文化时代思潮中继续存在着的某些儒家传统成分"③。

因此，杜亚泉认为保存儒家传统文化的最好办法，理所当然地就是要确保传统道德价值的火种不绝。现代化的过程固然需要超越传统，但如果"超越"被简单等同于"断裂"，则无异于对现代化内涵的戕害与异化。按照列文森(Joseph R. Levenson)的分析，"保守主义者所反对的——他们唯一能够反对的东西——是科学对思想的普遍支配权"。那些早年接受科学知识的儒家知识人，经常把科学视为补充"中体"的"西用"④。但是民初直至五四运动之后，传统主义者的争论基本上围绕抽象之"体"，即反对物质主义和科学主义对儒家道德精神的侵犯。

当杜亚泉于 1902 年在浔溪公学开校演讲之时，他的思想世界当中呈现出这样一幅关于东西方文明的二元化图景：基于"科学发达"的西方文明是"形而下的文明"，而属于"思想道义"的东方文明则

① 杜亚泉：《中国之新生命》，《东方杂志》第 15 卷第 7 号，1918 年 7 月。
② 吴方：《万山不许一溪奔——杜亚泉及其前进与保守》，许纪霖、田建业编：《一溪集——杜亚泉的生平与思想》，北京：三联书店，1999 年，第 139 页。
③ Hao Chang, *Liang Ch'i-ch'ao and Intellectual Transition in China, 1890-1907*, p. 209.
④ Joseph R. Levenson, *Confucian China and Its Modern Fate*, Part 3, Berkeley and Los Angeles: University of California, 1968, p. 110.

是"形而上的文明"。这一论述的背景正是深受西方思想影响的人文主义者，力图分解道德、信仰、审美等与知识领域。而历史地看，这又是一个始终没有完成的中国现代思想的"主体性转向"的过程[①]。杜亚泉试图用自己的策略，重新将传统美德与对未来的认知联系起来。其中关键一步在于，抽象理想与具体行为方式之间必须建立起相对稳定的关系，这才有利于传统道德在"物欲昌炽，理性梏亡"的时代生存下去[②]。对此，杜亚泉秉持一种温和理性的道德改良主义的心态。在他看来，社会进化的规范分为"分化"与"统整"两个相互调剂的层面："现代思想，其发展而失其统一，就分化言，可谓进步，就统整言，则为退步无疑。"

那么，如何摆脱因"统整退步"而导致的"精神界破产"？杜亚泉认为，中国四千年以来以道德治国，"则等此危殆之余，亦不能不以此道德为救国之良剂"，因此"发明此固有之道德可也"。他认为，道德演进是一个变易与承续相统一的过程。"夫道德有体有用，体不可变而用不能不变"；"中国道德之大体，当然可以不变。不特今日不变，即再历千百年而亦可以不变。若其小端及其应用之倾向，决不能不因时因势，有所损益于其间。"[③] 杜亚泉认为，作为道德本体的基本原则古今同一，具有普世性和永恒性；而道德的具体规范及其社会应用的倾向则与时俱变，具有时代性和变易性。"道德"名义虽然一样，

---

① 汪晖在《东西文化论战与知识／道德二元论的起源》对这一过程有细致分析，他认为，"主体性转向"的直接结果不是关于哲学和心理学的发展，而是关于中国文化特征、意义的考查。汪晖：《现代中国思想的兴起》下卷第二部，北京：三联书店，2004 年，第 1281 页。
② 杜亚泉：《精神救国论（续二）》，《东方杂志》第 10 卷第 3 号，1913 年 9 月。
③ 杜亚泉：《国民今后之道德》，《东方杂志》第 10 卷第 5 号，1913 年 11 月。

但应用于社会则随时随地各有不同。

因此，杜亚泉在《国民今后之道德》一文中指出，今后之道德"变其不合时势者一二端可已。变者十一，不变者仍十九也"，而不变的部分，正是"毋庸过事更张"的"道德本体"。对此，他说："吾国宜阐明旧有之仁爱，发挥而光大之，使人人知利己必以利他为衡，独善要以兼善为断"。这才是今后"道德扼要之图，而吾国生死存亡之关键。"杜亚泉指出，如若传统道德价值与新社会并无特殊冲突之处，皆不宜轻易改变。他举例指出，如三纲之首的"忠"，尽管革命之后君臣关系已根本破坏，但人民效忠于国家及其他事情的忠，仍然不可废除。关键原因就在于，从忠君到忠国，"忠"的客体虽然已变而主体却并未改变。又如，对于旧道德中的"仁爱"不但不能放弃，更应"扩而充之"。杜亚泉强调，"吾国自古迄今，言道德均以仁为大本"，"而一切道德，亦非此无所附丽也"。"仁爱"为人类最基本的道德价值，古今中外概莫能外，人类社会非此无以生存。近世欧美人所推崇之至的"爱"，也与中国"克己、复礼、亲亲、仁民、爱物"的道德精神吻合，而且均合乎"进化公理"。所以，对于中国而言，"物竞之祸横决，亟需以道德规约人心，正宜阐明固有的仁爱精神，发挥而光大之"。另外，西方现代社会的奋斗精神与中国传统的克己特质，相辅相成。现代中国人应该克己，以养成其奋斗之精神。杜亚泉强调，中国互助的大家庭制度与西方独立的小家庭制度，各有利弊。故今日中国家庭伦理的改革，应"于互助制度中，采用独立之精神"①。个人与国家之关系则"宜守定个人与国家之分际，毋使溢出范围之外"②。

① 杜亚泉：《家庭与国家》，《东方杂志》第13卷3号，1916年3月。
② 杜亚泉：《个人与国家之界说》，《东方杂志》第14卷3号，1917年3月。

因此，中国道德革新的目标，与其说是以欧化代传统，以个人主义代家族主义，不如说是建构中西融合的个人、家庭、国家平衡互动的新道德。杜亚泉的意图非常明确："吾人当确信吾社会中固有之道德观念，为最纯粹中正者。……且吾人之所取资于西洋者，不但在输入其学说，以明确吾人固有之道德观念而已。"①

杜亚泉坚信，文化传统作为民族精神遗产和文化认同象征，是文明秩序赖以成立的基础，因此不可轻易破坏。"夫宗教伦理，为民族组成之要素，其支配社会维持治安之潜力，至为伟大。若被破坏，则善恶无所遵循，是非莫由辨别，人民必将彷徨歧路，靡所适从，精神界之俶扰，有不堪设想者矣……抑知一国之存立，不徒赖有实质之武力，尤赖有形上之文明。苟举历史上留遗之文教，暨先贤累代所阐明之思想学识，视如敝屣，悉加屏弃，则国家之基础，将受无形之动摇。"②杜亚泉进而认为，一国文化之中尤以"国民共同之概念"最为重要。"国民共同之概念"即国民的价值共识。"国民共同概念"虽然起因各不相同，但只要国民意念当中具备"不言而喻之信条，若合符节之心理"，而且"对于一切事物，本其同具之意念，以为取舍，以定从违"，社会秩序就不会有大的动摇，在国际交往上也可以此作为政府的后盾③。所以，无论是大不列颠帝国，还是日耳曼、斯拉夫诸民族，无不以"共同概念"为国家存在之本原，"有之则强而存，无之则弱而亡"。

杜亚泉说，当今外势入侵，正应当"刷新旧物，以为抵抗"，而

① 杜亚泉:《战后东西文明之调和》,《东方杂志》第 14 卷第 4 号, 1917 年 4 月。
② 杜亚泉:《国家主义之考虑》,《东方杂志》第 15 卷第 8 号, 1918 年 8 月。
③ 杜亚泉:《国民共同之概念》,《东方杂志》第 12 卷第 11 号, 1915 年 11 月。

决不能"舍一国之特性，靡然与他人俱化"。他认为，传统中国社会的崩溃是西方冲击所致，而这一冲击带来最为惨痛的后果，是导致中国人自信心的动摇与毁灭。因此，在杜亚泉心中，努力复兴儒家伦理不能简单地视为寻找精神的避难所，而是中华文明重新崛起的起点。因此，杜亚泉进一步申述，新旧道德并不截然对立，中国道德注重社会行为，其涉及政治的内容也未尝没有与共和政治相合之处。他举例说，唐虞之让德传贤、孟子之君轻民贵都是如此。他甚至不厌其烦地阐释，《大学》首篇的关键字"明明德""亲民"以及"止于至善"，揭示的就是心理学进化论的要旨——"新唯心论者，大学首章之注解也"[1]。他总结说，"民本主义与大一统主义，乃吾国民传统思想之最著者，故对于欧洲之平民政治与其世界和平运动，不少共鸣之感"[2]。所以，欧战的终结在人们眼中正是"旧文明死灭，新文明产生"的时期，而在杜亚泉看来情形恰恰相反："若就我国言之，则当易为新文明死灭，旧文明复活之转语。"一个信念无疑在杜亚泉的心中更加坚定了，即目前最需要做的就是维持"自同"(self-sameness)，保持"内部巩固"(inner solidarity)并实现"自我综合"(ego-synthesis)[3]。

经历了清末民初世界观转型带来的道德分化与价值观紊乱，梁济、吴宓、杜亚泉等知识人尝试发掘儒家纲常伦理之中的超越价值，整合社会公共认同，重塑中国文明[4]。在"公理"世界观逐渐被普遍接

① 杜亚泉：《精神救国论（续一）》，《东方杂志》第10卷第2号，1913年8月。
② 杜亚泉：《大战终结后国人之觉悟如何》，《东方杂志》第16卷第1号，1919年1月。
③ 殷海光：《中国文化的展望》，北京：中国和平出版社，1988年，第596页。
④ 孙隆基强调，从梁启超到杜亚泉等知识人在民初的转向(cultural turn)，以及他们对新兴民国道德基础的思考，基于一个共识，即缺少共同心理特质的共和国家是不稳定的。杜亚泉在与陈独秀的论战中，其立足点也在于强调

纳的民初中国，梁济、吴宓、杜亚泉等知识人关于道德议题的思索与
对传统儒家道德价值的调适，并未否弃现代性纲领及其思想范畴与知
识谱系。因此，他们证成近代中国公共道德的思维方式与路径选择，
总体而言依然内在于现代性方案。另一方面，如麦金太尔（Alasdair
MacIntyre，1929— ）所界定，这些民初知识人相信"在一个有着共同
利益（善）的共同体内，对共同利益（善）的共同追求，是传统德性
赖以存在的一个基本社会背景条件"①。他们希望在对儒家道德精神的
继承过程中，开创一套新的道德叙述和伦理实践，以此抗衡单纯欲望
满足、感官享受的功利主义和个人至上的唯我主义。因此，他们在道
德秩序上的深刻反省与积极探索，也极大地拓展了现代性方案的多元
论述及其在近代中国的实践经验。

三、追寻德性：共和政体与共和精神

从历史上看，前现代社会是一个"道德—政治"合二为一的共
同体。在古希腊，亚里士多德（Aristotle）继承了柏拉图对于"个体
之善"与"城邦之善"彼此兼容的价值预设。在他看来，人类之善存
在于一个有共同目标的社群，城邦则是人类生活德性得到真正而充分
展现的唯一政治形式。在这种形式的社群之中，善和德性的广泛一致

共同体的基础是国民共享的道德信念。而这一切必须到中国文化中去寻找。
参 见 Lung-Kee Sun, *The Chinese National Character: From Nationality to Individuality*, New York: M. E. Sharpe, 2002, pp. 66–68, 83–89.

① 麦金太尔:《德性之后》，龚群、戴扬毅等译，北京：中国社会科学出版社，
1995 年，第 23 页。

使得公民和城邦结为一体成为可能①。亚里士多德在《政治学》一书中，聚焦于希腊四主德（智、节、勇、义）中的最后一种——正义的本性。他指出，在最广泛、最普遍的意义上，正义作为最高德性是指法律所用来要求的一切，每一个公民在他与所有其他公民的关系中要实践所有的德性②。在亚里士多德看来，城邦生活之中公民德性与个人德性的追求具有一致性。

在古代中国，王朝的政治秩序的正当性与士大夫的"君子之德"，均来源于"天下秩序"的超越价值。"天下"作为文化共同体，代表着儒家"天下归仁"的道德理想。而对于个体而言，根据瞿同祖的研究，儒家之所以重视修身，便是因为修身而后能正己，正己而后能治人。"儒家的修身决不是个人主义，《大学》所谓修身、齐家、治国、平天下的道理，是儒家一贯的主张，修身只是齐家、治国、平天下的基础，有其一定的顺序和系统。"③可见，正是基于对各自文化内在的超越价值的共同追求，在前现代的东西方社会当中，个人德性得以实现，共同体才拥有公共认同的价值基础。

然而，随着现代性的发生，个人德性与公共伦理所共享的超越价值日渐衰微。政治秩序与心灵秩序彼此关联的内在意义日渐弱化。现代道德观的取向、基础和评价原则，从此都与古代伦理大为不同。这使得传统的"道德—政治"共同体发生内在分离。在西方社会，始于16、17世纪的宗教改革，通过化解教会组织与宗教神学的紧张，推动西方社会的世俗化变革。更重要的是，改革者努力争取宗教自由

---

① 塞班（George Holland Sabine），《西洋政治思想史》，译者不详，台北：风云论坛出版社，1997年，第10页。
② 塞班：《西洋政治思想史》，第24页。
③ 瞿同祖：《中国法律与中国社会》，北京：中华书局，1981年，第318页。

和宗教宽容，使得"良心自由和思想自由的现代理解"成为可能。这正是现代自由主义政治的滥觞之一[1]。因此，在现代西方社会，政治正义逐渐取代个人德性之善，成为道德价值的重心。借用罗尔斯 (John Rawls) 的说法，基于政治正义的正当性 (right) 考虑，开始优先于对个人德性之善 (good) 的考虑[2]。换言之，成为一个遵从政治规范的"好公民"，较之成为一个德性自足的"好人"更为重要。而"正当"与"好"之间这一区隔的产生，正是现代社会世俗化进程的重要标志之一。显然，在一个价值多元化时代，现代自由主义者从伦理层面退守到政治层面。他们不再把"个人之善"建立在一套完整的哲学、宗教或是道德价值之上，而是将个人德性划归道私人领域，只在公共层面坚持以"政治正义"为核心的制度认同[3]。

　　清末民初的中国社会，同样面临因"天理"世界观向"公理"世界观转型所造成的道德价值的内在分离。"天下秩序"内在的道德

---

[1] 万俊人：《政治自由主义的现代建构——罗尔斯〈政治自由主义〉读解》，约翰·罗尔斯：《政治自由主义》，万俊人译，南京：译林出版社，2000 年，第 573—574 页。

[2] 罗尔斯曾经指出，道德哲学中最重要的两个概念是对 (right) 及价值 (good)。一个道德理论之所以具有某种特性，完全决定于它如何了解这两个概念，以及如何安排这两个概念。石元康：《二种道德观——试论儒家伦理的形态》，《从中国文化到现代性：典范转移？》，北京：三联书店，2000 年，第 106 页。

[3] 李泽厚区分了现代社会的两种道德，一种处理善恶关系，另一种处理对错问题。前一种是与宗教、信仰、文化传统相关的宗教性道德，它具有终极关怀、人生寄托，是个体寻求生存价值、生活意义的情感、信仰、意愿的对象。后一种是与政治哲学有关的社会性道德，它是建立在现代个体主义和社会契约基础上的自由、平等、人权、民主，以保障个人权益，规范社会生活。前者是私德，是个人意识，可以个人自由选择；后者是公德（公共理性），应该普遍遵循。李泽厚：《课虚无以责有》，《实用理性与乐感文化》，北京：三联书店，2005 年，第 367 页。

超越价值，在西力冲击和儒家价值观的内在突破之下逐渐解体。在晚清风靡一时的《新民说》之中，梁启超把旧伦理和新伦理分别命名为"私德"与"公德"。这意味着传统意义上具有整全性的道德，已经被思想家拆解为两个不同的层面，分别用来对待和处理国民的公共政治伦理和私人德性。于是，一种基于"群"（民族国家）的利益的共和主义式政治美德，成为评价公民道德水平的最终标准。梁启超说："德之所以由起，起于人与人之有交涉。（使如鲁敏逊漂流所以孑然独立于荒岛，则无所谓德，亦无所谓不德）。……故无论泰东、泰西之所谓道德，皆谓其有赞于公安公益者云尔，其所谓不德，皆谓其有戕于公安公益者云尔。"①在他看来，现代道德应该建立在人与人之间的公共关系之上。因此，"道德之立，所以利群也。故因其文野之差等，而其所适宜之道德亦往往不同，而要之以能固其群、善其群、进其群为归"。"是故公德者，诸德之源也，有益于群者为善，无益于群者为恶"。从此，作为"第六伦"的"公德"，成为梁启超心目中民族国家建构的核心概念。

不过，如前所述，梁启超深受中国儒家"道德—政治"合二为一的思想影响，他对于个人德性与政治正义的思考，基本上仍落实于二者彼此沟通的框架之中。《新民说》前期所强调的国民"公德"，属于现代民族国家规范伦理的范畴;《新民说》后期所重视的"私德"，则依然属于具有传统儒家价值内涵的"君子之德"。因此，在梁启超看来，共同体的"公德"有赖于个人对于"私德"的培养，并以一套"修齐治平"的方式得以实现②。

---

① 梁启超:《新民说》,《梁启超全集》第 2 册，第 622、714 页。
② 实际上，梁启超这一重视私德对公德的积极建构意义的看法，在晚清知识人

然而，随着近代中国世界观转型程度加剧，功利主义和个人主义的兴起，形成对儒家伦理的挑战。到了民国初年直至五四时期，挑战名教纲常的行为更具合理化与普遍性，个人随之得到更大程度的解放。较之传统中国对于伦理纲常的认可，五四时期中国人的价值观念已经发生较为彻底的改变。道德目标逐渐成为现代个人多元选择的对象。根据特洛尔奇 (Ernst Troeltsch) 的说法，现代国家政治的世俗化基础，正是一个与宗教意义上的"完美人性"分离的"人本"的理念①。因此，在"个人自作主宰"的时代，社会成员似乎无须某种超越性的价值共识，只需要建立符合正当性的政治制度，就足以维持基于人的自然权利和社会生活秩序。

然而，一个从传统出发的现代社会，仅仅依靠一套具有政治正当性的制度规范，是否足以自证其公共价值？在政治制度的背后，是

群体当中具有代表性。刘师培在《伦理教科书》中也意识到，对个人伦理的培养，不仅是为了完善自我，也是完善社会的出发点。"公"和"仁"密切联系，被刘师培界定为对全社会和普遍的善的道德义务。Hao Chang, *Chinese Intellectuals in Crisis: Search for Order and Meaning, 1890-1911*, Berkeley: University of California Press, 1987, p. 159. 章太炎在《革命之道德》一文当中，也根据道德的善恶来评价士人。他注意到："方今中国所短者，不在智谋而在贞信，不在权术而在公廉。"此文的批评对象，显然是梁启超在《新民说》前期强调"公德"重于"私德"的主张。章太炎认为，革命党人须先具备"私德"，没有"私德"便谈不上"公德"。"优于私德者亦必优于公德，薄于私德者亦必薄于公德，而无道德者之不能革命，较然明矣。"汤志钧编：《章太炎政论选集》，北京：中华书局，1977 年，第 313 页以及王汎森：《近代知识分子自我形象的转变》，许纪霖编：《20 世纪中国知识分子史论》，北京：新星出版社，2005 年，第 113 页。

① 转引自刘小枫：《现代性社会理论绪论》，上海：上海三联书店，1998 年，第 90 页。

否仍然需要共同的伦理规范作为价值来源？ 1911 年的辛亥革命推翻
王权，建立起亚洲第一个共和国，然而革命带来政权更迭，也连带造
成公共伦理的权威空缺。时在苏州的叶圣陶、顾颉刚等注意到，"今
世人心，固执者尚其大半，无定者亦非少数，似此任之不顾，终难构
成此大民主国。……人心之得尽革，其在百年以后乎？为之嘻呼。此
身定当从事于社会教育，以改革我同胞之心，庶不有疚于我心焉。"①
中华民国成立之后，虽然相继出台《临时约法》《国会组织法》以确
保公民司法平等、思想言论自由等个人权利，却并不标志任何一种价
值观念居于社会主导地位。民初的中国不但价值观念紊乱，而且重新
出现袁世凯称帝、张勋复辟、军阀纷争等一连串政治乱象。《甲寅杂
志》主编章士钊注意到，"二次革命"失败之后，袁世凯"权氛所至，
自男女不能相易以外，盖无不能。其稍稍得以制限之者，亦祖先传来
之习惯，亦流俗所信之瞽说而已。"②

　　为何共和制度业已确立，却无法在国家政治生活之中落实为真
正行之有效的制度实践？民国初年的知识人意识到，政治乱局的根源
在于共和制度背后共和精神与道德价值的缺席。因此，一方面，梁济、
杜亚泉、蔡元培等重新倡导儒家道德伦理，以此展开对于泛滥一时的
唯我主义与物欲主义的反省；另一方面，章士钊等致力于法制建设的
知识人则指出，民初共和政治的失败，亟待深入探寻国家政治背后的
共同原则、义理和规范（国本）③。借用政治哲学的理论表述，现代国

---

① 乐齐编：《叶圣陶日记》，太原：山西人民出版社，1998 年，第 53 页。
② 章士钊：《说宪》，《章士钊全集》第三卷，第 522 页。
③ "国性"（国本）问题也是民国初年政治正当性讨论的核心问题之一，许纪霖：《个
　人、良知和公意——五四时期关于政治正当性的讨论》，《史林》2008 年第 1 期；

家政治不仅应该是"正当"的，更应该是"好"的。因此，共和政治
与公共伦理之间的内在关联，重新引发民国初年知识人的共同思索。

　　尽管在 1911 年辛亥革命之后，章士钊一直倡导政治上的"调和"
主张，但在此之前，章士钊对于中国传统道德却有过激烈批评。他
说，中国"民德之堕落，一日千里"，造成这一局面的罪魁祸首就是
名教 ①。章士钊认为，中国的孔教一方面反对蓄妾狎娼、纵欲败度、一
方面却存盗贼之心，敢为伤天害理之事。这固然不能让孔子承担责任，
但也证明时移世易，孔教已经无法控制人心。因此，他说："欲整饬
吾国之伦理，当于儒先所持根本观念，加以革命。是何也? 儒先治己
之律曰苦，今当易之曰乐也。夫天下积己而成者也。吾以一义律己，
即欲人同以斯义律己，而苦者人性之所避也。"② 他在《甲寅》月刊上
批判伪国家主义、捍卫共和政治之时，运用的基本理论正是功用主义
（ Utilitarianism，亦即功利主义）。章士钊说："功用主义既所以止恶而
生善，即所以纳天下事物于苦乐二感之内，极其思辩力之所能至推算
之、比较之，而因以定道德、法律之指归，苦乐外之感情几不使之羼
入也。"③ 章士钊强调不能否定快乐的欲望，因而极力主张以"最为平
易近人"，"决无戕性作伪之忧"而又能发挥"一道同风之效"的功用

林毓生:《梁巨川先生的自杀—— 一个道德保守主义含混性实例》,《中国传统
的创造性转化》, 第 205 页; 张东荪:《国本》,《新东方杂志》第 1 卷第 4 号,
1916 年 1 月, 转引自克柔编:《张东荪学术文化随笔》, 北京:中国青年出版社,
2000 年, 第 64 页; 章士钊:《政本》《调和立国论》《共和平议》,《章士钊全集》
第三卷, 第 1 页、第 257 页以及第 459 页。

① 章士钊:《中国之本拔矣》,《章士钊全集 1》, 第 445 页以及《论进德会》,《章
士钊全集》第二卷, 第 40 页。

② 章士钊:《论功利——答朱存粹君》,《章士钊全集》第三卷, 第 417 页。

③ 章士钊:《法律改造论》,《章士钊全集》第二卷, 第 394 页。

主义，作为新的伦理规范①。

在章士钊看来，功用主义是"人类自由之保障，而共和精神所寄"，并主张将它确认为中国的立法原则。他说："所谓苦，乃己之所谓苦，非他人所能想象也。其所谓乐，乃己之所谓乐，非他人所能代谋"，所以"国民者宜享权利者也。何也？无权利不足以自行避苦而趋乐也"。如果国民没有权利则是"贱种"，这样的国家也只是"奴圈"。所以，他主张"对于国家主张人们之自由权利，对于社会主张个人之自由权利"。在功用主义"求最大多数人的最大幸福"的理念引领之下，章士钊认为，政治之作用不外乎创造一个组织，使同一社会的人"其所怀趋乐避苦之感，有共同之法以通之"②。可见，章士钊理解现代政治的立足点是人民的自由权利，而不是国家富强。他并未把个人享有自由平等的权利作为通向国家富强的途径，而是把个人自由权利作为国家的目的——其中"国家工具论"色彩至为明显。因此，他认为国家和"图腾番社同科，轮廓仅存，有何足重。是必有物焉，相与立之，尤有法焉，使立之者各得其所，然后其名不为虚称。"那么，和国家相对立的就是"人"，而"法"的内涵就是"权利"。他进一步指出："国为人而设，非人为国而设也。人为权利而造国，非国为人而造权利也。……国家者非人生之归宿，乃其方法也。"③从这一点上看，章士钊的观点与陈独秀、高一涵、李大钊等人对于国家的看法，显然具有相通之处。从功利主义的立场出发，章士钊相信国民个体具有趋利避害、谋求幸福的本能。但他并未像西方古典自由主义

① 章士钊：《论功利——答朱存粹君》，《章士钊全集》第三卷，第 418 页。
② 章士钊：《国家与责任》，《章士钊全集》第三卷，第 124—125 页。
③ 章士钊：《复辟平议》，《章士钊全集》第三卷，第 406 页。

者那样，将个人的自由权利视为至高无上的目标，而是把个性主义与功利主义结合起来，将"最大多数人的最大幸福"看成政治的终极价值所在。

　　受功利主义影响，在章士钊的认知当中，如何保证法治和个人权利的问题，在一定程度上让位给如何最大限度增进社会福利的问题。这种功利主义的主张，从政治共同体行政实际效用的角度衡量国家政治正当性，恰与章士钊关于立法的基本原则相吻合。在章士钊看来，宪法是一国权利之"规定书"。他说："民利不张，国利胡有？民力不坚，国力胡生？民求民利，即以利国。民淬民力，即以卫国。凡言毁民而崇国者，皆伪国家主义也。"[1] 他说，专制政治之下，"人民之苦乐悬诸一人或少数人之意志"；而在立宪政治之下，"人民自定其苦乐且自应用之于政事"[2]。换言之，为了最大多数人的最大幸福，宪法制度的效果远超专制制度。所以，宪法设计的主要任务，是把追求最大幸福和民主的社会选择结合起来。章士钊认为，改造民国的根本大法，"首在为多数人谋幸福"；而多数人的幸福，又必须以个体所享有的权利为手段。"若者为己之权利，若者为他人权利，非人民自为其界说，决不适用也"[3]。可见，章士钊试图建立一个以个人权利自由为基础的、基于宪法之上的"法的共同体"。因此，民国初年的章士钊把功利主义视为"改造法律的明星，人类自由之保障"，主张将它确立为立法原则并声称这一主义远比社会主义优越。[4] 他主张国家的法律应该建立在承认个人自利的基础之上，最好的法律就是"其各

① 章士钊:《自觉》,《章士钊全集》第三卷，第 185 页。
② 章士钊:《国家与责任》,《章士钊全集》第三卷，第 124 页。
③ 章士钊:《国家与责任》,《章士钊全集》第三卷，第 126 页。
④ 章士钊:《法律改造论》,《章士钊全集》第二卷，第 393 页。

方面自利之质分配最均"的法律①。

　　另一方面，如约翰·斯图亚特·穆勒 (John Stuart Mill) 所言，"功利主义的坚实基础，就是人类的社会情感，那种要把自己与我们的同胞联合起来的欲望。……只有在所有人的利益都必须得到相互商榷和相互协调的基础上，在人与人之间形成的社会才变得可能。"②穆勒按照人类的社会情感，对于功利主义的效用原则做出说明。他勾画出功利主义、社会合作和道德共同体之间的密切联系，进而阐释社会环境与人类的道德情感的进化之间的互动机制——一个整体的道德环境对于个人道德行为所具有的重要影响。因此，在共和秩序背后，章士钊特别提出"爱国心"是公民最基本的公共德性和凝聚共同体的精神力量。首先，章士钊对政府与国家做出精确区分，提出"重造爱国心之界说"，强调"爱国"不等于"爱政府"。他敏锐地指出，"有国而不知爱，是谓大瞀；谓吾应于恶政府而亦宜爱，是谓大愚。……是爱国可耳，决不能使此倚国为祟之恶政府，并享吾爱也"③。从功利主义立场出发，章士钊将国家视为"自由人民，为公益而结为一体，以享其所自有，而布公道于他人者也"④。所谓"公道"正是基于国权与民权"彼此相当"。在章士钊看来，爱国的真正含义是"人立于一国，公私相与之际，有其相宜之位置焉，能保此相宜之位置，适如其量，即是爱国之道"⑤。"爱国决不在牺牲所有，而在致其所有者于相当之位"⑥。

① 章士钊：《迷而不复》，《章士钊全集》第三卷，第 230 页。
② 约翰·斯图亚特·穆勒：《功利主义》，叶建新译，北京：九州出版社，2007 年，第 73 页。
③ 章士钊：《爱国储金》，《章士钊全集》第三卷，第 506 页。
④ 章士钊：《国家与责任》，《章士钊全集》第三卷，第 126 页。
⑤ 章士钊：《爱国储金》，《章士钊全集》第三卷，第 507 页。
⑥ 章士钊：《国家与责任》，《章士钊全集》第三卷，第 127 页。

面对"二次革命"之后国内政局的溃败，陈独秀也在章士钊主持的《甲寅》上撰文指出："爱国者何？爱其为保障吾人之权利谋益吾人幸福之团体也。"[①]"我们爱的国家是国家为人们谋幸福的国家，不是人们为国家做牺牲的国家。"[②] 章士钊对陈独秀的看法颇为赞赏，认为"独秀君为汝南晨鸡，先登坛唤耳。"[③] 就在同一期《甲寅》的《通讯》栏里，李大钊也表达相似看法。他认为现代国民的职责之一，就在于"自觉近世国家之真意义，而改进其本质，使之确足福民而不损民。民之于国，斯为甘心之爱，不为违情之爱"[④]。

基于功利主义的考量，强调对于区分国权与民权的"国家公道"的尊重，或可视为章士钊在"消极"层面理解的爱国心，因其重心落实于尊重国民的个人权益，目标乃是"为己"。这也是民主国家政治秩序正当性的直接来源。另一方面，受到五四时期道德观念中"小己"与"大群"关系的影响，章士钊虽然极力强调个人自由权利，但他同时认为，国家与个人并非截然两分的目的和手段，而是良性互动的有机关系。章士钊说："天下无个人权利可离社会公益而立，或背社会公益而成。凡权利者，皆与人群幸福相待者也。"[⑤] 他援引鲍桑葵(Bernard Bosanquet) 的话说："凡一国家，国民之具有常格者，感情必变为忠爱，识解必周乎政治，且彼于一事，必深知之而深觉之"；"人

---

① 陈独秀:《爱国心与自觉心》，任建树等编:《陈独秀著作选》第 1 卷，上海:上海人民出版社，1993 年，第 114 页。
② 陈独秀:《我们究竟应不应当爱国？》，《独秀文存》，合肥:安徽人民出版社，1996 年，第 432 页。
③ 章士钊:《国家与我》，《章士钊全集》第三卷，第 508 页。
④ 李大钊:《厌世心与自觉心》，朱文通编:《李大钊全集》第二卷，石家庄:河北教育出版社，1999 年，第 317 页。
⑤ 章士钊:《哈蒲浩权利说》，《章士钊全集》第三卷，第 172 页。

能养成寻常习惯，以共同幸福，为实际上之目的及人生之基础，即为爱国。爱国心云云，雅不外此种寻常习惯也。"[1]

可见，章士钊已经意识到，对于国家的认同也和个人人生观以及情感密切相连。这或可视为"积极"意义上的爱国心，与个人对于民族国家的信仰、忠诚和责任心密切相关，目标乃是"为群"。所以，在《国民心埋之反常》一文中，他说："所谓爱国心者，即良知也。爱国之行为，即良能也。国家之起，起于此知此能。国家之存，存于此知此能。此而不完，国必不国。"[2]在章士钊看来，这种国民发自内心的良知，"为一国言之，则自卫之直觉也。为小己言之，则杀身为国，救国以保种之志愿也"。[3]正因为这一"爱国心"建立在国民对于国家牢不可破的精神信念之上，从而超越了个人与国家在功利意义上的权利关系。章士钊的这一看法，类似于梁启超在《新民说》当中所强调的共和主义式国民"公德"的延伸，仍着眼于对公民"合群爱国"的要求。按照罗尔斯的分析，这种政治美德是"由那些对正义而稳定的立宪政体之公民必备某些质量的需要所确认和证明的"[4]。所以，章士钊说："人为一国之民，不能自立于国家之外，祖宗丘墓之乡，饮食歌哭之地，尚曰不爱，岂复人情；国家之难，即己难也，此而不救，亦谁肯认。"[5]

理解国家目的和"爱国心"的双重意涵之后，章士钊的国民"公德"仍然指向个人德性这一价值伦理。他说，民族建国之理"道在尽

① 章士钊：《爱国储金》，《章士钊全集》第三卷，第 507 页。
② 章士钊：《国民心理之反常》，《章士钊全集》第三卷，第 424 页。
③ 章士钊，《国民心理之反常》，《章士钊全集》第三卷，第 424—425 页。
④ 约翰·罗尔斯：《政治自由主义》，第 207 页。
⑤ 章士钊：《爱国储金》，《章士钊全集》第三卷，第 506 页。

其在我也已矣，人人尽其在我，斯其的达矣"。何谓"尽其在我"？
章士钊说，那就是"有一定之主义，准此以行，而百折不离其宗"。
"尽其在我"一语，无疑包含重视个人意志自主性的道德诉求。不过，
章士钊对于当时中国"无一独立之人"的情境十分失望。他说，"我
者非一己所得而私者也。国于天地，其中个人之所事，有其逻辑之一
境焉曰我。所谓尽其在我，即以行事律诸此境，使不爽也。所谓求我，
即求此一境，使毋遁也。吾之所为，果与此境合符，诚可谓得其我
矣。"因此，章士钊服膺德国哲学家倭铿（Rudolf Christoph Eucken）
所言："人生之真值，在于发见真理。"不过，他将"良心"与"真理"
等同，而仁义之道则是"理之至精者"①。可见，作为自由主义和宪法
倡导者的章士钊，又回到儒家"修齐治平"的思想模式之上。他从儒
家道德义务论的角度，强调人之为"真我"的重要性就在于"尽义
务"。"所谓义务，范围之广狭，实行之难易，尽各不同，而逻辑上必
有其相当之域，恰与若人身分智识境遇相称，冥冥中促之不得不准是
而行者，则无疑也。"因此，人都应该尽自己对于国家、社会的义务，
"周察四围境遇，认明一己正当之地位，本大无畏之精神，行其良知
能之所觉验而已"②。

因此，章士钊将最能体现民族国家精神的最上等德性，归结为
孟子的"富贵不能淫，贫贱不能移，威武不能屈，以大丈夫自期"。
除此以外，第二等是"人品不必高而无上，宗旨不必醇而无疵，惟既
有所信，而富于一种坚忍不拔之气，能以苦战奋斗，力争上游者"。
第三层次则是"无不待而兴之能，与独为前驱之勇，或奉一职，或营

① 章士钊：《我》，《章士钊全集》第三卷，第 630—631 页。
② 章士钊：《发端》，《章士钊全集》第四卷，第 5、7 页。

一业，而孟夜自思，觉有万不可为之事，即谨守之不失，不以自欺，心力相应之时，于我之所能信者，加以援助。"[①] 基于儒家精英主义的立场，章士钊仍把塑造公共价值认同的努力，放在"读书明理号称社会中坚"的知识人身上。在他看来，只要少数精英分子敢于"握此机枢"，就能担负起重建国家公共认同、复兴共和精神的神圣使命。

可见，在章士钊的思考当中，现代国家并不是一个简单的制度共同体，而是一个基于爱国心、有着共同伦理的共和国。共同体的公共认同，一方面基于功利主义之上的国家公益，另一方面则是现代国民对于共和国的忠诚、热情与责任心。这是章士钊心目当中公共文化和集体认同的核心，也因此有别于梁济、杜亚泉、吴宓等知识人所重视的文化认同。后者试图通过对具有超越价值的儒家道德的抽象继承，重建社会公共伦理；而章士钊的思考重心，则接近于梁启超在《新民说》早期倡导的"公德"观，凝聚国家与国民的共和理念。其内在道德价值的超越性已经大为衰减降低。不过，章士钊并没有将政治美德与个人德性彻底分离。如同麦金太尔所言，无论一种规则多么完备，如果人们不具备良好的德性或品格，就不可能对人的行为发生作用。这意味着，规范伦理不仅要有合理性的制度基础，还必须有主体人格的德性基础。作为一个深受儒家思想影响的宪法学者，章士钊对公共道德的理解，仍然体现出政治制度与个人道德之间的关联互动，规范伦理与德性伦理相互沟通的某种亲和性。

---

① 章士钊：《国家与我》，《章士钊全集》第三卷，第 515 页。

结语

1921年，闻一多在《清华周刊》上大发感叹："现在一般青年完全是唯物思想底奴隶，除了装智识，炼身体以外，不知有别事。新思潮冲进之后，孔子底偶像打碎了，旧有的社会的裁制，不发生效力了，西方来的宗教又嫌他近乎迷信，不合科学精神，而对于艺术又没有鉴赏底能力，于美育底意义更无从捉摸，于是这'青黄不接'时期，竟成了'无法无天'、'洪水猛兽'底时期了。"[①]用"青黄不接""无法无天""洪水猛兽"概括民初社会的道德状况，不免带有诗人的几分夸张，却颇为生动地描绘出新旧道德冲突所导致的价值困境。这印证了麦金太尔对于现代道德危机的一个解释：现代道德危机是道德权威的危机——面临道德无序的状态，人们无从找到合理的权威。因道德权威的丧失带来的道德分歧，同时也必将导致对于"自治"(self-government) 这一共和理念的侵蚀。那么，在世界观转型导致传统道德价值日渐衰微的近代中国，如果只有个体之间形形色色的多元道德，那么国家与社会如何形成基于"公共之善"的集体认同？

深受传统儒家道德观念的影响，民初知识人对于共同体的道德伦理有着自身独特的理解。梁济、杜亚泉、陈寅恪、吴宓等思想家，延续着梁启超《新民说》当中关于"私德"与"公德"彼此沟通的互动思考。他们认为，传统纲常伦理塑造了一种从个人德性到"天下归仁"的道德实践方式。在他们看来，只有在具有德性的个人之间，才

---

① 闻一多：《恢复伦理演讲》，孙党伯、袁謇正编：《闻一多全集》第二卷，武汉：湖北人民出版社，1993年，第319—320页。

可能真正形成共同体的公共伦理。因此,对于多元化的现代社会而言,
传承数千年的儒家纲常伦理仍然具有抽象继承性。作为儒家规范伦理
的核心,纲常伦理维系着作为文化共同体的中国的独特认同,也昭示
着它与世界诸种文明对话的价值基础。

　　另一方面,基于对个人权利和意志自由的信奉,章士钊等重视
政治的知识人则主张,现代国家宪法的世俗基础是自然人性的满足和
平等。在他们看来,对于国家的制度建构,应当成为塑造国家公共认
同的重心。不过,立宪国家并不仅仅是一个由制度作为纽带的"政治
共同体",同时也是一个拥有共同伦理的"道德共同体"。因此,他们
延续并深化梁启超在《新民说》当中倡导的"公德"观,将其具体化
为忠诚于共同体的强烈爱国心。可以看到,由于"天理"世界观的衰
微,章士钊等的道德观念的超越面向已经大为淡化。它们更多地体现
为国民对于国家的热爱与忠诚。他们将爱国心作为立宪国家的政治美
德,并试图以此确认何为现代社会"伦理的公共善"。

　　如果说,前现代社会的人们依靠源自超越价值世界的宗教或道
德,解释个体与上帝和宇宙之间的关系,并以此涵盖共同体的政治伦
理和个人德性;那么,新教改革以来的西方现代社会,则通过分离个
人德性与社会规范以应对世俗转型下的价值多元化挑战①。本文研究表
明,在清末民初世界观转型的历史背景下,近代中国知识人通过对东

---

① 西方社会的世俗化历程以及现代价值观的形成,参见 Charles Taylor,
《*A Secular Age*》, Part Ⅳ, Cambridge.: The Belknap Press of Harvard
University Press, 2007 以及布林顿 (Crane Brinton):《西方近代思想史》
第四章《第十八世纪:新宇宙观》,王德昭译,上海:华东师范大学出版社,
2005 年;理查德·塔纳斯 (Richard Tarnas):《西方思想史》第五篇《现代世
界观》,吴象婴、晏可佳、张广勇译,上海:上海社会科学院出版社,2007 年。

西方思想资源的传承、接纳与调适，形成对于道德这一重大思想史议
题的想象、体验与言说。民初直至五四时期的中国知识人关于道德问
题的思考，并未彻底割裂德性之"善"与政治"正当""公德"与"私
德"之间的内在关联，而是力图在彼此贯通的关系当中实现"创造性
转化"[①]。大致而言，他们一方面深受科学"公理"支配下的世界观影
响，高度肯定个人主义、功利主义等现代道德价值的合理性；另一方
面，他们对于道德议题的思考，仍旧延续着传统中国"修齐治平"的
形式与路径。因此，民初知识人心目中的理想共同体，不仅因为拥有
民主制度而合乎政治正义，更因为缘于共同伦理与文化认同而内含道
德价值，从而在近代中国转型时代当中形成具有自身特色的多元现
代性。

---

① 林毓生：《近代中西文化接触之史的含义：以"科学与人生观"的论战为例
——为纪念张君劢先生百龄冥诞而作》，《政治秩序与多元社会》，台北：联经
出版事业公司，1989 年，第 77 页。

乙编 学术政治与世界文明

"势生理，理生道"：
《康子内外篇》的学术立场与政治态度

　　晚清中国面临的内外危机以及士大夫的因应之策，将 19 世纪中叶以来读书人的世界观转型，推向了更为复杂的层次。一方面，从龚自珍、魏源到曾国藩、张之洞等人，依托传统儒学知识体系中"（义）理（时）势"互动与"体用"二分的思考方式[①]，尝试通过完善与发展"经世之学"，建立起理解中国与外部世界的现实关联；另一方面，廖平、康有为、梁启超等具有今文经学取向的学者，则开始以更为现实和开阔的视野，将王朝内部的政治改革与其对外部秩序的因应策略，在经学范畴中予以整合。特别是这一时期思想界的核心人物——康有

[①] 在儒家思想的内部，"义理"与"时势"是分析历史问题的基本理论框架之一。在朱熹的历史观当中，"理势"关系处理的是历史中"变"与"不变"的问题，"尤其是价值选择与历史变化"（即"势的现实必然性与理的价值必然性"）之间的关系，参见赵金刚：《朱熹历史观中的"理势"问题》，《哲学研究》2017年第 10 期。具体而言，"义理"提供了"儒学对于天人之际的整体把握，以及儒学对于生命意义的终极诠说"，参见杨国强：《清学和近代中国思想走向中的偏失》，《文汇报》2015 年 3 月 20 日；"时势"则意指造成社会变动的不可抗拒的现实趋势与经济、军事、商业、外交等客观力量。在具体的社会历史情境之下，"义理"与"时势"之间密切互动，并形成对既定世界观与价值秩序的挑战与修正，参见段炼：《从"理势"互动到"体用"二分：以清代中后期读书人的世界观转型为中心》，《史林》2018 年第 5 期。

为，通过"公法""实理""三世""改制""大同"等诸多思想观念，开始系统而独特地"发明一种新理想"①，并以此贯穿其"变法自强"和"大同世界"的政治实践与理论构想。

早在 1895 年公车上书之前，通过《教学通义》《康子内外篇》《实理公法全书》《新学伪经考》《孔子改制考》等著述以及一系列奏折与书牍，康有为已经展开了对于经学传统与西方学说的"创造性诠释"，也实现了对于"公理"世界观的初步塑造②。而他所"发明"的"新理想"，正是基于"公理"世界观的雏形所描绘而成的制度变革蓝图——对于君权与大一统的尊崇、以平等与人道的原则建构"实理公法"以及重塑孔子"托古改制"的"素王"形象，进而全方位地推动儒学的自我转化。

这一抟合中西的思想演变历程，既为康有为随后发动的维新变法奠定了理论基石，也因其巨大的社会影响力，推动了朝野各界对于传统中国政教秩序的重新理解与对于世界格局的深刻反思。本文以

---

① "发明新理想"一语，借用梁启超对康有为所撰《大同书》的评价："（康有为）自发明一种新理想，自认为至善至美，然不愿其实现，且竭全力以抗之遏之；人类秉性之奇诡，度无以过是者。"梁启超：《清代学术概论》，上海：上海古籍出版社，1998 年，第 82 页。

② "天理"世界观的早期形态，是古代中国政治制度与道德伦理的超越价值基础——"天理天则"，其性质接近于西方文明的"自然法"。宋代以来，"天理"世界观成为支配中国社会道德实践、文化认同和王朝政治正当性的核心依据。梁漱溟：《中国文化要义》，上海：学林出版社，1987 年，第 79 页及第 17 页。清末民初以来，随着西方科学知识、进化理论、契约制度以及科学主义、功利主义、个人主义等观念传入中国，"天理"世界观逐渐失去自身的超越价值，代之而起是一个由"公理""公法""公例"等世俗理念形塑的"公理"世界观。参见段炼：《"世俗时代"的意义探询：五四启蒙思想中的新道德观研究》，上海：上海人民出版社，2015 年，第 47—70 页。

《康子内外篇》为中心，着重讨论在"由势生理"的思想转型过程中，康有为早期改制观的学术立场，探究其政治态度为何表现为以强有力的帝制（君权）为中心？《康子内外篇》所体现的学术立场和政治态度，又与康有为的大同"新理想"之间，存在何种内在的思想关联？

一、政教危机与"教学之道"再诠释

19世纪中叶以来，在"列国并争"的世界背景下，中国逐渐卷入以民族国家为竞争主体的世界体系之中[1]。内外秩序变化所引发的危机，动摇着支配中国社会数千年的政教秩序与读书人判断先进文明的标准[2]。

这一复杂多变的时势也成为康有为"发明新理想"的重要思想契机。笃信儒学的家庭出身以及青年时代在朱次琦门下的问学经历，为康有为奠定了兼容道德修养和经世致用的儒家思想基调[3]。光绪五年（1879），康有为决心"舍弃考据帖括之学，专意养心。既念民生艰难，天与我聪明才力拯救之，乃哀物悼世，以经营天下为志"。康有为游览香港，感受到"西人治国有法度，不得以古旧之夷狄视之"。自光绪八年（1882）始，康有为开始"大讲西学，始尽释故见"，并广泛阅读佛学、陆王心学以及西学书籍与报刊。他"合经、子之奥言，探

① 滨下武志:《近代中国的国际契机：朝贡贸易体系与近代亚洲经济圈》，朱荫贵译，北京：中国社会科学出版社，1999年，第11—12页。
② 史华慈:《中国的世界秩序观：过去与现在》，费正清编:《中国的世界秩序：传统中国的对外关系》，杜继东译，北京：中国社会科学出版社，2010年，第295页。
③ 张灏:《梁启超与近代思想的过渡（1890—1907）》，崔志海、葛夫平译，南京：江苏人民出版社，1995年，第18页。

儒、佛之微旨，参中、西之新理，穷天、地之赜变，搜合诸教，披析大地，剖析今故，穷察后来"①。多元庞杂的学术谱系与内心强烈的入世渴望相结合，为康有为早年世界观的形塑，提供了复杂的知识背景和想象力来源。

19 世纪中叶以来，西方列强的殖民侵略不仅意味着坚船利炮和全球市场的肆意扩张，更彰显出新型知识、制度与文化对于中国的巨大影响。1883 年 12 月，康有为明确表达了对于英法联军"迫我神京，震我庙阙，毁我圆明园，掠我御用物"以及法国通过中法战争"吞我属国，窥我滇、粤"的愤懑，并直指"此薄海不共戴天者也"②。完稿于 1885 年的《教学通义》一书，是目前可见康有为的最早著作。梁启超在谈到康有为早年经学思想时曾经指出："有为早年，酷好《周礼》，尝贯穴之著《政学通议》，后见廖平所著书，乃尽弃其旧说。"③此处的《政学通议》即《教学通义》。在《教学通义》中，康有为描绘出一幅"朝无才臣，学无才士，阃无才将，伍无才卒，野无才农，府无才匠，市无才商"的弱国景象——这一修辞语式及价值判断，与龚自珍笔下的"衰世"图景几无二致④。康有为开宗明义地指出，"上无礼，下无学，朝不信道，工不信〔度〕，君子犯义，小人犯礼，则国已"。在西方文明的参照之下，清朝所面临的危机不仅是军事、经

---

① 康有为：《我史》，北京：中国人民大学出版社，2011 年，第 3—16 页。

② 康有为：《致邓给谏铁香书》，《康有为全集》第一集，北京：中国人民大学出版社，2007 年，第 2 页。

③ 梁启超：《清代学术概论》，第 77 页。

④ "衰世者……左无才相，右无才史，阃无才将，庠序无才士，陇无才民，廛无才工，衢无才商，抑巷无才偷，市无才驵，薮泽无才盗；则非但鲜君子，抑小人甚鲜。"龚自珍：《乙丙之际箸议第九》，《龚自珍全集》，上海：上海人民出版社，1975 年，第 6 页。

济实力的危机，更是儒家政教秩序的危机："今天下之治不举，由教学之不修也"①。不过，贯穿《教学通义》的核心理念——"教学"二字，并非今日"教育、学习"之义可一言蔽之，而是指向含义更为宽泛的"礼教伦理"和"事务制作"，即"礼教伦理立，事物制作备，二者人道所由立也。礼教伦理，德行也；事物制作，道艺也。后圣所谓教，教此也；所谓学，学此也"②。

　　值得注意的是，光绪四年（1878）至光绪六年（1880）前后，康有为的思想正摇摆于今、古文经学之间：一方面，他开始研读《周礼》《仪礼》《尔雅》《说文》等古文经学典籍。因此，《教学通义》一书揄扬周公，并以周代的礼制秩序作为贯通全书的主线，也就不足为奇了。另一方面，康有为开始"治经及公羊学，著《何氏纠缪》，专攻何劭公者。既而悟其非，焚去"③。因此，《教学通义》在论及六经、《春秋》、朱子等篇章之中，对于古文经学、刘歆以及孔子的态度，又显得游移不定。在 19 世纪 80 年代末期系统阅读廖平的经学著作（如《今古学考》等）之后，康有为又进一步修订全书④。这一努力让《教学通义》的学术底色不辨汉宋，其表述徘徊于古文经与今文经之间，

---

① 康有为：《教学通义·引言》，《康有为全集》第一集，第 19 页。
② 康有为：《教学通义·原教第一》，《康有为全集》第一集，第 20 页。
③ 康有为：《我史》，第 11—13 页。
④ 朱维铮认为，康有为见廖平所著诸书之后，曾对《教学通义》予以修订，"但愈改愈感新旧二说难以调和，只好'尽弃'，另撰《新学伪经考》"。参见朱维铮：《康有为在十九世纪》，《求索真文明：晚清学术史论》，上海：上海古籍出版社，1996 年，第 194 页。《教学通义》与《新学伪经考》的写作意图之间是否存在上述思想关联，尚需进一步考证。然而，今古文经关于"六经"、孔子、《春秋》等主题的不同论述，杂处于《教学通义》的部分章节（如《六经第九》《亡经第十》《春秋第十一》《从今第十三》《尊朱第十四》等）之中，则明显是康有为在不同时期修订的结果。

这也使得该书成为康有为以经学诠释探讨理想政治模式，进而构建早期改制观的重要思想文本。

《教学通义》以三十一章的篇幅，将"反古复始，创法立制"作为帝王因应时势、化解国家危机的改制起点，进而以周公的"教学之法"作为"师古"的典范。康有为将师法"周公之制"作为王朝未来的改制目标，同时又高度重视"因时而变"，力主"一王之兴，莫不有新制，以易民观听"[①]。既然改制的目标业已清晰，那么，改制的理论蓝图又该如何描绘？在与《教学通义》几乎同时期撰述的重要著作《康子内外篇》（1886）中，这一理念清晰地表现为康有为对于帝王力量及其道德权威的高度重视。康有为早期的改制观当中，制度变革的图景必须以强有力的帝制（君权）为中心这一理念，在《康子内外篇》的写作过程中已经初步显露。

二、学术立场：理学的基调与变奏

《康子内外篇》今存 15 篇。其中，《阖辟篇》《未济篇》《理学篇》《爱恶篇》《性学篇》《不忍篇》《知言篇》《湿热篇》《觉识篇》等 9 篇，曾刊登于光绪二十五年（1899）《清议报》。其余 6 篇康有为生前未曾刊行[②]。与传统学术论著"内篇"多言"道"而"外篇"多言"器"的

---

① 康有为：《教学通义·公学第三（下）》，《康有为全集》第一集，第 24 页。
② 今存 15 篇的微缩胶卷为美国斯坦福大学胡佛研究所图书馆所藏，后收入《万木草堂遗稿外编》。当年由《清议报》刊载诸篇，曾注明系"南海先生二十年（岁）前旧稿"。据《我史》记载，二十岁之前，康有为正从朱次琦问学，虽"始见《瀛环志略》、地球图，知万国之故，地球之理"，然其学力似尚不足以撰成《康子内外篇》。又据《我史》光绪十二年（1886）条记载："是岁作《内外康子篇》，内篇言天地、人物之理，外篇言政教、艺乐之事"；光绪十三年（1887）条又

基本体例不同,《康子内外篇》却未分内外,"天地、人物之理"与"政教、艺乐之事"交互错杂且篇幅长短不一。关于此书的学术立场,以往学界或认为基本可视为一部理学著作,或认为系康有为早年"离经叛道"反对程朱理学之作①。但纵观全书,一方面,《康子内外篇》对于理学的诸多命题与概念均有独特阐释。如《理学篇》所论:"夫万物之故,皆又所以然之理……学也者,穷物理之所以然、裁成辅相,人理之当然而已"②,以及《爱恶篇》所论:"今之所谓仁义者,积人事为之,差近于习,而非所谓性也。若夫性,则仁义爱恶无别也。善者,非天理也,人事之宜也。故以仁义为善,而别于爱恶之有恶者,非性也,习也"③,均与程朱理学的论旨紧密贴合。《不忍篇》中"不忍"的态度,即自孟子至宋儒均大力揄扬的恻隐之心、仁爱之心以及"民胞物与"的入世关切,其目的在于"保民"(含救民、养民和教民),相应的办法则是君主制度和以修身为要的精英政治④。康有为哀叹因"政事有未修,地利有未辟,教化有未至"以至"天之故厄斯人",亦即源自心忧苍生的"不忍人之心"与积极变革的强烈意愿⑤。《人我篇》则主要论及"为我"与"兼爱",即宋明理学所论的"群己之道"⑥,等等。

———————

记,是年"作《内外篇》,兼涉西学"。康有为:《我史》,第9页、第17页以及第22页。根据康有为学思历程及文本内容综合考订,《康子内外篇》始撰于1886年(即三十岁前所作),当可接受。
① 吴义雄:《康有为与理学初论》,《中山大学学报》1996年第4期。
② 康有为:《康子内外篇·理学篇》,《康有为全集》第一集,第100页。
③ 康有为:《康子内外篇·爱恶篇》,《康有为全集》第一集,第101页。
④ 杨贞德:《不忍政治三诠——康有为从传统到近代的思索》,《中国文哲研究通讯》2018年第1期。
⑤ 康有为:《康子内外篇·不忍篇》,《康有为全集》第一集,第104页。
⑥ 康有为:《康子内外篇·人我篇》,《康有为全集》第一集,第107页。

　　但另一方面，在理学的思想底色之上，《康子内外篇》又显系康有为着力调和汉宋与今古文经学，同时"兼涉西学"的结果。大致而言，体现在以下三个方面：第一，在《康子内外篇》中，康有为指出："人事之义，强弱而已矣。……故曰：势生理，理生道，道生义，义生礼。势者，人事之祖，而礼最其曾、玄也。"① 可见，在康有为看来，道咸以来支配经世思想家的"理势互动"的思想关系，逐渐向"由势生理"的现实策略发生偏转。因此，如何因应以"强弱之势"裁定"人事之义"的时势，初步成为康有为构想新义理的逻辑起点。第二，传统的"当然之理"以及赖以穷究"当然之理"的知识体系与知识生产方式开始发生动摇。康有为说："然当然之理未易言也。内外有定而无定，方圆、阴阳、有无、虚实、消长，相倚者也，犹圣人之与佛也。义理有定而无定，经权、仁义、公私、人我、礼智，相倚者也，犹中国之与泰西也。"② 他注意到，随着王朝内外"理势"关系不断拓展，"有定而无定"之"义理"的内涵与外延，亦必然大大突破传统经学的藩篱："若夫上下百年，鉴古观后，穷天地造化之故，综人物生生之理，探智巧之变，极教治之道，则义理无穷，有可得而言焉，观其变之动，知后之必有验也；求其理之原，知势之必有至也。"③

　　因此第三，如何通过重建世界观与知识谱系，以新的义理整合传统经学范畴中的理念，实现"行其有定，观其无定，通之而已"④，成为康有为在这一时期思考"理势"关系的重要目标。

---

① 康有为：《康子内外篇·势祖篇》，《康有为全集》第一集，第109页。
② 康有为：《康子内外篇·理学篇》，《康有为全集》第一集，第100页。
③ 康有为：《康子内外篇·理学篇》，《康有为全集》第一集，第100页。
④ 康有为：《康子内外篇·理学篇》，《康有为全集》第一集，第100页。

　　康有为开始从传统儒学的内部与外部两个角度探寻时势变趋之下的新义理。从儒学的内部视野而言，康有为充分展现出对于较之儒家德性更具客观性的"智性"的高度重视。在他看来，人与禽兽的本质区别，在于人有"能生万理"的"智"，而非传统儒家伦理所强调的"仁""义""礼"。康有为的真实意图未必在于刻意降低人的德性要求，但显然他从另一个角度抬高了人的智性地位。因此，康有为表示："或谓仁统四端、兼万善，非也"。在他看来，"惟其智者，故能慈爱以为仁，断制以为义，节文以为礼，诚实以为信。夫约以人而言，有之而后仁、义、礼、信有所呈，而义、礼、信、智以之所为，亦以成其仁，故仁与智所以成终成始者也"①。所以，在这一新的价值序列中，"智"成为了仁、义、礼、信的重要思想来源。

　　当然，康有为承认，"仁、智，有定者也"，而就"一人之本然而论之，则智其体，仁其用也；就人人之当然而论之，则仁其体，智其用也"。在康有为看来，"仁"与"智"之间存在一种灵活而权变的体用关系。他未曾否认传统儒学中"仁"的价值，故仍强调"人道以智为导，以仁为归。故人宜以仁为主，以智辅之"②。然而，人之智性探究的深度与广度却更显无远弗届："其智愈推而愈广，则其爱恶愈大而愈有节，于是政教、礼义、文章生焉，皆智之推也。故人之性情，惟有智而已，无智则无爱恶矣"③。

　　不仅如此，《康子内外篇》中的"智"逐渐成为康有为观念中支配人类伦理行为的新手段。一方面，人类通过对于知识的"学而

---

① 康有为：《康子内外篇·仁智篇》，《康有为全集》第一集，第 108 页。
② 康有为：《康子内外篇·仁智篇》，《康有为全集》第一集，第 109 页。
③ 康有为：《康子内外篇·爱恶篇》，《康有为全集》第一集，第 102 页。

时习之"，实现对"食、色、喜、怒、哀、乐"等自然人性的合理节制。据康有为自述，他通过对显微镜放大功能与电机光线速度的了解，领悟到"大小齐同之理"与"久速齐同之理"①。所以，康有为在《康子内外篇》中不止一次援引上述西方自然科学知识。他强调，自然科学知识较之传统伦理具有更为真实可验与确凿不移的客观特性。另一方面，只有通过对于人类理智的把握，才能不断拓展旧有"觉识"中家庭、乡族、邦邑、国家的边界，最终实现"天下为一家，中国为一人"的包罗万有——"故有仅爱其一身者，其识周于一身者也；有爱一家者，其识又周于一家者也；有推而爱其乡族者，其识稍大矣；又有推其爱而及于邦邑者，识益大矣；其以天下为一家，中国为一人，血气相通，痛痒相知，其觉识益大，其爱想之周者益远"②。

康有为指出，随着"显微、千里之镜"的盛行、地体浑圆之说以及"五洲万国之说"的广泛传播，往昔"安于所习，蔽于其识"的知识格局已被打破③。他进而认为，天乃"积气而成，摩励（磨砺）之久，热、重之力生矣，光、电生矣，原质变化而成焉，于是日生地、地生物"④康有为从地理环境的角度强调世界地势"非圣人能为之也，天为之也"。正因为中国"环境皆山，气无自出。数千年未闻有如佛之高僧，耶稣之神父，投身传教于异域者，盖地势使然"。在他看来，不同的地势显然影响到不同区域的政治格局与信仰方式。故此，"二帝、三王、孔子之教，不能出中国，而佛氏、耶稣、泰西，而能肆行

---

① 康有为：《我史》，第 15 页。
② 康有为：《康子内外篇·觉识篇》，《康有为全集》第一集，第 106 页。
③ 康有为：《康子内外篇·觉识篇》，《康有为全集》第一集，第 106 页。
④ 康有为：《康子内外篇·理气篇》，《康有为全集》第一集，第 110—111 页。

于地球也"①。他还指出，墨西哥、秘鲁、印度等古国得地利之便，政教文物繁荣昌盛。然此后屡遭劫难，"一举并灭"。他由此喟叹："灭国为小，灭教为大；灭教为小，灭民类尤为大。然则中国累圣之政教、文字，其又可恃以万世耶？"②

康有为进而列举孔教与佛教在立国、人情、政教、伦理诸方面的异同与互补之处，指出二教孰是孰非、谁胜谁负，难以遽定。他相信："二教者终始相乘，有无相生，东西上下，迭相为经也。当其时则盛，穷其变则革，智人观其通，而择所从，或尊或辟，非愚则蒙者也。"③这一系列思考激发康有为与佛教、耶稣（基督教）、"马哈麻"（伊斯兰教）的积极对话，并且试图在文明竞争的时势之下形塑其新的世界观与知识谱系。

正缘于此，在《康子内外篇》的《未济篇》《理学篇》《性学篇》《人我篇》中，康有为以儒、佛相参的形式，以一种近乎文明比较的方式，反省传统理学的诸多思想范畴与观念形态。康有为承认佛学与《易经》的义理接近，均"以象为教""以无为有"。而朱子所谓"事何必求其成"，正是《易经》中的"未济"之理④。他随即指出："余谓教有二而已。孔氏之教与佛氏之教。圣人之教，顺人之情，阳教也；佛氏之教，逆人之情，阴教也。故曰：理惟有阴阳而已。"⑤

在《康子内外篇》中，康有为对佛教的瞩目之处，在于其"平等"之观念，并以此激烈抨击中国"尊君卑臣，重男轻女，崇良抑贱"

---

① 康有为：《康子内外篇·地势篇》，《康有为全集》第一集，第110页。
② 康有为：《康子内外篇·肇域篇》，《康有为全集》第一集，第112页。
③ 康有为：《康子内外篇·性学篇》，《康有为全集》第一集，第103页。
④ 康有为：《康子内外篇·未济篇》，《康有为全集》第一集，第99—100页。
⑤ 康有为：《康子内外篇·性学篇》，《康有为全集》第一集，第103页。

的所谓"义"。他指出，秦、汉之后"天下学士大夫相与树立一义其上者，砥节行，讲义理，以虚言扶名义而已"，却导致"民生之用益寡"。这样的"义"既缺乏现实物质基础，也是对普遍人性的抑制[1]。因此，"非义理之至也，亦风气使然耳。物理抑之甚者必伸"[2]。

基于这种平等观，康有为认为："百年之后必变三者：君不专，臣不卑，男女轻重同，良贱齐一。呜呼！佛氏平等之学也"[3]。这一论点自然惊世骇俗。不仅如此，平等观念促使康有为挑战宋儒关于"天理人欲"的认知，进而提出"天欲人理"的主张——"理者，人之所立。……故理者，人理也"[4]。由此可见，在19世纪末儒家政教危机的刺激之下，康有为在《康子内外篇》当中，通过重新阐发"理""气""人欲""阴阳"等理学概念，初步酝酿出与现代科学及尊重人性等现代价值观若合符节的复杂思想。

三、政治态度："君权独尊"与"圣王经世"

但《康子内外篇》显然并不只是一部重视思辨的哲学著作，其学术立场背后包含着"酌古今之宜，会通其沿革，损益其得失，而后能治也"的变革主张[5]。因此，在讨论《康子内外篇》的政治态度之时，需要追问的是，康有为如何重建新的义理与知识谱系，阐释传统中国政教秩序的核心内容——儒家帝制？这一努力与同时期他的其余

---

[1] 康有为:《康子内外篇·仁智篇》,《康有为全集》第一集, 第109页。
[2] 康有为:《康子内外篇·人我篇》,《康有为全集》第一集, 第108页。
[3] 康有为:《康子内外篇·人我篇》,《康有为全集》第一集, 第108页。
[4] 康有为:《康子内外篇·理气篇》,《康有为全集》第一集, 第111页。
[5] 康有为:《康子内外篇·阖辟篇》,《康有为全集》第一集, 第98页。

著述（如《民功篇》《万身公法书籍目录提要》《实理公法全书》《公法会通》等），又是如何共同促成他"发明新理想"的初步构想呢？

　　首先，《康子内外篇》虽然多从哲学论述入手探讨政治理念，但通读全书可以发现，康有为思考的中心仍是从"时势"的角度表达对于"圣王经世"的呼唤。作为《康子内外篇》卷首之作，《阖辟篇》的篇名即表明，"善为君师者，明于阖辟之术"。所谓"阖辟"，正是指"舒卷开合，抚天下于股掌之上"的天子"独任之权"。康有为认为，这一帝王"意所欲为，无不如志"的地位形成，恰恰是独一无二的"中国之势"使然："故居今日地球各国之中，惟中国之势独能之，非以其地大业，非以其民众也，非以其物产之丰也，以其君权独尊也。其权之尊，又非势劫之利诱之，积于二帝、三王之仁，汉、唐、宋、明之义，先圣群贤百千万人，百千万年讲求崇奖激励而成之，故民怀旧俗而无外思，臣慕忠义而无异论，故惟所使也。故挟独尊之权，诚知阖辟之术，则人才之乏不足患，风俗之失不足患，兵力之弱不足患，一二人谋之，天下率从之，以中国治强，犹反掌也，惟此时之势为然。"[1]

　　必须指出，从批判所谓"权力哲学"和"政客逻辑"的情绪化立场与后见之明出发[2]，无法真正厘清康有为的思想脉络，洞悉他何以在这一时期秉持对于"君权独尊"高度认可的态度。在康有为看来，正是儒家政教秩序与历史之"势"持续不断的冲突、抗衡、互动，形塑

---

[1] 康有为:《康子内外篇·阖辟篇》,《康有为全集》第一集, 第 97 页。

[2] 朱维铮认为, 康有为写于 1887 年的《康子内外篇》卷首之作《阖辟篇》, 正是康氏"年及而立便已参透权力哲学奥妙的确证"。又云:"此文逻辑虽奇特, 却同样不新鲜, 即人所共知的政客逻辑, '为达目的, 不择手段'"。参见朱维铮:《康有为在十九世纪》,《求索真文明: 晚清学术史论》, 第 184—185 页。

了中国文化对于"君权独尊"的高度认可：一方面，"君权独尊"是实现国富民强的重要前提，国富民强又成为以"君权独尊"为核心的政教秩序长治久安的坚实基础。这是一种不容置疑的历史合理性。1888年10月，康有为致潘文勤尚书的信函之中，赞美中国"二帝、三王所传礼治之美，列祖、列宗缔构人心之固，君权之尊，四洲所未有也。使翻然图治，此真欧洲大国之所望而畏也"[1]。故论者认为，康有为以缅怀"帝王儒教"（imperial Confucianism）的语调，推崇中国帝王绝对的道德权威，同时展现出他对于传统帝制"不移之忠贞"[2]。另一方面，君权"不能不依于势，无其势能为也"，只有"明于时势，通于人心，顺而尊之，曲而致之，而才智足以操驭焉"[3]。因此，传统帝制也并非一劳永逸的稳定结构，同样需要因应时势进行自我变革与创新。所以，康有为指出："民富也，而后风俗可厚；内治修矣，而后外交可恃，此欧洲大国之所畏也。三年而规模成，十年而本末举，二十年而为政于地球，三十年而道化成矣。于以雪祖宗之愤耻，恢华夏之声教，存圣伦

---

① 康有为：《与潘文勤书》，《康有为全集》第一集，第169页。
② 张灏：《危机中的中国知识分子：寻求秩序与意义》，高力克、王跃译，北京：新星出版社，2006年，第34页。美国学者霍华德（Richard Howard）亦指出："康有为显示出其对传统帝制不移之忠贞。"（Richard Howard, "K'ang Yu-Wei（1858-1927）: His Intellectual Background and Early Thoughts", in Arthur Wright and Denis Twitchett eds., *Confucian Personalities*, San Francisco: Stanford University Press, 1962）汪荣祖则对二说不表赞同，认为康氏的君尊之词，并非尊君，"乃陈述二千年帝制使君权益重的史实……实欲改变二千年君尊之制"（汪荣祖：《康有为论》，北京：中华书局，2006年，第26—27页）。揆诸史实，上述数说并无实质矛盾之处——前二说侧重于康氏对普世王权不可动摇的认知，后说侧重于康有为对于变法可能带来限制王权之结果的评估。
③ 康有为：《康子内外篇·阖辟篇》，《康有为全集》第一集，第97页。

于将泯，维王教于渐坠，威乎威乎，千载一时也。"① 若以此与前述康有为对于"地势使然"限制儒教扩张的议论相互参照，可见其在《康子内外篇》中的变革雄心，乃是源于西方列强挑战之下中国王道几近废弛的政治危机。因此，康有为的上述言论，有着从一国到全球的渐进步骤与清晰目标，并且最终指向儒家政教秩序的世界影响。

其次，康有为的确主张君主"善假权术"，但其根本意图仍在于通过"君权独尊"的政治强力，破除重重习俗与世俗议论的束缚，以实现"开塞之术"②。因此，当时人询及其学问"得无近乎管、商乎"，康有为并不否认其对于管仲、商鞅、韩非等法家人物的思想认同③。其实，早在光绪四年（1878），康有为跟随朱次琦读书之时，即明确表达过"言治当如管、韩"的态度④。持古文立场的学者朱一新曾批评他"炫于外夷一日之富强，谓有合吾中国管、商之术，可以旋至而立效也"，认为这是"闻见杂博为之害也"⑤。可见在时人眼中，当日康有为揄扬"势"与"术"之鲜明立场。因此，《康子内外篇》重视"势"与"权术"的立场——包括视管仲的"厚生正德之经，富教之策"为"天下为治，未有能外之者"⑥，其实渊源有自。

纵观一万余字的《康子内外篇》，其实康有为并未（或亦无意）阐发一种全面、系统的君权理论。正因为笃信帝制绝对权威的不可动摇，他认为只要帝王心存"不忍"之心，则"王道"与"霸道"并非

① 康有为：《康子内外篇·阖辟篇》，《康有为全集》第一集，第99页。
② 康有为：《康子内外篇·阖辟篇》，《康有为全集》第一集，第98页。
③ 康有为：《康子内外篇·阖辟篇》，《康有为全集》第一集，第97页。
④ 康有为：《我史》，第11页。
⑤ 朱一新：《朱侍御复康长孺第四书》，《康有为全集》第一集，第327页。
⑥ 康有为：《康子内外篇·阖辟篇》，《康有为全集》第一集，第97页。

扞格难通。因为"王霸之辨，辨于其心而已。其心肫肫于为民，而导之以富强者，王道也；其心规规于为私，而导之以富强者，霸术也"[①]。这和魏源所谈"自古有不王道之富强，无不富强之王道。王伯之分，在其心不在其迹也。心有公私，迹无胡越"[②]，几无不同。

　　不可否认，在《康子内外篇》的部分论述中，康有为援引佛学与西学理论，措辞激烈地表达对于现有君民关系的愤懑与不满。在他看来，天下之所以大乱，皆因权力过于集中导致"君上纵欲"。而"以一人纵于万民之上"，最终必将引发民怨而不可遏制。因此，康有为说："故夫百姓侵其上，臣僚夺其君，匹夫可以揭竿而谋富贵，夫亦君上纵欲有以启其乱萌也。"[③]换言之，君主私欲泛滥、背弃民意，这是传统政权合法性危机与王朝更迭的根源。康有为尝试以一种新型的"人我关系"来实现对于"王道"的保障："兼爱者，宜于为君者也；为我者，宜于为民者也；为我之形质者，宜于为民者也；为我之名与魂者，宜乎为君师也"[④]。

　　从"圣王经世"的角度看，康有为传承并发扬了龚自珍、魏源等人所倡导的经世精神。这是康有为基于"势生理，理生道"的学术立场对于时势的重新认知与理解。康有为的政治意图有二：其一，在帝王经世的视野下，建构经术与治术二者关系的合法性基础，即对于"君权独尊"的高度认知与现实理解。其二，在"君权独尊"的前提下，初步建立起以君权为中心的变革方案，进而依托君权的绝对力量，实现王朝深层次的制度改革。可见，在撰写《康子内外篇》的时候，

---

① 康有为：《康子内外篇·阖辟篇》，《康有为全集》第一集，第 97 页。
② 魏源：《默觚下·治篇一》，《魏源集》上册，北京：中华书局，1976 年，第 36 页。
③ 康有为：《康子内外篇·人我篇》，《康有为全集》第一集，第 108 页。
④ 康有为：《康子内外篇·人我篇》，《康有为全集》第一集，第 108 页。

康有为心目中的政治信念变得愈加明晰，即王道如果必须建立在国家富强的基础之上，那么实现国家富强的起点则是对君权（王道）的绝对尊崇。康有为相信，只有大公无私的君王，才能实现"天下惟我所欲为，天下之治惟我所欲治，盖开塞之道得矣"[1]。

结语

1887 年，康有为在日记中写道："列国并峙，是以有争。"[2]他开始在经学内部，积极处理传统政教秩序、君权与制度改革的关系，并初步建立起以君权为中心的变革方案。《康子内外篇》的部分篇章正式发表于日本横滨的《清议报》，其时已在 1898 年戊戌维新失败之后。故就文本的实际社会反响而言，不及康有为在 1890 年代编撰出版并随即引发聚讼纷纭的《新学伪经考》及《孔子改制考》。然而，作为体现康有为思想演变的核心文本之一，《康子内外篇》在学术立场与政治态度上的"守正出新"，却成为其未来主导的变法运动的重要思想先声。

在《康子内外篇》中，基于对周礼所蕴含的"教学之道"的历史反思，康有为思考的重心，从高度重视儒家的"礼教伦理"转变为对政治制度及其变革方式的构想。他进而尝试在"君权独尊"的前提下，依托君权的绝对力量推进王朝深层次的制度改革。一方面，从康有为思想的延续性而言，他以"君权独尊"为中心，通过制度变革以因应危机的思考，依然延续着道咸以来经世思想中"理势互动"的内

---

[1] 康有为：《康子内外篇·阖辟篇》，《康有为全集》第一集，第 98 页。
[2] 康有为：《我史》，第 29 页。

在脉络。但康有为的关注重心，开始从具有超越价值的儒家德性伦理，逐渐转向更趋客观性与世俗化的人类理性与知识追求，其目的在于通过形塑新的义理形态，化解因严峻时势所造成的儒家传统的"认识论危机"（epistemological crisis），并由此论证国家制度变革的合法性[①]。另一方面，从康有为思想的变动性来看，在这一时期，经学逐渐从一种传统"天理"世界观支配下的政治合法性理论，开始转变为一种关于国家制度的变革理论。《康子内外篇》中关于"势生理，理生道"的思考转型，不仅为康有为实现儒学的内在转化创造了新空间与新动力，也为他推动今文经学在晚清思想舞台上的崛起提供了理论前提。

与撰述《康子内外篇》几乎同步，康有为也在思考"以三统论诸圣，以三世推将来，而务以仁为主，故奉天合地，以合国、合种、合教一统地球"[②]，并且连续三年依托"几何"原理，著述《人类公理》《公理书》，"手定大同之制"。对于此项工作，康有为自谓"吾既闻道，既定大同，可以死矣"[③]，可见期许之高、期待之深。关于《人类公理》《公理书》《实理公法全书》以及《大同书》等著述之间的版本关联与思想脉络，学界素有争议[④]。然而，《人类公理》与《公理书》书名聚

[①] 此一论述承 Peter Zarrow 及 Stephen Angle 教授提示，谨致谢意。

[②] 康有为：《我史》，第 16 页。

[③] 从"从事算学，以几何著《人类公理》。……乃手定大同之制，名曰《人类公理》"，到"又作《公理书》，依几何为之者"，再到"是岁编《人类公理》，游思诸天之故，则书之而无穷也"（康有为：《我史》，第 17 页以及第 21—22 页）。

[④] 《人类公理》与《公理书》一直不曾刊布，原稿至今未见。而康有为完成于1888 年前后的《实理公法全书》主稿（后曾修改），当时亦未刊行，但有抄件流传，目前由美国斯坦福大学胡佛研究所图书馆收藏（美国国会图书馆收藏其缩微胶卷）。从内容与结构来看，《实理公法全书》"很可能是"《公理书》修改稿（参见姜义华、张荣华：《康有为全集·实理公法全书》按语，《康有为全集》第一集，第 146 页）。

焦的"公理"二字，以及在《康子内外篇》完成两年后，《万身公法书籍目录提要》《实理公法全书》《公法会通》等著述对于"公法"的阐释，则呈现出康有为的知识视野，开始从"周公之礼"扩充到至大无外的世界与人类。

饶有意味的是，康有为曾在日记中大胆设想："斯真以天下为一家，中国为一人，兵军永息，太平可睹矣。"为达到这一"新理想"，他甚至不惜未来"合其国""废其君"，以泯除列国相争[①]。其弟子后来亦注意到："义理虽无定，先生又谓有公理焉。'公理'二字在中国中，实自先生发之"[②]。正是在一个"义理无定"的转型时代里，依托欧洲几何学所开启的实测、归纳、演绎等科学方法和逻辑推理形式，康有为开始尝试构建一种新的义理形式——"实理公法"，以此重新阐释中国的伦理道德与政教秩序，并将其纳入一个"放之四海而皆准"的新世界观当中。

---

① 康有为：《我史》，第 29 页。
② 陆乃翔、陆敦骙等：《南海先生传（上编）》，夏晓虹编：《追忆康有为》，北京：三联书店，2009 年，第 77 页。

寻求"超越富强"之道：
"天演公理"之上的道德与政治

　　19世纪中叶以来，中国与西方列强之间爆发的一系列"兵战""商战"与"学战"，构成了观察近代中国极为关键的历史背景。面对西力东渐，清王朝遭遇的接连溃败，则让这一时期的士人开始面临普遍性的思想危机。从"理势互动"到"体用二分"的传统的内在转型，虽然暂时缓解了朝野各界在价值认同上的焦虑，却同时导致儒家的知识、思想与"天理"世界观的内在分裂日趋深化。对于严复而言，他在19世纪末期的思考，聚焦于因深感"世变之亟"而让他反复致意的一个主题："由今之道，无变今之俗。"① 为回应迫切的时代挑战，严复最为显著而卓越的思想贡献，是通过翻译这一"跨语际（跨文明）实践"，将西方近代的知识谱系引入晚清思想界，从而为近代中国的制度变革、文化转型与国民形塑，提供了一个建立在进化论和现代科学方法之上的新世界观。

　　学界关于严复其人及其思想（以其译著《天演论》为中心）的

---

① "世变之亟"一语，出自1895年2月4—5日严复发表于天津《直报》的《论世变之亟》一文，王栻主编：《严复集》，北京：中华书局，1986年，第1—5页。"由今之道，无变今之俗"一语，在严复的论述及信札之中多次出现，已经成为他多年来深思熟虑之后的一种惯常表述（详正文）。

研究成果蔚为大观 ①。大致而言，1949 年以来中国大陆的严复研究，

---

① 与本研究旨趣密切相关的代表性研究（大致以发表时间为序），主要有郭正昭：
《从演化论探析严复型危机感的意理结构》，《"中央研究院" 近代史研究所集刊》
1978 年第 7 期；李泽厚：《论严复》，《中国近代思想史论》，北京：人民出
版社，1979 年；Benjamin I. Schwartz, *In Search of Wealth and Power: Yen
Fu and the West*, Cambridge.: Harvard University Press，1979（中译本
《寻求富强：严复与西方》，叶凤美译，南京：江苏人民出版社，1990 年）；
James Reeve Pusey, *China and Charles Darwin*, Cambridge.: Harvard
University Press, 1983（中译本《中国与达尔文》，钟永强译，南京：江苏
人民出版社，2008 年）；Richard Hofstadter, *Social Darwinism in American
Thought*，Boston: Beacon Press,1992；汪晖：《严复的三个世界》，《学人》
1997 年第 12 辑；李强：《严复与中国近代思想的转型——兼评史华慈〈寻求
富强：严复与西方〉》，刘桂生等编：《严复思想新论》，北京：清华大学出版社，
1999 年；余英时：《严复与中国古典文化》，《国学与中国人文》，桂林：广西
师范大学出版社，2014 年；吴展良：《严复早期的求道之旅——兼论传统学术
性格与思维方式的继承与转化》，《台大历史学报》1999 年第 23 期；吴展良：
《严复〈天演论〉作意与内涵新诠》，《台大历史学报》1999 年第 24 期；吴展
良：《中西最高学理的绾合与冲突：严复 "道通为一" 说论析》，《台大文史哲
学报》2001 年第 54 期；吴展良：《严复的 "物竞天择" 说析论：严复与西方
大师的演化观点之比较研究》，《台大文史哲学报》2002 年第 56 期；王中江：
《进化主义在中国》，北京：首都师范大学出版社，2002 年；王天根：《天演论
传播与清末民初的思想动员》，合肥：合肥工业大学出版社，2006 年；王东杰：
《"反求诸己" ——晚清进化观与中国传统思想取向》，王汎森等：《中国近代思
想史的转型时代——张灏院士七秩祝寿论文集》，台北：联经出版股份有限公
司，2007 年；许纪霖：《现代性的歧路：清末民初的社会达尔文主义思潮》，《史
学月刊》2010 年第 2 期；黄克武：《走向翻译之路：北洋水师学堂时期的严
复》，《"中央研究院" 近代史研究所集刊》2005 年第 49 期；黄克武：《新名词
之战：清末严复译语与和制汉语的竞赛》，《"中央研究院" 近代史研究所集刊》
2008 年第 62 期；何谓天演？严复 "天演之学" 的内涵与意义》，《"中央研究
院" 近代史研究所集刊》2014 年第 85 期；王汎森：《近代中国的线性历史观
——以社会进化论为中心的讨论》，《新史学》2008 年第 19 卷第 2 期；沈国威：
《严复与科学》，南京：凤凰出版社，2017 年；王汎森：《时间感、历史观、思
想与社会——进化思想在近代中国》，《思想是生活的一种方式：中国近代思
想史的再思考》，北京：北京大学出版社，2018 年，等等。

多依据"早期进步，晚年保守"的二元化价值判断与民主革命阶段论等政治标准，以肯定严复思想中早期所谓"反封建性"与批判其晚年思想的"保守"及"不彻底性"为中心[1]。这一时期，李泽厚的研究以"改良/革命"作为评判尺度，将严复翻译的《天演论》纳入近代中国"启蒙"框架予以考察，分析严译赋予"天演论述"的内在紧张，体现了推陈出新的理论深度。20 世纪 70—80 年代，美国学者本杰明·史华慈（Benjamin I. Schwartz）与浦嘉珉（James Reeve Pusey）等的研究，代表了西方学者回到西方思想自身与中西文化交流的历史情境的研究取向。前者强调，严复作为西方文化的接受者和传播者，抓住了其心目中认知的西方文明的精髓——"浮士德—普罗米修斯精神"（力本论）与"集体的能力"，并在翻译过程中极力将其引介到尚未经历现代化的晚清中国。后者则指出，进化学说在近代中国内忧外患的环境之中，成为不证自明的"法则"，影响到维新派、共和派、无政府主义者和革命派，并且为马克思主义在中国的传播铺平道路。近年来，关于严复研究的问题意识日趋深化，并更为重视其思想的学术品格及其跨文明的多元特质。汪晖对于严复思想当中"易""群"与"名"三个世界的考察，深刻呈现其中传统与西学彼此融汇的复杂面向。许纪霖指出，社会达尔文主义在近代中国的传播，形成了以竞争为动力的寻求富强之路，"力"的秩序逐渐取代"礼"的秩序。吴展良通过对严复笔下"物竞天择"与"道通为一"的论述的研究，揭示了严复"明道以救世"的学术性格与思维方式。黄克武的研究另辟

---

[1] 商务印书馆编辑部编：《论严复与严译名著》，北京：商务印书馆，1982 年。其中收入王栻、王佐良、贺麟、侯外庐、王汝丰、冯友兰、张岂之与杨超、李泽厚等撰著于 1949 年前后以及该书编辑之时应约新撰的严复思想研究论文 8 篇。

蹊径于严译及由此衍生的近代中西（日）语汇的竞争、知识谱系与翻译的互动、自由主义与民主等政治观念的接受，极大拓展了严复思想研究的深度与广度。王汎森则强调思想史与生活史的"交集"，如进化思想如何具体而微地影响国人的时间感与历史观，等等。

　　本章在相关研究成果的基础之上，尝试从晚清时期严复所面对的"今之道无妥今之俗"的思想困境出发，描述并分析其如何通过西学阅读、翻译以及古籍批注等跨越中西文明的知识生产方式，反省并探索近代中国世界观的重构，即如何因应近代中国"道"的转化①。具体而言，本章将围绕如下三个问题展开讨论：第一，作为一种以近代西方自然科学为基础的世界观，严复在 19 世纪末的"天演论述"，如何改变传统儒家的"天理"世界观，进而深刻影响其对于政治秩序与道德价值的再思考？第二，当以"天理"世界观为中心的儒家"内在超越之道"，逐步转型为以"天演公理"世界观为中心的"世俗之道"，为何严复"寻求富强"的努力，却始终贯穿着对于东西之间"道通为一"的思想探索？第三，在严复的世界观转型过程中，"由道变俗"与"道通为一"之间的思想张力，又呈现出何种内在特征和历史意义？

一、求道："格物致知之学，寻常日用皆寓至理"

　　严复对于世界观转型议题的反省与探索，与其早年的学思历程

---

① 关于近代中国"道"的转化的议题，参见罗志田：《近代中国"道"的转化》，《近代史研究》2014 年第 6 期以及《由器变道：补论近代中国的"天变"》，《探索与争鸣》2018 年第 8 期。

密切相连。1854 年 1 月（咸丰三年十二月），严复出生于福建侯官的一户儒医之家——其曾祖为嘉庆庚午举人，后任松溪县学训导，其五叔父为光绪己卯举人，其祖父与父亲均以医为业。从 7 岁发蒙至 14 岁进入马江学堂，严复受到与同时代读书人几无二致的儒学教化。11 岁那年，福建宿儒黄少岩来家中授读。黄氏为学"汉宋并重"，常在授课之余为严复讲述明代东林掌故。黄少岩病逝后，由其子黄孟修（系拔贡生）继续授课。严复一生的儒学基础与关心国脉民瘼的入世情怀，或即由此奠定。14 岁那年，因父丧兼家贫，严复不克继续儒学教育。1867 年，严复以名列榜首的成绩入马江学堂学习海军——"所习者为英文、算术、几何、代数、解析几何、割锥、平三角、弧三角、代积微、动静重学、水重学、电磁学、光学、音学、热学、化学、地质学、天文学、航海术"①。

1871 年 7 月，当严复与同学们从马江学堂毕业时，他们在写给英文教习嘉乐尔（James Carroll）的信中谈及两点：一是"西方国家教育原理，源自希腊，希腊人的这些原理是从中国输入的"；二是"古时中国对于礼、智的原则会适中运用，但几不注意西方国家所高度推崇的实用原则"。无论前者对于"西学中源"的表述是否确切，也无论后者对于西学"实用原则"的揄扬是否允当，时年不到 20 岁的严复，已经开始密切关注中西文明之中涉及"大本大源"的议题。这使得他较之同时期的诸多读书人如康有为、谭嗣同、梁启超等，更早也更为系统地了解近代西方的知识谱系与世界观。此后，在长达近 30 年的军旅生涯——包括国内海军生活（1871—1875）、英国海军大学留学岁月（1876—1879）以及归国后任教北洋水师学堂（1880—

---

① 严璩：《侯官严先生年谱》，《严复集》，第 1545—1546 页。

1900）之中，严复的知识重心与学思探索，逐渐转向以数理逻辑、科学实验与实用技术为中心内容的西方自然科学，并由此产生对于理性主义、实证主义及功利主义等现代哲学思潮的浓厚兴趣。

在这一时期，严复亦得以通过一个"内在参与者"的身份，切身探索泰西诸国实现富强的秘密，体悟在全球殖民竞争态势之下清政府屡遭挫败的原因。显然，严复的学术志趣超越了军事战术、炮台建筑、国际法律等海军学堂的实务研究，转而关切人文学者才深感兴趣的政治、道德、人性等形而上的思想议题。留学英国之时，通过广泛思索"中西学术政制之异同"，严复业已洞悉"格物致知之学，寻常日用皆寓至理。深求其故，而知其用之无穷，其微妙处不可端倪，而其理实共喻也"①。从此，严复展开对于西方科学公理、公例不懈追求以及对于中国之"道"的执着反省，并由此探寻激烈冲突之下中西文明的辩证关系。

1879 年（光绪五年），严复归国并就任福州马江船政学堂，翌年调往天津北洋水师学堂任总教习（教务长）。然而，此后将近 20 年间，科场蹭蹬加之官场失意，严复在"北洋当差，味同嚼蜡"②，度过一生之中或许最为消沉落寞、痛苦矛盾的时光③。就在严复"自叹身游宦海，不能与人竞进热场"之时④，初读英国哲学家斯宾塞（Herbert Spencer）的《社会学研究》（即 1873 年出版的 *The Study of*

---

① 郭嵩焘：《伦敦巴黎日记》，长沙：岳麓书社，1984 年，第 55 页。

② 严复：《与四弟观澜书（其四）》，《严复集》，第 731 页。

③ 关于严复在天津北洋水师学堂职务升迁的经历、参与科举考试的过程以及与吴汝纶、吕增祥的交往及其对严复译述《天演论》的影响，黄克武：《走向翻译之路：北洋水师学堂时期的严复》，《"中央研究院"近代史研究所集刊》，第 1—40 页。

④ 严复：《与张元济书》，《严复集》，第 537 页。

Sociology），却让他的学思历程拨云见日，体会到此中有真意。在 20 多年后的 1903 年，当他以《群学肄言》为题翻译出版此书时，严复对于当日的读书心境记忆犹新："不佞读此在光绪七八之交，辄叹得未曾有，生平好为独往偏至之论，及此始悟其非"。他在此书的《译余赘语》中写道："其书实兼《大学》《中庸》精义，而出之以翔实，以格致诚正为治平根本矣。每持一义，又必使之无过不及之差，于近世新旧两家学者，尤为对病之药。虽引喻发挥，繁富吊诡，顾按脉寻流，其义未尝晦也。其《缮性》以下三篇，真西学正法眼藏，智育之业，舍此莫由。斯宾塞氏此书，正不仅为群学导先路也。"[1]

作为宋代以来儒家"四书五经"之二种，《大学》阐发"三纲领，八条目"的儒家圣王之道，由个人的"明明德"（格物、致知、诚意、正心、修身），扩展到"亲民"（齐家、治国、平天下），最终实现"止于至善"；《中庸》强调"天命之谓性，率性之谓道，修道之谓教"的"天理"世界观与道德原则。而斯宾塞的《群学肄言》则通过"科学之律令"，建立起对于人类社会变迁的规范认知，形成了足以涵盖"格致诚正"的治平原则，同时又与《大学》《中庸》相互参照而实现"明治乱盛衰之由"的目的。在严复心目当中，儒家经典（尤其是重视知识传统的程朱理学）话语与斯宾塞"群学"论述之间的契合与关联，让他得以反省自身"独往偏至"而不能会通中西的思想局限，从而激发了"企图融通中西与一切宇宙人生之理的努力，表现了一种典型的求道性格"[2]。

---

① 严复：《〈群学肄言〉译余赘语》，《严复集》，第 126 页。
② 吴展良：《严复早期的求道之旅——兼论传统学术性格与思维方式的继承与转化》，《台大历史学报》1999 年第 23 期，第 266 页。

　　这一时期，面对中国在甲午海战之中的溃败，严复对于传统世界观的批判认知与深沉忧虑大大加深。1894 年 10 月，他在给儿子严璩（1874—1942）的书信中写道：“中国今日之事，正坐平日学问之非，与士大夫心术之坏，由今之道，无变今之俗，虽管、葛复生，亦无能为力也。”显然，他强调的是学问之“真”与心术之“正”，才是“治国明民之道”的根基。这一论述贯彻的仍是通过士大夫的格物致知与诚意正心，从而实现“治平之道”的儒学主张。另一方面，“今之道，无变今之俗”的判断，显然表明严复清晰意识到，儒家世界观与知识体系，已经不足以应付严峻的局势——即便管仲、诸葛亮这样深合儒家“圣王之道”的经世之才，面对今时今世亦无力回天。在这封信中，他亦有如下“夫子自道”：

　　“我近来因不与外事，得有时日多看西书，觉世间惟有此种是真实事业，必通之而后有以知天地之所以位、万物之所以化育，而治国明民之道，皆舍之莫由。但西人笃实，不尚夸张，而中国人非深通其文字者，又欲知无由，所以莫复尚之也。且其学绝驯实，不可顿悟，必层累阶级，而后有以通其微。及其既通，则八面受敌，无施不可。以中国之糟粕方之，虽其间偶有所明，而散总之异、纯杂之分、真伪之判，真不可同日而语也。”[1]

　　至此，严复在中西文明冲突之中竭力“以通求道”的态度已经相当清晰——只有通过对于西方学术的执着追求，才能充分领悟《中庸》所谓“致中和，天地位焉，万物育焉”，“治国明民”之道也尽在其中。显然，他认为东西文明所能达到的最高境界其实彼此相通，惟中国学术末流“徇高论而远事情，尚气矜而忘实祸”的“无用”与

---

[1] 严复：《与长子严璩书》，《严复集》，第 780 页。

"无实"①,导致这一"位育之道"却无法在中国实现,以致中西交冲屡战屡败。与此相反,西学的特征恰恰在于"驯实"且自成周密系统,须循序渐进方能一窥堂奥——"及其既通,则八面受敌,无施不可"。这恰恰暗合传统儒家通过"格物致知"达到"修齐治平"、通过"治学"达到"治政"这一"圣王之道"的路径认知。因此严复对于西学与中学相比"不可同日而语"的价值再三致意,亦显示在他的思想世界之中,西学已经超越传统知识谱系与价值系统,成为形塑新世界观的一份"真实事业"。

二、问道:"由今之道,无变今之俗"

1895 年 2 月至 5 月,严复在天津《直报》上相继发表《论世变之亟》《原强》《辟韩》《原强续篇》《救亡决论》等多篇文章。在这一系列重要论述之中,对于"传统之道"的忧虑以及对于"因应之道"的追问,共同构成了他思考近代中国"由道变俗"的问题以及重构世界观的起点。值得注意的是,就在此前一年(1894),赫胥黎(Thomas H. Huxley)的 *Evolution and Ethics*(《进化与伦理》)刚刚在英国出版。而从 1896 年开始,严复即着手翻译此书,并于 1898 年推出风行全国的中译本《天演论》。显然,天津《直报》系列论文的运思与几乎同时进行的《天演论》翻译,二者具有相当密切的互动关系,并且共同形塑了严复在晚清思想舞台上独具个性的思维特质、学理形态与表述方式。

在严复笔下,中西方文明发展进程中的四个重大时刻,构成了

---

① 严复:《救亡决论》,《严复集》,第 43 页。

全球化图景当中，他确认近代中国历史定位的坐标。就中国而言，分别是"自秦以来"与"道咸以降"——前者认为，"今日之世变，盖自秦以来未有若斯之亟"，意即大一统中央集权建立两千余年以来，皆未尝经历如此巨变。因此，19世纪末期的中国面对的"世变之亟"，不再是数千年传统之内的王朝更迭，而是传统之外更为深刻的文明冲突；后者指出，"道咸以降"，虽然国门渐开、洋务日兴，然而由于士大夫"自怙其私"，以致中国变革图强无法纵深推进，遂有今日"亡国灭种、四分五裂"之祸①。与此相对，在西方世界则分别是"二百年来"与"五十年来"的蒸蒸日上——前者指出，"二百年来，西洋测算格物之学大行，制作之精，实为亘古所未有。民生日用，殆无往而不用其机"。②后者表明，西洋文明发展突飞猛进，并未囿于技术一途。"五十年来"，西方人努力追求"近之可以保身治生"和"远之利民经国"之道③，最终国力大增、雄霸全球。

　　不仅如此，从历史发展的长时段来看，严复注意到，历代中原王朝与周边异族的抗衡，无论前者的"有法"（文教秩序）还是后者的"无法"（游牧骑射），最终均归结为儒家政教秩序的一统天下。然而，19世纪中叶以来中国所面对的泰西诸国，却与往日之周边异族不可同日而语——"彼西洋者，无法与法并用而皆有以胜我者也"："自其自由平等观之，则捐忌讳，去烦苛，决壅蔽，人人得以行其意，申其言，上下之势不相悬，君不甚尊，民不甚贱，而联若一体者，是无法之胜也。自其官工商贾章程明备观之，则人知其职，不督而办，

① 严复：《论世变之亟》，《严复集》，第1页以及第3页。
② 严复：《原强修订稿》，《严复集》，第24页。
③ 严复：《原强》，《严复集》，第5页。

事至纤悉，莫不备举，进退作息，未或失节，无间远迩，朝令夕改，
而人不以为烦，则是以有法胜也。"①

　　"无法与法皆有以胜我"，意味着中国的对手方不但主宰了这一
"世变"，而且通过中西之间的全面对抗，足以确证西洋诸国在国民素
质与政治制度方面远超中国。因此，严复指出："尝谓中西事理，其
最不同而断乎不可合者，莫大于中之人好古而忽今，西之人力今以胜
古；中之人以一治一乱、一盛一衰为天行人事之自然，西之人以日进
无疆，既盛不可复衰，既治不可复乱，为学术政化之极则。"② 可以说，
严复这一系列判断与描述，极大地瓦解了儒家往圣先贤的神魅形象与
儒家经典应对"世变"的有效性。同时，这些文字也反向呈现出超越
中国人数千年想象之外的西方文明的新形象，带给中国朝野各界巨大
震撼。

　　面对中西双方在历史尺度对照中的巨大落差，严复认为，西方
富强的"命脉"，不在于当日中国醉心洋务人士所声称的"善会计"
或是"擅机巧"，也不完全等同于"汽机兵械"与"天算格致"，而在
于"业无论兵、农、工、商，治无论家、国、天下，蔑一事焉不资于
学。锡彭塞《劝学篇》尝言之矣。继今以往，将皆视物理之明昧，为
人事之废兴"③。与此相反，中国"四千年文物，九万里中原，所以至
于斯极者，其教化学术非也"④。可见，在严复看来，列强船坚炮利与
殖民扩张的背后，贯穿的是精深务实的学术体系与严谨系统的科学公
理。因此，是学术教化而非技术至上的新世界观，才是西方富强的根

---

① 严复:《原强》,《严复集》, 第 11 页。
② 严复:《论世变之亟》,《严复集》, 第 1 页。
③ 严复:《救亡决论》,《严复集》, 第 48 页。
④ 严复:《救亡决论》,《严复集》, 第 53 页。

基。由此出发，西方列强走向富强的"道"乃是"于学术则黜伪而崇真，于刑政则屈私以为公"①。

这一理解，直接构成严复对于 19 世纪 60 年代以来洋务运动的批判与省思。他不惜笔墨，进一步阐述何谓西人之"学"：

"夫西学亦人事耳，非鬼神之事也。既为人事，则无论智愚之民，其日用常行，皆有以暗合道妙；其仰观俯察，亦皆宜略见端倪。第不知即物穷理，则由之而不知其道；不求至乎其极，则知矣而不得其通。语焉不详，择焉不精，散见错出，皆非成体之学而已矣。今夫学之为言，探赜索隐，合异离同，道通为一之事也。是故西人举一端而号之曰'学'者，至不苟之事也。必其部居群分，层累枝叶，确乎可证，涣然大同，无一语游移，无一事违反；藏之于心则成理，施之于事则为术；首尾赅备，因应厘然，夫而后得谓之为'学'。"②

其中，"第不知即物穷理，则由之而不知其道；不求至乎其极，则知矣而不得其通"一语，最能看出严复对于西方文明的深刻理解。他在另一处的表述则更明确："一理之明，一法之立，必验之物物事事而皆然，而后定之为不易。其所验也贵多，故博大；其收效也必恒，故悠久；其究极也，必道通为一，左右逢原，故高明"③。显然，在严复心目中，西方"理法"的正当性，不再源自具有超越性的价值世界与圣人的垂训，而是源自通过充分的个案检验，依据归纳与演绎的分析方法，最终形成一套可供证伪的世俗化的科学体系。通过"即物穷理"（学术行为），才能明白何为西方之"道"。另一方面，将"即物

---

① 严复：《论世变之亟》，《严复集》，第 2 页。
② 严复：《救亡决论》，《严复集》，第 52 页。
③ 严复：《救亡决论》，《严复集》，第 45 页。

穷理"推向极致，西方"日用常行"的人事（政治）也可以如中国儒家传统一样，实现"暗合道妙"的"极高明"（《中庸》）的境界——此所谓"道通为一，左右逢源"。

饶有意味的是，严复指出，前述西方文明在"学术"与"刑政"上的黜伪崇真与屈私为公，"与中国理道初无异也。顾彼行之而常通，吾行之而常病者,则自由不自由异耳"[1]。他举斯宾塞的"群学"为例，试图确证中西之"道"在去伪存真的学术品格以及由此推演而成的合乎公义的社会制度方面，具有相当一致的"态度同一性"与"实践同一性"——即从"格物致知"通向"修齐治平"的"吾道一以贯之"。因此，他认为"群学"在学理上虽属于西学一脉，但"约其所论，其节目支条，与吾《大学》所谓诚正修齐治平之事有不期而合者，第《大学》引而未发，语而不详"。至于斯宾塞的著述，"则精深微妙，繁富奥衍。其持一理论一事也，必根柢物理，征引人事，推其端于至真之原，究其极于不遁之效而后已。于一国盛衰强弱之故，民德醇漓翕散之由，尤为三致意焉"[2]。

可见，西方文明完全具备足以"通于一"的"道"。既然中西各有其"道"且西方之"道"在世界竞争之中频频胜出，带来的思想后果必然是传统儒家之"道"的空间缩减与价值衰减[3]。所以，严复语气激烈地重申"由今之道，无变今之俗"的看法："知此，则知中国由

---

[1] 严复:《论世变之亟》,《严复集》,第 2 页。

[2] 严复:《原强》,《严复集》,第 6 页。

[3] 罗志田认为，中国之"道"本是普适于天下即全人类，既然西方自有其"道"，则中国之"道"也就成为中西学区分下的一个区域成分。随着西学的确立，传统中国之道被正式"空间化"并有"过时"之嫌。参见罗志田:《近代中国"道"的转化》,《近代史研究》2014 年第 6 期，第 9 页以及《由器变道：补论近代中国的"天变"》,《探索与争鸣》2018 年第 8 期，第 121 页。

今之道，无变今之俗，欲求不亡之必无幸矣。盖欲救中国之亡，则虽尧、舜、周、孔生今，舍班孟坚所谓通知外国事者，其道莫由。而欲通知外国事，则舍西学洋文不可，舍格致亦不可。"①从这一几乎全盘否弃中国之"道"，而决意以西方之"道"取而代之的表述，可以想见当日严复对于传统世界观失望之深。

在 1896 年 10 月写给梁启超的信中，严复回顾了上述《直报》系列文章的写作心路，乃在于"本之格致新理，溯源竟委，发明富强之事，造端于民，以智、德、力三者为根本……故其为论，首明强弱兼并乃天行之必至而无可逃，次指中国之民智、德、力三者已窳之实迹……然则中国由今之道，无变今之俗，存亡之数，不待再计而可知矣。是以今日之政，于除旧，宜去其害民之智、德、力者；于布新，宜立其益民之智、德、力者。以此为经，而以格致所得之实理真知为纬。"②他对于"中国由今之道，无变今之俗"的状况再次叹惋。因此，在天津《直报》的系列文章当中，严复通过对"中西事理"的比较分析，开始介绍达尔文（Charles Darwin）的学说、斯宾塞的"群学"理论以及以名、数、质、力为核心的西方自然科学与自由民主的政治制度，以此寻求中国救亡图强的新路。在他看来，只有通过现代西方的"格致新理，溯源竟委"求得"实理真知"，从而促进国人智、德、力的全面发展，才是中国摆脱危亡、实现富强的正道，即所谓"天下理之最明而势所必至者"③。

---

① 严复：《救亡决论》，《严复集》，第 45 页。
② 严复：《与梁启超书》（1896 年 10 月），《严复集》，第 514 页。
③ 严复：《救亡决论》，《严复集》，第 40 页。

三、证道：“天行人治，同归天演”的世界观

随着严复翻译的赫胥黎（Thomas Henry Huxley）《天演论》在
1898 年出版并风行全国，19 世纪末至 20 世纪的中国，逐渐进入由
“天演论”所主导的“物竞天择至剧至烈之时”①。以“自强保种”为核
心的民族主义和鼓吹“物竞天择，适者生存”的竞争观念，开始成为
影响近代中国人的核心理念。关于《天演论》以及严复进化思想的研
究，学界成果斐然。本节尝试指出，作为西方近代科学思想中的重要
观念，“天演”（进化）在严复的思想世界中并非凭空而至，而是与他
自青年时代以来，持之以恒地对于中西文明之“道”的比较思考与学
理探索密切相关。

1896 年 8 月 18 日，就在翻译《天演论》期间，严复在写给汪康
年的信中自陈心迹：“曩在欧洲，见往有一二人著书立论于幽仄无人
之隅，逮一出问世，则一时学术政教为之斐变。此非取天下之耳目知
识而劫持之也，道在有以摧陷廓清、力破余地已耳。”②通过“著书立
论”的学术深耕改变“学术政教”，而非实用主义式地获取肤浅的“耳
目知识”，最能折射此时严复的胸怀与抱负。因此，需要追问的是，
严复如何将充满内在张力的“天演”理念，整合到 19 世纪末期世界

---

① 黄遵宪：《驳革命书》，《新民丛报》第 24 期（1903 年 1 月 13 日），转引自张枬、
王忍之编：《辛亥革命前十年时论选集》第一卷上册，北京：三联书店，1960 年，
第 334 页。实际上，1873 年 8 月 21 日，《申报》已经报道了英国博物学家达
尔文的进化理论，不过此文叙述过于粗略而且使用“性情”“血气”等词汇描
述人的要素，晦涩难懂，故影响甚微。张仲礼：《上海城市研究》，上海：上海
人民出版社，1990 年，第 1034—1035 页。
② 严复：《与汪康年书》（1896 年 8 月 18 日），《严复集》，第 505 页。

观转型的视野之中？"天演"理念又将如何形塑严复对于国民道德与
政治正当性与的理解与认知？

1. 名理公例："执其例可以御蕃变"

如前所述，自清代中叶以来，面对中外时势的剧变，儒家思想
传统的内在转型已经多元展开。其中，今文学者通过"三统""三世"
的论述框架，并始以历史演进而非循环论的思路，探讨"理势互动"
等深刻影响晚清思想界的重大议题。康有为对《春秋公羊传》当中的
"据乱世""升平世"与"太平世"的独特解读，彰显其"变法改制"
的现实政见，并企图以此推动"合国、合种、合教一统地球"的宏大
愿景①。这种《春秋》进步观让康有为将孔子视为"创教改制"并
掌握历史演进之道的"素王"。他认为，由于刘歆作伪，通过孔子"所
制之礼"来重塑"礼制"（典章制度）的进程随之夭折。因此，康有
为在19世纪末期的变法热情，"不仅仅是缘于将中国制度带回到与时
和睦的状态之中"，"还想为'道'和历史敞开大门，从而使之再度运
行"——以今日研究者的后见之明来看，康有为建立起一种"由圣人
或圣人之力推动进化的前达尔文主义学说"②。

然而，此时严复的看法与康有为却颇为不同。他对于后者笔下
的"孔子之道"态度冷淡："今人意中之孔子，乃假设之平圣人，而
非当时之真孔子。"③严复明确指出，当前全球范围的数千年未有之巨
变，是包括中国圣人在内也"无所为力"且无法自外的"运会"④——

---

① 康有为：《我史》，北京：中国人民大学出版社，2011年，第16页。
② 浦嘉珉：《中国与达尔文》，钟永强译，南京：江苏人民出版社，2008年，第
　　43—44页。
③ 严复：《救亡决论》，《严复集》，第51页。
④ 严复：《论世变之亟》，《严复集》，第1页。

"不特为祖宗所不及知，且为圣智所不及料"①，故中国只能在"运会"中适应求存而无从逃避②。这是世界观一次巨大而深远的变化。从此，对于"道"的"变"与"不变"的重新理解，开始形塑严复对于"天演"世界观的全面理解：

"然则，天变地变，所不变者，独道而已。虽然，道固有其不变者，又非俗儒之所谓道也。请言不变之道：有实而无夫处者宇，有长而无本剽者宙；三角所区，必齐两矩；五点布位，定一割锥，此自无始来不变者也。两间内质，无有成亏；六合中力，不经增减，此自造物来不变者也。能自存者资长养于外物，能遗种者必爱护其所生。必为我自由，而后有以厚生进化；必兼爱克己，而后有所和群利安，此自有生物生人来不变者也。此所以为不变之道也。若夫君臣之相治，刑礼之为防，政俗之所成，文字之所教，吾儒所号为治道人道，尊天柱而立地维者，皆譬诸夏葛冬裘，因时为制，目为不变，去道远矣！第变者甚渐极微，固习拘虚，末由得觉，遂忘其变，信为恒然；更不能与时推移，进而弥上；甚且生今反古，则古昔而称先王，有若古之治断非后世之治所可及者，而不知其非事实也。"③

可见，严复强调的"道"的"不变"包含两个层面的内容，一是基于"实事实理"之上的自然科学常识与公理，二是基于对诸如"自由""兼爱"等人性尊重与认可的人之常识。而"可变"的内容，则是中国自古以来"信为恒然"实际上无法"与时推移"的政治秩序。

---

① 严复：《救亡决论》，《严复集》，第51页。
② 据统计，19世纪后谈论时局者不下81人，而引用"运会说"以解释当前变局者又不下22人，严复均名列其中。王尔敏：《中国近代思想史论》，台北：商务印书馆，1995年，第433—434页。
③ 严复：《救亡决论》，《严复集》，第51页。

所以，他在《天演论》的自序中特别指出："近二百年，欧洲学术之盛，远迈古初。其所得以为名理公例者，在在见极，不可复摇。……夫西学之最为切实而执其例可以御蕃变者，名、数、质、力四者之学是已。"严复以此类比儒家经典《易经》与《春秋》："及观西人名学，则见其于格物致知之事，有内籀之术焉，有外籀之术焉。内籀云者，察其曲而知其全者也，执其微以会其通者也。外籀云者，据公理以断众事者也，设定数以逆未然者也。乃推卷起曰：有是哉，是固吾《易》《春秋》之学也。"

在严复心目中，《春秋》和《易经》固有的重要性，在于司马迁所谓："《易》本隐而之显。《春秋》推见至隐。"他认为，"始吾以谓本隐之显者，观《象》《系辞》以定吉凶而已；推见至隐者，诛意褒贬而已"[1]。然而，随着严复对于"道"的重新阐发，使得"道"已经超越传统儒家之道的范畴之外，承接的是 18 世纪以来理性主义与经验主义的学理之"道"——前者肯定人是最高智慧或终极智慧的概念，后者强调物质世界是基本的实在或者唯一的实在。严复所接受的现代世界的秩序，不再来源于超越和神秘世界，而是根据自然物质的构成形式，凭借人类的理性和经验的能力就足以认识[2]。

这构成了现代世界之中关于"执其例可以御蕃变"新的理解。在《天演论》当中，赫胥黎如是说："凡兹运行之理，乃化机所以不息之精。苟能静观，随在可察。小之极于跂行倒生，大之放乎日星天地；隐之则神思智识之所以圣狂，显之则政俗文章之所以沿革。言其

---

① 严复：《天演论·自序》，《严复集》，第 1320 页。
② 塔纳斯：《西方思想史》，吴象婴、晏可佳、张广勇译，上海：上海社会科学院出版社，2007 年，第 316—317 页。

要道，皆可一言蔽之，曰：天演是已。此其说滥觞隆古，而大畅于近
五十年。盖格致学精，时时可加实测故也。"[1] 从此，在严复笔下，《易
经》"定吉凶"和《春秋》"意褒贬"的道德评价所蕴含的神圣性、超
越性与内在价值的相关性已经瓦解。司马迁对于《易经》与《春秋》
的赞颂，反向蜕变为"天演"世界观之下科学话语和知识谱系的注
脚："迁所谓本隐之显者，外籀也；所谓推见至隐者，内籀也。其言
若诏之矣。二者即物穷理之最要涂术也。"[2]

1898 年 8 月，严复在北京通艺学堂作《西学门径功用》的演讲
之时，再度详论作为"格物穷理之涂术"的"内导"（归纳）和"外
导"（演绎）的方法，认为"此二者不是学人所独用，乃人人自有生
之初所同用者，用之，而后智识日辟者也"[3]。就在同一年出版的《天
演论》按语中，他谈到："古者以人类为首出庶物，肖天而生，与万
物绝异。自达尔文出，知人为天演中一境，且演且进，来者方将，而
教宗抟土之说，必不可信。"[4] 这些表述共同以更为明确的方式，呈现
出严复思想当中两个重要议题：第一，"智识日辟"是人类运用天赋
理性，改造世界与自身的必然结果。因此，世界观的重构必须建立在
以归纳、演绎为方法论和认识论的科学公理的基础之上。这一结论既
否定了"天理"世界观之下传统儒家经典的神圣价值，也批判了传统
中国社会对于人的理性能力的抑制。严复确信，必须以超越传统世界
观的思路，重建现代政治与道德的合法性依据。第二，接受"且演且
进"的历史观，从而将未来而非过去视为"理想之世"的目标。在新

---

① 严复：《天演论·导言二广义》，《严复集》，第 1326 页。
② 严复：《天演论·自序》，《严复集》，第 1320 页。
③ 严复：《西学门径功用》（1898 年 9 月 22—23 日《国闻报》），《严复集》，第 94 页。
④ 严复：《天演论·导言一察变》，《严复集》，第 1325 页。

的历史意识的支配之下，这一思考与严复对于充分发挥人的自由与理性的呼吁相互配合，既瓦解了"天理"世界观对于上古三代的美好想象，又将中国的历史进程纳入与西方诸国共同的轨道。从此，时间上的差别转变为价值判断的不同和理性选择的不同，19世纪中叶以来的"中西之争"，亦由此演化为"新旧之争"与"古今之争"。[①]

2."任天为治"与"以人持天"的道德张力

到19世纪90年代，随着中西之间商战与学战的扩张，在中国的朝野认知当中，"争的观念因西潮而显，亦由西潮为之正名"[②]，更为以竞争成败确认文明优劣的思潮提供了社会语境。在传统中国世界观转型与重构的历史时期，相较于康有为通过"实理公法"，初步奠定"公理""公法""公例"等世俗化理念，严复将自己对于中国政治、道德、社会的反思与建立在西方科学立场之上的"天演"世界观密切联系，从而更为彻底地冲击了传统儒家的天理世界观，也有力地回应了衰亡中国如何"寻求富强"的历史性焦虑：

"虽然，天运变矣，而有不变者行乎其中。不变惟何？是名天演。以天演为体，而其用有二：曰物竞，曰天择。此万物莫不然，而于有生之类为尤著。物竞者，物争自存也。以一物以与物物争，或存或亡，而其效则归于天择。天择者，物争焉而独存。则其存也，必有其所以存，必其所得于天之分，自致一己之能，与其所遭值之时与地，及凡周身以外之物力，有其相谋相剂者焉。夫而后独免于亡，而足以自立也。而自其效观之，若是物特为天之所厚而择焉以存也者，夫是之谓

① 杨国强：《近代中国的两个观念及其通贯百年的历史因果》，《学术月刊》2012年第44卷9月号。
② 罗志田：《变动时代的文化履迹》，上海：复旦大学出版社，2010年，第9—15页

天择。天择者，择于自然，虽择而莫之择，犹物竞之无所争，而实天下之至争也。斯宾塞尔曰：'天择者，存其最宜者也。'夫物既争存矣，而天又从其争之后而择之，一争一择，而变化之事出矣。"[①]

　　如科学史家所言，现代科学革命与平行的历史发展紧密联系，人们倾向于通过时代变迁展望存在和发展的世界[②]。"物竞天择"之说从达尔文的自然史观（1859 年《物种起源》出版）肇端，"承认自然的不间断的、不可预言的变化、竞争和进化。达尔文学说促进了科学革命的世俗化影响，造成了科学革命与传统的犹太教—基督教观点妥协的瓦解。……人类有意被安排在创造的神圣的顶点和天地万物的中心"[③]。随后，进化理论即被斯宾塞"宗其理而大阐人伦之理，帜其学曰'群学'"（1873 年《社会学研究》出版）[④]。柯林武德（Robin George Collingwood）曾把 19 世纪的这一思想趋势，评价为"得自进化论的自然主义并被时代倾向强加给历史学"的产物[⑤]。因此，作为自然主义"进化史观"反对者的赫胥黎一再强调，人类历史（伦理道德）与自然进化（物质宇宙）所依据的原则的不同与背反——"社会的伦理进展并不依靠模仿宇宙过程，更不在于逃避它，而是在于同它作斗争"[⑥]。

① 严复：《天演论·导言一察变》，《严复集》，第 1324 页。
② Herbert Butterfield: *The Origins of Modern Science*，New York：Free Press，1997，p.225.
③ 塔纳斯：《西方思想史》，第 319 页。
④ 严复：《原强》，《严复集》，第 6 页。
⑤ 柯林武德：《历史的观念》，张文杰、何兆武译，北京：中国社会科学出版社，1986 年，第 164 页。
⑥ 赫胥黎：《进化论与伦理学》，《进化论与伦理学》翻译组译，北京：科学出版社，1971 年，第 57—58 页。

在 19 世纪世界历史的图景之中，斯宾塞和赫胥黎关注的是西方社会内部的生存斗争和伦理，而严复面对的则是中国如何在殖民主义的世界氛围当中确定生存权利的方式[①]。所以，桐城派古文家吴汝纶在为严译《天演论》所作序言中称："盖谓赫胥黎氏以人持天，以人治之日新，卫其种族之说，其义富，其辞危，使读焉者怵焉知变，于国论殆有助乎？"[②]19 世纪 90 年代，当严复在翻译赫胥黎所著《天演论》之时，已经清晰地洞察到赫胥黎与斯宾塞之间的矛盾："赫胥黎氏此书之旨，本以救斯宾塞任天为治之末流，其中所论，与吾古人有甚合者。且于自强保种之事，反复三致意焉。"[③]随后他又说："斯宾塞、赫胥黎二家言治之殊，可以见矣。斯宾塞氏之言治也，大旨存于任天，而人事为之辅，犹黄老之明白然，而不忘在宥是已。赫胥黎氏他所著录，亦什九主任天之说者，独于此书，非之加此。盖为持前说而过者设也。"[④]严复将斯宾塞的"任天为治"与庄子无为而治、顺应自然的态度相比拟。同时，他又自觉地将赫胥黎的观点视为"与吾古人有甚合者"，意指荀子、刘禹锡、柳宗元等人"制天命而用之"的态度与之若合符契——在尊重自然选择之外，强调人力对于自然过程的积极干预。

严复认为，赫胥黎与斯宾塞分享了"物竞天择"的理念共识，并且坚信一国欲自强保种，则舍此无由。但斯宾塞的"物竞天择"观，

---

① 汪晖：《现代中国思想的兴起》，北京：三联书店，2006 年，第 845 页。

② 吴汝纶：《天演论·吴序》，《严复集》，第 1318 页。

③ 严复：《天演论·自序》，《严复集》，第 1320 页。

④ 严复：《天演论·导言五互争》，《严复集》，第 1334 页。根据郭庆藩《庄子》注疏："宥，宽也。在，自在也。""宥使自在则治，治之则乱也。"又称："闻诸贤圣任物，自在宽宥，即天下清谧；若立教以驭苍生，物失其性，如伯乐治马也"。郭庆藩：《庄子集释卷四下·外篇在宥第十一》，北京：中华书局，1962 年，第 364 页。

极可能引发"任天为治"的泛滥无归。这必然导致将人类社会的发展，等同于被动接受自然进化的过程，无视人作为道德主体的存在及其与自然对抗的努力。因此，以强弱利害界分优劣的后果，是"势之长则是理之消"——当"物竞天择""优胜劣败"之势日播日远，当强权、争斗与追逐私利的道德价值获得肯定，并且认可"强大"国家、"优等"种族与个人将由此产生，其冲刷和汩没的必然是传统的善恶之理与是非之理①。

严复当日的价值抉择与内心忧虑并非杞人忧天②。对此，同时代的孙宝瑄在阅读《天演论》之后同样心有戚戚："《天演论》宗旨，要在以人胜天。世儒多以欲属人，而理属天，彼独以欲属天，以理属人。以为治化日进，格致日明，于是人力可以阻天行之虐，而群学乃益昌大矣。否则，任天而动，不加人力，则世界终。古争强弱，不争是非，为野蛮之天下。"③面对"任天而动"的汹汹之势，孙宝瑄的立论点在

---

① 杨国强：《晚清的清流与名士》，《晚清的士人与世相》，北京：三联书店，2008 年，第 276 页。面对达尔文主义的兴起，欧洲人的内心存在相当复杂的关于宗教、进步和道德的不安定感（insecurity）："一些人渴望迎来一个新的、更高等的道德，一些人却畏惧道德标准的彻底毁灭"。Richard Hofstadter, *Social Darwinism in American Thought*, p.85.

② 1889 年，李鸿章为春季特科所命的题目，即要求参赛者解释达尔文和斯宾塞的著作。其中第四名钟天纬的文章已涉及对于"天道自然之理"与"天择"的讨论。他主张将西方的科学技术纳入中国的教学内容，实现道与艺的统一。这一看法比严复根据《进化与伦理》翻译的《天演论》约早 10 年。艾尔曼认为，"它对达尔文略显早熟的分析表明，中国文人有可能拒绝接受基督教版的现代科学，而这一过程的真正开始是甲午中日战争之后的事。——甲午中日战争之后，中国的文人很快地转向明治时代的日本，寻求现代科学的最新发展趋势"。本杰明·艾尔曼（Benjamin A Elman）：《科学在中国，1550—1900》，原祖杰等译，北京：中国人民大学出版社，2016 年，第 434—435 页。

③ 孙宝瑄：《忘山庐日记》上册，上海：上海古籍出版社，1983 年，第 155 页。

于以"人力阻天行之虐",展现的是儒家天理世界观主导的道德自觉与人文主张。他依据心目中的"天演"之说,提出以"力""智""仁"划分"争存之说"的等级,并以此作为"三世"演化的道德标准:"天演家有争存之说,故今之持论者多以争为人之美德。曰不争则治化不进,聪明不开。又谓世无大同,大同则平等,平等则无争,无争则世界毁于平散力矣。余曰不然。争有三等:争力、争智、争仁。争也者,求免也,前进也。据乱之世,争力求免于弱,进以强也。小康之世,争智求免于愚,进以慧也。大同之世,争仁求免于私,进以公也。争之极,归于无争,何散力之有焉!且争者,与贪得而行动者异也,图存以自立而已。据乱世,惟强者存,故争于强;小康之时,惟智者存,故争于智;大同之时,惟仁者存,故争于仁。"① 可见,严复译述赫胥黎的《天演论》之意图与其对于读者的实际影响相当契合,即重在将伦理原则介入宇宙过程之中,实现对"任天为治"之"末流"的矫正与纠偏。这回应了后世思想史家(如史华慈)提出的疑问,即严复成为社会达尔文主义者主要受到斯宾塞的影响,为何翻译的却是赫胥黎的著作?② 从这一点上看,严复对于斯宾塞保持了"选择性的钦佩",是一名信奉"社会达尔文主义所蕴含的伦理原则的社会达尔文主义者"③。

进而言之,严复对于"天行"与"人治"之间道德冲突的敏锐觉察,也显示出虽然他努力实现中西思想之间的"道通为一",但两种世界观之间的角力与纠缠清晰可见。一方面,19 世纪以来的西方

---

① 孙宝瑄:《忘山庐日记》上册,第 158—159 页。
② Benjamin I. Schwartz, *In Search of Wealth and Power: Yen Fu and the West,* Cambridge.: Harvard University Press, 1979, p.101.
③ 浦嘉珉:《中国与达尔文》,第 155—157 页。

进化思想不是匀质整体，而是因时、因势、因人而不断变幻的变量。另一方面，严复在接纳新知的过程中，对标虽是外在的西学，参照系却是内在于传统的中学。因此，对他而言，中西思想之间的折冲与调适必为常态。因此，他既要为中国的自强保种建立新的世界观与知识谱系，又无法彻底放弃儒家天理世界观当中超越性的价值追求。所以，严复认可吴汝纶关于"天行人治，同归天演"的调和式表述："天演者，西国格物家言也。其学以天择、物竞二义，综万汇之本原，考动植之番耗。言治者取焉。因物变递嬗，深研乎质力聚散之几，推极乎古今万国盛衰兴坏之由，而大归以任天为治。赫胥黎氏起而尽变故说，以为天不可独任，要贵以人持天。以人持天，必究极乎天赋之能，使人治日即乎新，而后其国永存，而种族赖以不坠，是之谓与天争胜。而人之争天而胜天者，又皆天事之所苞。是故天行人治，同归天演……凡赫胥黎氏之道具如此，斯以信美矣。"[1]

从此，在严复的笔下，"任天为治"与"以人持天"就不再是一个关于事实与价值、实然与应然二元对立的"现代叙事"，而是因统摄于"天演"世界观之下而获得耐人寻味的平衡。严复认为，理学的"格物致知"之所以能从具体的物理而推出性理，并最终抵达天理，是和它接受了易学宇宙论那种把"天道"与"人事"相关联的论述方式无法分开的。正是在易学宇宙论的框架之下，严复把"进化"的概念纳入"天演"的范畴，并将归纳（内籀）和推理（外籀）的科学方法与周易的象数之学关联起来[2]。这与赫胥黎在《天演论》的卒章显

---

① 吴汝纶：《天演论·吴序》，《严复集》，第 1317 页。
② 汪晖：《现代中国思想的兴起》，第 852 页。研究表明，严复译述《天演论》之时，讨论宇宙观与认识论时引证《易传》、老庄论述、《中庸》等著作为多；讨论学术方法与为学目标时，引用《大学》《中庸》、老庄与朱子的论述居多。另外，

志，实有桴鼓相应之处：

"此其蔽无他，坐不知人治、天行二者之绝非同物而已。前论反复，不惮冗烦。假吾言有可信者存，则此任天之治为何等治乎？嗟乎！今者欲治道之有功，非与天争胜焉，固不可也。法天行者非也，而避天行者亦非。夫曰与天争胜云者，非谓逆天拂性，而为不祥不顺者也。道在尽物之性，而知所以转害而为功。"①

因此，从自然层面看，"天演"世界观表达了接受科学公理并将其作为创造理想政治与社会规范"公例通理"，从而形成科学方法与宇宙法则的密切关联；而从道德层面看，严复的"天演"世界观依然延续儒家"天理"世界观的伦理内涵与超越面向，同时也发展出以人文主义的视野理解"质、力、名、数之学"的形式，从而实现"农商工兵、语言文学之间，皆可以天演明其消息"②。

3."顺乎天演，郅治终成"：言治与教民

1896年8月26日，吴汝纶在写给严复的信中，指出《天演论》所示"外国格致家谓顺乎天演，则郅治终成。赫胥黎又谓，不讲治

他较常引用的还包括宋明理学、《孟子》与佛学，较特殊的则包括星命家论述。参见吴展良：《严复〈天演论〉作意与内涵新诠》，《台大历史学报》1999年第24期，第160页。

① 严复：《天演论·论十七进化》，《严复集》，第1396页。在严复的用语中，"天演"与"进化"有不同的含义。"天演"即英文的evolution，统称自然与社会的变化，包含"天行""人治"两股力量及"物竞""天择""人择"等机制，也包括"善演"与"恶演"导致的不同结果。"进化"即英文的progress，与"退化"相对，指"近乎化""进于治"或"开化"，亦即人类社会进步到文明、教化与治理之良好状态。参见黄克武：《何谓天演？严复"天演之学"的内涵与意义》，《"中央研究院"近代史研究所集刊》，2014年第85期，第159页。

② 严复：《天演论·导言二广义》，《严复集》，第1328页。

功，则人道不立，此其资益于自强之治者，诚深诚邃"①。吴汝纶相信，
"顺乎天演"才能实现"郅治"，进而渴望通过"治功"与"人道"实
现"自强之治"。这应是当日多数《天演论》读者的阅读体验与现实
期待。不到一年，他在信中再次表达对于严复立场的"同情之理解"：
"抑执事之译此书，盖伤吾土之不竞，惧炎黄数千年之种族，将遂无
以自存，而惕惕焉欲进之以人治也。本执事忠愤所发，特借赫胥黎之
书，用为主文谲谏之资而已。"②

吴汝纶的知己话语，高度切合严复此时的复杂心绪。半年多以
后，当《天演论》即将正式出版，严复向这位古文大家求序，并在信
中直斥中国人心因两千年"尊主卑民之治"，以至于"任恤与保爱同
种之风扫地无余"。他语气沉重地向吴汝纶表示："三百年以往中国之
所固有而所望以徐而修明者孑遗耗矣。岂不痛哉！岂不痛哉！此抑为
复所过虑，或经物竞天择之后，吾之善与真者自存，且有以大裨西治，
未可知也。复每念此言，尝中夜起而大哭，嗟乎！谁其知之，姑为先
生发此愤悱而已。"③

可见，"天演"世界观作为一个整全性的观念系统，不仅凝聚了
严复对于中西文明之间"道通为一"的深湛之思，而且急切因应着
19世纪末期中国面临的"物竞天择"的世界变局与时代需求。对于
近代中国救亡保种的历史变革而言，这一世界观转型既带来伦理价值
上的矛盾与张力，也伴随严复心目之中国家与国民（群）的政治改造
与社会重构。

① 吴汝纶：《吴汝纶致严复书一》，《严复集》，第1560页。
② 吴汝纶：《吴汝纶致严复书二》，《严复集》，第1560页。
③ 严复：《与吴汝纶书一》，《严复集》，第521页。

其实，甲午海战中国兵败之后，严复在前述天津《直报》的系列论文当中，已经展开对于中国政治的批判。概而言之，传统中国的政治正当性包含双重意涵：一是源于具有超越价值的"天道"，二是基于世俗的"民意"。两者内在相通，均遵循具有超越性的儒家德性原则①。然而，严复引介的"天演"世界观，提供的却是一套超越天道与天理的世俗化尺度。这使得政治正当性的证成依据，从此落到世俗历史与个人的自由意志之上。严复指出，中国政治之所以呈现"一治一乱，一盛一衰"的循环，因"中国名为用儒者，三千年于兹矣，乃徒成就此相攻、相感、不相得之民，一旦外患忽至，则糜烂废瘵不相保持。其究也，且无以自存，无以遗种，则其道奚贵焉？"②他甚至认为，"此其受病至深，决非一二补偏救弊之为，如讲武、理财所能有济。盖亦反其本而图其渐而已矣！否则，智卑德漓，奸缘政兴，虽日举百废无益也"③。

其中，"争自存"与"遗其种"，正是严复再三致意的达尔文《物类宗衍》（今译《物种起源》）的核心内容，也是其心目中检验一国政治社会良窳的新标准（"本"）。在"天演"世界观的裁量之下，传统中国政治制度的正当性遭遇深刻质疑。既然中国的政道已"不足贵"，那么变法图强之后的良善政治应该呈现何种样貌？严复认为，"道在去其害富害强，而日求其与民共治而已"④。显然，严复对于理想政治的期待，不仅有追求富强的国家目标，更有与民共治的民主参与。这

① 许纪霖等：《政治正当性的古今中西对话》，《政治思想史》2012年第1期以及许纪霖：《近代中国政治正当性的历史转型》，《学海》2007年第5期。
② 严复：《原强》，《严复集》，第14页。
③ 严复：《救亡决论》，《严复集》，第54页。
④ 严复：《辟韩》，《严复集》，第35页。

是他多年来在中西文明之间求其会通的思考结果。严复指出，"从事西学之后，平心察理，然后知中国从来政教之少是而多非。即吾圣人之精意微言，亦必既通西学之后，以归求反观，而后有以窥其精微，而服其为不可易也"[1]。

在严复看来，西方列强之所以能够走出中国式的治乱循环，因其政教秩序"一一皆本之学术；其为学术也，又一一求之实事实理，层累阶级，以造于至大至精之域，盖寡一事焉可坐论而不可起行者也。推求其故，盖彼以自由为体，以民主为用"[2]。严复认为，"中国理道与西法自由最相似者，曰恕，曰絜矩"。但是，"恕"与"絜矩之道"专就待人接物的交往尺度而言，而自由的价值却内在于独立个体。所以，"自由一言，真中国历古圣贤之所深畏，而从未尝立以为教者也。彼西人之言曰：唯天生民，各具赋畀，得自由者乃为全受。故人人各得自由，国国各得自由，第务令毋相侵损而已。侵人自由者，斯为逆天理，贼人道。其杀人伤人及盗蚀人财物，皆侵人自由之极致也。故侵人自由，虽国君不能，而其刑禁章条，要皆为此设耳"[3]。

因此，当自由与民主分别成为严复心目中理想政治之"体"与"用"，对于传统政治合法性的挑战，势必直接针对戕害自由民主的君权及其衍生的中国政治伦理——君臣之伦。严复在《辟韩》一文中，以唐代韩愈抨击佛道之说、重建儒家道统的《原道》一文作为辩论对象[4]。他追问的正是韩愈力主的中国政教秩序的"道之原"：

---

[1] 严复：《救亡决论》，《严复集》，第 49 页。
[2] 严复：《原强》，《严复集》，第 11 页。
[3] 严复：《论世变之亟》，《严复集》，第 2—3 页。
[4] 关于韩愈对于儒家道统的重建及其在文化思想史上地位，参见陈寅恪：《论韩愈》，《金明馆丛稿初编》，北京：三联书店，2001 年，第 319—332 页。

"夫自秦以来，为中国之君者，皆其尤强梗者也，最能欺夺者也。窃尝闻'道之大原出于天'矣。今韩子务尊其尤强梗，最能欺夺之一人，使安坐而出其唯所欲为之令，而使天下无数之民，各出其苦筋力、劳神虑者，以供其欲，少不如是焉则诛，天之意固如是乎？道之原又如是乎？"[①]

显然，随着作为传统儒家政治合法性基础的"天道"的瓦解，"民意"的权威开始转变为权力的来源。现代政治权力必须来自人民认可和授权，由此形成"民主"这一新的政治正当性的基础[②]。在严复看来，韩愈在《原道》之中深情赞颂古往今来的"圣王"，实则"如彼韩子，徒见秦以来之为君。秦以来之为君，正所谓大盗窃国者耳。国谁窃？转相窃之于民而已"[③]。究其实际，君主只是万民之一，甚至还可能因人性之恶与制度之恶沦为"窃国大盗"。"是故君也臣也，刑也兵也，皆缘卫民之事而后有也；而民之所以有待于卫者，以其有强梗欺夺患害也。有其强梗欺夺患害也者，化未进而民未尽善也。是故君也者，与天下之不善而同存，不与天下之善而对待也"[④]。因此，严复的立足点从君主转为民主，他眼中的"君臣之伦，盖出于不得已也！唯其不得已，故不足以为道之原"。"不得已"一语，既刻画出集权政治之下个人自由的压抑与侵夺，也反证君臣之伦实属"逆天理，贼人道"的政治体制，亟需变革[⑤]。

② 许纪霖：《家国天下：现代中国的个人、国家与世界认同》，上海：上海人民出版社，2017年，第152页。
③ 严复：《辟韩》，《严复集》，第35页。
④ 严复：《辟韩》，《严复集》，第34页。
⑤ 1897年4月，《时务报》第23册转载《辟韩》一文，张之洞"见之大怒"，命令亲信屠仁守撰文反驳，刊登于1897年6月《时务报》第30册上，篇名

通过运用达尔文、斯宾塞的理论并糅合孟子、老庄等中国传统学说，严复大力批判韩愈建立儒家道统的纲领文献——《原道》。同时，他又以追问"道之原"的方式，展开对于未来中国新道统的思考。这是他从政治意义上确信"由今之道，无变今之俗"的努力。严复开始自觉地在一种新颖却又复杂的知识谱系当中，思考"天演"世界观与国家及国民的关系。他说："第由是而观之，则及今而图自强，非标本并治焉，固不可也。不为其标，则无以救目前之溃败；不为其本，则虽治其标，而不久亦将自废。标者何？收大权、练军实，如俄国所为是已。至于其本，则亦于民智、民力、民德三者加之意而已。果使民智日开，民力日奋，民德日和，则上虽不治其标，而标将自立。……然则三者又以民智为最急也。是故富强者，不外利民之政也，而必自民之能自利始；能自利自能自由始；能自由自能自治始，能自治者，必其能恕、能用絜矩之道者也。"[1] 他通过"标/本"这一中国式的学术表述，传递出在"天演公例"之下国民为现代国家之根基的

_____

为《孝感屠梅君侍御辨辟韩书》。文中强调"君臣之伦"的重要性，反对严复提出的"变为民主之国"的观点。屠仁守说，"今辟韩者，溺于异学，纯任胸臆，义理则以是为非，文字则以辞害意。乖庚矛盾之端，不胜枚举"，批判严复抨击专制的言论与西化的主张。1897 年 8 月 23 日，严复在给五弟观衍的信中，提及"前者《时务报》有《辟韩》一篇，闻张广雅尚书见之大怒，其后自作《驳论》一篇，令屠墨君出名也，《时务报》已来谕交代矣"。严复《与五弟书》，《严复集》，第 733 页。屠仁守文转引自黄克武：《何谓天演？严复"天演之学"的内涵与意义》，《"中央研究院"近代史研究所集刊》2014 年第 85 期，第 139 页。不过，也有研究表明，《辟韩》一文实际反映的是严复对于李鸿章的批评与对张之洞的支持。而张之洞对于严复《辟韩》的批驳，主要为了堵塞守旧者之口，防止他们以此为由反对变法。参见王宪明：《解读〈辟韩〉——兼论戊戌时期严复与李鸿章张之洞之关系》，《历史研究》1999 年第 4 期，第 113—128 页。

[1] 严复：《原强》，《严复集》，第 14 页。

思想。培养具有德、智、力之能力的国民，才能让他们在充分自由的情况下实现国家富强。

与此同时，在译述《天演论》之时，严复在赫胥黎的论述刺激之下，不断完善对于"言治"与"治民"的看法。赫胥黎在《导言八乌托邦》中指出，以"人治"平衡"任天行之自然"的重要方式是学校教育："故欲郅治之隆，必于民力、民智、民德三者之中，求其本也。故又为之学校庠序焉。学校庠序之制善，而后智仁勇之民兴。智仁勇之民兴，而有以为群力群策之资，夫而后其国乃一富而不可贫，一强而不可弱也。"①严复在此篇的按语当中，阐扬开发"民智"对于提升一国政治水准的重要意义："此篇所论，如'圣人知治人之人，赋于治于人者也'以下十余语最精辟。盖泰西言治之家，皆谓善治如草木，而民智如土田。民智既开，则下令如流水之源，善政不期举而自举，且一举而莫能废。不然，则虽有善政，迁地弗良。淮橘成枳。一也；人存政举，人亡政息，极其能事，不过成一治一乱之局。二也。"他批判统治者无视民智、操弄民众的"苟且之治"："夫言治而不自教民始，徒曰百姓可与乐成，难与虑始；又曰非常之原，黎民所惧"②，认为这样的政治制度显然无法在物竞天择时代求得生存。

面对19世纪末期的中国巨变，严复对于赫胥黎笔下"世治之最不幸"的现实感同身受——"门第、亲戚、援与、财贿、例故，与夫主治者之不明而自私"，导致"不贤者之在上位而无由降"。因此，赫胥黎主张"任天演之自然，而去其牵沮之力，则一群之众，其战胜而亨，而为斯群之大分者，固不必最宜，将皆各有所宜，以与其群相结。

① 严复：《天演论·导言八乌托邦》，《严复集》，第1339页。
② 严复：《天演论·导言八乌托邦》，《严复集》，第1339—1340页。

其为数也既多，其合力也自厚，其孳生也自蕃。夫以多数胜少数者，天之道也……此善群进种之至术也"。赫胥黎自信以此为本，"不肖自降，贤者自升，邦交民政之事，必得其宜者为之主，且与时偕行，流而不滞，将不止富强而已，抑将有进种之效焉"。在严复心目中，这一理念的典范正是英国（"英伦民气最伸"），因其"尚贤而课名实"之故。其实，这与中国的墨家及法家理念相当类似，可惜中国古代社会重视"尊尊亲亲"，故未能将其发扬光大。相反，英国却能实现"其术最先用，用之亦最有功"，包括"广立民报，而守直言不禁之盟"[1]。这样耐人寻味的参照，当然令熟稔中国文化又曾在英国留学多年的严复感慨万千。

对此，严复高度认可斯宾塞的"进种三大例"："一曰民既成丁，功食相准；二曰民各有畔，不相侵欺；三曰两害相权，己轻群重。"他认为这是"集希腊、罗马与二百年来格致诸学之大成，而施诸邦国理平之际"的"大道"[2]。因此，严复以"群"作为竞争求存的首要单位。他援引斯宾塞的看法，指出"彼以为生既以天演而进，则群亦当以天演而进无疑，而所谓物竞、天择、体合三者，其在群亦与在生无以异。故曰任天演自然，则郅治自至也"[3]。严复提出群己关联的两条"公例"：一为自由公例，即"人得自由，而以他人之自由为界"。二是利益公例，即亚当·斯密的看法："大利所存，必其两益。损人利己非也，损己利人亦非；损下益上非也，损上益下亦非。"[4]

在"公例"的基础之上，严复相信"天演"世界观是一个包罗

---

① 严复：《天演论·导言十七善群》，《严复集》，第1356—1357页。
② 严复：《天演论·导言十七善群》，《严复集》，第1356—1357页。
③ 严复：《天演论·论十五演恶》，《严复集》，第1393页。
④ 严复：《天演论·导言十四恕败》，《严复集》，第1348—1349页。

万象并且"一以贯之"的新道统。在把握西方的"格致之学"（名、数、力、质之学）与"人学"（生学、心学）之后，他热切接纳斯宾塞"群学"的"公理"意涵："吾之群学如几何，以人民为线面，以刑政为方圆，所取者皆有法之形，其不整无法者，无由论也。"①这是一个建立在几何学表述基础上的科学体系，令人联想到康有为同时期通过几何学对于"实理公法"的建构。严复相信，"群学治，而后能修齐治平，用以持世保民以日进于郅治馨香之极盛"，"虽文、周生今，未能舍其道而言治也"②。

　　另一方面，严复则把国家和国民"开化"的文明使命与道德责任，纳入"进种保群"的政治视野之中，以"公理""公法""公论"反对殖民主义的弱肉强食："必其有权而不以侮人，有力而不以夺人。一事之至，准乎人情，揆乎天理，审量而后出。凡横逆之事，不欲人之加诸我也，吾亦毋以施于人。此道也，何道也？人与人以此相待，谓之公理；国与国以此相交，谓之公法；其议论人国之事，持此以判曲直、别是非，谓之公论。"③这些论述再一次表明，在中西之道折冲樽俎的转型时代，作为"天演"世界观的重要形塑者，严复从未放弃对这一理念科学阐释背后道德意涵的高度关注。"顺乎天演"的"言治"与"治民"的设想，不仅是严复心目中"终于郅治"的政治变革，也是极为重要的国家与国民的道德实践。在清末民初这一转型时代的思想语境之下，两者共同促成了"天演"世界观在读书人心中的深化、内化以及可能带来的异化。

---

① 严复：《天演论·论十五演恶》，《严复集》，第 1393 页。
② 严复：《原强》，《严复集》，第 7 页。
③ 严复：《驳英〈太晤士报〉论德据胶澳事》，《严复集》，第 55 页。

结语

从 19 世纪末至 20 世纪初，严复以深具洞见的论述及其对一系列西方学术经典的同步翻译，促成了"天演"论述在近代中国的广泛传播。在"天演"论述的巨大影响之下，建立在天命、神道与圣人经典之上的"天理"世界观逐渐瓦解，清末民初的中国社会进入一个由"公理""公例""公法"等大经大法所主导的全球竞争时代 [1]—— 一方面，历史被描述为由"野蛮"进入"文明"的线性过程，进步史观成为解释世界、社会与个人发展的新框架；另一方面，"天演"理论将"群"作为"物竞天择"的基本单位，鼓吹通过"自强保种"避免"亡国灭种"的危机。从此，如何提升民德、民智与民力适应文明竞争，成为朝野各界普遍认同的因应危机的根本途径。因此，严复关于"由今之道，无变今之俗"的诘问，通过更具普遍性与世俗性的"天演"之道获得了深沉的回响。

晚清时期的严复穿行于英国维多利亚时代（Victorian era，1837—1901）与中国同治、光绪年间的平行时空，却在两种迥然不同的知识谱系之间，创制出一种复杂而特殊的文化视野。从本文对于严复关于道德与政治议题的描述、分析与评估可见，严复的思想摆荡于中西之间，接受多种"道"并存的历史现实，却同时执着追寻中西学

---

[1] 晚清以来，传统"大经大法"日渐废堕，在求索新的"大经大法"过程中，西方科学定律或真理观产生了"递补作用"，而在律则式思维的影响之下，兴起了"公理""公例"式的真理观。关于"公理""公例""公法"的概念来源与使用进程，参见王汎森：《中国近代思想中的"未来"》，《思想是生活的一种方式》，第 251—253 页。

理的"道通为一"①。借用其在《天演论》自序中的话，即是"考道之士，以其所得于彼者，反以证诸吾古人之所传，乃澄湛精莹，如寐初觉。其亲切有味，较之觇毕为学者，万万有加焉。此真治异国语言文字者之至乐也"②。在这一其乐融融的"考道"过程之中，严复对于中西思想各有批判与取舍，也各有调和与嫁接。他笔下文字与译述因之富含矛盾与张力。在不同的语境之下，他对于中国传统的抨击，往往激活了传统中的因子（如《易经》与《春秋》）；而他对于西学的接纳，也包含着对于西学的修订与扬弃（如达尔文、赫胥黎与斯宾塞的学说）——简单的线性叙事，无法精确描绘严复在这一时期对于"英国课业"的复杂反应。显然，严复的翻译与撰述活动所呈现的世界观转型与建构，也是传统儒家思想与西方经典理论在相互交织、密切互动之中实现"典范转移"的过程。

严复认为，他正是在《老子道德经》的"天地不仁，以万物为刍狗；圣人不仁，以百姓为刍狗"当中，发现了"天演开宗语"，认为其尽括"达尔文新理"。③他赞同斯宾塞的看法，以"天演"统摄万物从而实现自然、个人、国家、社会的"止于至善"。但他自身固有的"儒学性格"④，选择的却是推动民德、民智、民力的温和渐进的教化力量，而非推崇弱肉强食的无情淘汰与暴力革命。因此，"天演"

---

① 严复心目中的"道"甚至是超越中西以及经验与超验世界的："吾生最贵之一物亦名逻各斯。(《天演论》下卷十三篇所谓'有物浑成字曰清净之理'，即此物也。)此如佛氏所举之阿德门，基督教所称之灵魂，老子所谓道，孟子所谓性，皆此物也。"严复：《〈穆勒名学〉按语》，《严复集》，第 1028 页。
② 严复：《天演论·自序》，《严复集》，第 1319 页。
③ 严复：《〈老子〉评语》，《严复集》，第 1077 页。
④ 吴展良：《严复早期的求道之旅——兼论传统学术性格与思维方式的继承与转化》，《台大历史学报》1999 年第 23 期。

作为宇宙运行的常理具有普遍伦理法则、历史哲学和价值源泉的多重含义，是万物殊异和变迁之中的终极不变性，亦即他在《政治讲义》中所谓的"道"[1]。可见，晚清时期严复的思想探索，并非"寻求富强"（in search of wealth and power）的世俗冲动和科学理性可以简单概括。在寻求"道通为一"的思想张力背后，严复依然有着对于"超越富强"（beyond wealth and power）的新普遍性的"道"的追寻。在清末民初"公理"世界观取代"天理"世界观的"由道变俗"的进程中，这种贯穿自然、道德与政治的超越价值信念与形而上的追求，仍然通过不同形式保留下来，并左右着未来人们对于中国命运的种种想象。

针对当日风靡一时的张之洞"中体西用论"，严复则强调，"一国之政教学术"乃是有机整体。他讽刺说，若对中西文明作实用主义式的任意裁剪与平行移植，则类似"取骥之四蹄，以附牛之项领，从而责千里焉，固不可得，而田陇之功，又以废也"[2]。既然"道器体用"必须一贯，如果不能寻觅统摄于超越中西政教学术的更高之"道"，则结果必然只能是全盘西化或全盘中化[3]。而这二者皆非严复所能认可与接受，故只能勉力"道通为一"。然而，以"后见之明"观之，受制于对中西学术体系根本差异的准确理解，严复能否真正融通文明之间的"一体相关性"，其实仍有讨论空间[4]。到了 1912 年，58 岁的严

---

[1] 汪晖：《现代中国思想的兴起》，第 863—865 页。

[2] 严复强调"一国之政教学术"如同人体，"有其元首脊腹，而后有其六府四肢；有其质干根荄，而后有其支叶华实"，不可随意割裂。严复：《与〈外交报〉主人书》，《严复集》，第 559—560 页。

[3] 吴展良：《严复〈天演论〉作意与内涵新诠》，《台大历史学报》1999 年第 24 期。

[4] 研究者指出，严复的宇宙观与认识论，企图将《易》、老庄、理学、天演论、实证主义、理性主义、经验主义、归纳法逻辑熔冶一炉。其中根本困难在于西方理性主义所依据的理则（逻各斯），本为超越时空的普遍理念，与融合时

复主持北大之时，已承认"向所谓合一炉而冶之者，徒虚言耳，为之不已，其终且至于两亡"①。接踵而至的欧洲大战，更让他抨击西方世界"三百年来之进化，只做到利己杀人寡廉鲜耻八个字"，并主张返归"量同天地，泽被寰区"的孔孟之道②。及至晚年，严复转而多从特殊性与历史性的角度阐述中西文明。这与他早年立意追寻二者"道通为一"的努力已经渐行渐远，以致在 20 世纪初日趋激进的革命时代里，饱受"保守""复古"的讥评。其中的"经纬万端"，映照出严复一生心路的复杂彷徨与近代中国世界观转型的曲折往复。

空因素的道家概念以及宋代理学思想相矛盾。吴展良：《中西最高学理的绾合与冲突：严复"道通为一"说论析》，《台大文史哲学报》2001 年第 54 期。
① 严复：《与熊纯如书之三》，《严复集》，第 605 页。
② 严复：《与熊纯如书之七十五》，《严复集》，第 692 页。

国之内外的"文野之辨"：
以 20 世纪初杨度的世界观为中心

西力东渐带给近代中国的一连串屈辱性溃败，使得"寻求富强"的国家目标，成为自鸦片战争到洋务运动以来，朝野双方因应时代危机的共识。从 19 世纪中期"以中国之伦常名教为原本，辅以诸国富强之术"的自强变革开始[①]，面对西方文明的挑战，中国社会大体还在"传统之中求变"（change within the tradition）。然而，随着中国越来越深地卷入列国林立的世界，以"商战""兵战"和"学战"为竞争内容的国际"时势"，与重视"天下一家"的儒家道德"义理"之间的冲突日渐加剧。1894 年甲午海战的挫败，充分表明传统中国的制度模式和知识体系，已经不足以应对严峻复杂的世界变局。在"传统之外求变"（change beyond the tradition）的取向，逐渐支配士大夫的价值抉择和社会实践[②]。19、20 世纪之交的义和团运动和八国联军入

---

① 冯桂芬：《校邠庐抗议·采西学议》，《采西学议——冯桂芬 马建忠集》，沈阳：辽宁人民出版社，1994 年，第 84 页。

② 此处借用 E.A.Kracke, Jr. 对于古代中国社会变迁的描述用语，E.A.Kracke, Jr., "Sung Society: Change within Tradition,"*Far Eastern Quarterly*, vol.14, no.4 (1955), pp.479—488. 关于晚清中国由盛转衰的宏观描述，Susan Mann Jones, "Dynastic Decline and the Roots of Rebellion", in John K. Fairbank ed., *The Cambridge History of China, Volume 10,*New York:

侵，带来更为严重的内外交困。因此，如何在内心忧患和价值迷惘的背景下，重新理解新的世界秩序，进而为化解中国的生存危机提供行之有效的变革方案，成为晚清知识人迫在眉睫的历史任务。置身危局之中的晚清政府，也在 20 世纪初期的内外刺激下，尝试通过新政实践特别是预备立宪的行动，开始新一轮更具历史深度的政治变革。

　　湖南湘潭人杨度在这一时期的思想实践，表达了一位从中国内地走出国门的留日学生以及在清末民初登上政治舞台的知识人，对于中国生存情境的独特观察与思考应对。与同时期严复、康有为、梁启超、谭嗣同、王国维、袁世凯、孙中山、黄兴等学、政两界"一线人物"相较，就学理深度、社会影响抑或政治动员等方面的辐射力和参与度而论，杨度的身份位阶大致可以归入当日知识界"二线人物"之列。然而，其政治生涯曲折离奇，学术思想庞杂多变，生前身后的社会评价亦聚讼纷纭，又使得杨氏的立身行事，在一定程度上代表了晚清时期中、上层读书人对于时势的基本认知[1]。杨度出身于地方军人世家，早年师事湖南湘潭人、清季大儒王闿运，一生深受王氏精神人格及其学术门庭的深刻影响。1894 年，杨度中顺天举人，后赴京师参加会试则屡试不第。1897 年，他来到长沙时务学堂，与梁启超辩论《春秋公羊传》。1902 年，杨度自费赴日本东京留学，入读弘文学院，后又于 1904 年至 1907 年间，前往东京法政大学及早稻田大学研习法

Cambridge University Press, 1978, pp.107-162. 以及汪荣祖：《论晚清变法思想之渊源与发展》，《晚清变法思想论丛》，台北：联经出版事业公司，1983年，第 60 页。

[1] 本章对于杨度生平事迹的介绍，综合刘晴波主编：《杨度集·杨度生平年表》，长沙：湖南人民出版社，2008 年，第 1081—1110 页以及黄中兴：《杨度与民初政治（1911—1916）》附录《杨度生平大事年表》，台北：台湾师范大学历史研究所，1986 年，第 303—312 页。

政，并由留日学界推派为收回粤汉铁路利权的代表。1905 年，清廷下诏预备立宪，他曾为出洋考察宪政的五大臣代拟考察报告蓝本。随后，杨度在东京创办《中国新报》、发表长达 14 万字的《金铁主义说》，组织政俗讨论会倡导君主立宪，并与主张革命的同盟会知识人群体展开激辩。1908 年，在长沙筹设湖南华昌炼矿公司，又以四品京堂衔，任职宪政编查馆行走。民国肇建，杨度任大总统袁世凯的顾问以及参议院参政。学术界过往对于杨度的思想研究，多集中于对杨氏在这一时期君主立宪之路的尝试以及组织筹安会、公然拥戴袁世凯称帝等"逆流之举"的分析与评价——或视之为"反革命"，或评价为"两头好，中间错"。1916 年洪宪帝制覆亡之后，杨度随政治风向"与时俱变"的立身行事，包括晚年醉心佛学典籍与古代诗文的退隐生活，以及大力营救李大钊，并在周恩来安排下于 1928 年以秘密党员身份加入中国共产党等一系列行动，也深化了晚近学界对于杨度心路历程的复杂认知与客观评价①。

① 过往学界关于杨度的史料整理及研究成果颇多，就问题意识与研究路径而言，对于杨度一生行藏大致有三种不同评价：第一，对于杨度在帝制时期的所作所为均采取批判性论述，故而对其一生作负面评价，吴相湘：《"旷代逸才"杨度》，收入《民国百人传》，台北：传记文学出版社，1982 年等；第二，受"革命史观"影响，认为杨度一生的政治抉择"两头好，中间错"——即早年为"骚动的进步主义者"，倾向革命，晚年则加入中国共产党开展地下秘密工作，皆为"合乎历史的环境的变化与规律"之举；惟其人生中段，从"革命者"转向"君主立宪"，"揭开其政治悲剧的序幕"，而最终依附袁世凯并鼓吹帝制则"应当受到谴责"。刘晴波：《论杨度——〈杨度集〉代序言》，《历史研究》1985 年第 4 期；第三，出于同情而谅解，严复有关论述可作代表。关于上述三种研究路径分析，参见黄中兴：《杨度与民初政治（1911—1916）》，台北：台湾师范大学历史研究所，1986 年，第 293 页。本研究无意对杨度进行新的"历史评价"，但尝试回到"历史现场"，基于思想史的内外脉络，对杨度的世界观念进行问题式的阐发。本研究受惠于黄著以及侯宜杰：《杨度二题》《清末预

　　本文所关切的杨度在 20 世纪初关于世界观转型及国家政治的论述，既是民国成立之后，杨氏诸多思想实践的重要历史前提，又呈现出清末民初知识人思想光谱的多元面向。如何在全球竞争的时代里，为晚清中国的独立、安全与富强，建立起一套卓有成效的生存策略，是杨度及其周边知识人，思考经济、政治、外交乃至族群关系等重大问题的起点与归宿。大体而言，杨度在 20 世纪初期的政治论述当中，折射出三条支配晚清知识界的思想脉络：第一，如何在传统"天理"世界观瓦解的背景下，寻找晚清中国在列强环伺的世界格局当中的生存理据（文／野之辨）；第二，如何在政治权威日渐动摇的基础上，重建国民、国权与国家认同之间的关系（国／民之辨）；以及第三，由此引发的如何看待"立宪"与"革命"的激辩背后，关于"中国"认知的民族主义思想分野（满／汉之辨）。对于杨度的思想与实践而言，这三条脉络延长线的交点，则是他在《支那教育问题》、《〈游学译编〉叙》《湖南少年歌》《〈中国新报〉叙》《金铁主义说》等一系列著述与言论当中着重思考的核心议题：怎样在"野蛮世界"当中建构一个"文明国"。限于篇幅，本章将集中描述、分析上述第一条思想脉络，即杨度思想当中世界观念的形塑过程，以及在这一世界观的支配下，他对于世界殖民体系及中国政治的重新理解。

<hr>

备立宪时期的杨度》，《近代史研究》1986 年第 6 期及 1988 年第 1 期；蔡礼强：《晚清大变局中的杨度》，北京：经济管理出版社，2007 年；陈先初、刘峰：《杨度宪政主张的正途与歧变》，《湖南师范大学社会科学学报》2012 年第 3 期；左玉河：《立宪乎，共和乎：辛亥革命前后杨度的心路历程》，《安徽史学》2013 年第 4 期；邹奕、袁秀峰：《论杨度君主制主张的两条逻辑进路》，《河北法学》2013 年第 12 期；陈健：《杨度君主立宪思想论解——以日本法政大学速成科教育影响为中心》，《史林》2014 年第 2 期；高力克：《寻求文明与富强：杨度的现代中国想象》，《南京大学学报》2015 年第 2 期，等等。

一、从"理"的秩序到"力"的秩序

自 1902 年留学日本以来，杨度多次往返于中日之间，通过留学、著述、办报以及与嘉纳治五郎、梁启超、熊希龄、孙中山、袁世凯等众多知识人和政治人物的密切互动，展开他对于时代危机与国家政治的系统思考。在这一时期，多元的政治思想观念和个性化的精神资源彼此交织，共同汇聚成杨度心中世界观念形成的历史情境与思想语境。

在 19 世纪朝向 20 世纪过渡的社会氛围当中，以"天演公理"为核心内容的进化理论，开始支配包括杨度在内的清末大部分知识人的世界观[1]。基于 1896—1898 年间严复译述的《天演论》在中国社会的广泛传播，进化观念所包含的理性力量，率先瓦解传统儒家思想背后的天命、天道与天理的世界观。作为一套祛除了超越价值的科学公理，关于国家、社会和个人的进化理论，被解读为这一"公理"在现实政治生活与国际秩序中的具体体现。在清末的最后十余年间，进化论为民初知识界解释"时势"、顺应"时势"的努力，描绘出新的历史蓝图，也为康有为、梁启超、杨度、孙中山等人的政治行为，提供

---

[1] 晚清知识人对于"公例""公理""公法"的信仰已经十分坚定，他们认为世界各国都可以找到"共有的发展阶段与发展规律"，并认为历史的功用不仅在于提供个别事件的鉴戒，更重要的是可以"从历史发展的过程，找到一条又一条的定律，进而推知未来"。参见王汎森：《中国近代思想中的"未来"》，《探索与争鸣》2015 年 9 月。

了极为有力的新的正当性依据①。

　　历史地看，进化论直接指向人类在自身历史中自我主宰的可能性。它既是"泰西诸国"历史经验的放大，又是竞争时代里殖民地人民摆脱困境的期望升华。因此，进化理论成为时人认知当中，具有普世意义的人类经验的理性表达，也为中国的重新崛起提供了合理的心理预期。这使得晚清朝野各界纷纷将近代中国的历史演变与未来设计，主动放置在 19、20 世纪之交一系列世界性事件——甲午战争（1894）、戊戌变法（1898）、八国联军入侵（1900）、日俄战争（1905）等——的序列当中加以思考。另一方面，进化论带来的国家与个人进步的动力，不再是基于儒家"文教"传统当中道德的趋于完美（"止于至善"），而是一套祛除超越价值的、"适者生存"的理性法则，即贯通于物质世界和人类社会的"力"的作用②。晚清以来，知识界对于清朝统治秩序的功能与道德合理性的质疑、责难日渐深切。因此，频繁见

---

① 关于进化论在近代中国传播与影响的研究，参见 James Reeve Pusey, *China and Charles Darwin*, Cambridge.: Harvard University Press, 1983, 王中江:《进化主义在中国》, 北京: 首都师范大学出版社, 2002 年; 吴丕:《进化论与中国激进主义》, 北京: 北京大学出版社, 2005 年; 王东杰:《"反求诸己"——晚清进化观与中国传统思想取向（1895—1905）》, 王汎森等:《中国近代思想史的转型时代——张灏院士七秩祝寿论文集》, 台北: 联经出版事业股份有限公司, 2007 年以及王汎森:《近代中国的线性历史观——以社会进化论为中心的讨论》, 台北:《新史学》2008 年第 19 卷第 2 期。关于进化论及其意涵最新的研究成果, 黄克武:《何谓天演? 严复"天演之学"的内涵与意义》,《"中央研究院"近代史研究所集刊》2014 年 9 月。

② 如钱穆所言:"将西洋史逐层分析, 则见其莫非一种'力'的支撑, 亦莫非一种'力'的转换。此力代彼力而起, 而社会遂为变形。其文化进展之层次明晰者在此, 其使人有一种强力之感觉者亦在此。"钱穆:《国史大纲》, 北京: 商务印书馆, 1996 年, 第 24—25 页。

诸晚清知识人笔下的"力即理也"的表述 [1]，透露出在彼时读书人的普遍认知当中，中国要想在激烈竞争当中取胜，转而需要依靠一套去除道德人文的"强力""威力"甚至"暴力"的生存逻辑 [2]。20 世纪初，在《〈游学译编〉叙》《湖南少年歌》《〈中国新报〉叙》《金铁主义说》等著述当中，杨度对于"人为之力"（而非"天然"）在社会进化过程中所起决定作用的论述，已经充分表明，关于进化论的认知，已经极大地改变了他对于近代中国政治变革路径的思考 [3]。

另一方面，对于知识谱系复杂多变的杨度而言，新世界观的形塑过程，也与其学思历程中所酝酿形成的知识论体系相伴相生、密不可分。早年在湖南时，杨度曾师从今文经学家王闿运，"学剑学书相杂半"，并尝试以春秋公羊之学为核心建构自身的知识体系。1897—1898 年间，杨度前往到长沙时务学堂接受新学熏陶，和范源濂、黄兴等人有往来，却并不赞成黄兴的政治主张。他与梁启超亦师亦友的关系由此确立，但两人对于今文经学的师承分歧颇大 [4]。然而，不可否

---

① 张鹤龄在《彼我篇》一文中说："吾儒者之言,谓论理不论力。庸讵知所据之力,即所据之理, 更无力外之理乎？"张鹤龄:《彼我篇》,郑振铎编:《晚清文选》下册,北京：中国社会科学出版社, 2002 年,第 112 页。

② 佚名:"夫国家组织之目的, 在于社会幸福之增进, 及伸张个人之自由, 其最重要者在具强力, 且备其他之暴力, 此一定之理势。"佚名:《中国之改造》,张枬、王忍之编:《辛亥革命前十年间时论选集》第一卷下册,北京：三联书店, 1963 年,第 418 页。

③ 比如,"所患者有天然而无人为,天然较彼为优,而人为较彼为劣。天演之世界, 全以自由竞争为原则, 即以人为竞争为原则, 而优胜劣败从此判矣焉。虽有天然之美, 不可徒恃, 徒恃其天然者, 正其所以失败之源也。"杨度:《金铁主义说》,刘晴波主编:《杨度集》,长沙：湖南人民出版社, 2008 年,第 222 页。

④ 1903 年 10 月 4 日, 杨度在写给梁启超的信函中赋诗一首, 其中有句云："希圣虽一途,称师乃殊趣（戊戌春,在长沙论《春秋公羊传》,各主师说,有异同）。杨朱重权利, 墨子尊义务。大道无异同, 纷争实俱误（余尝谓湘潭王先生援

认，清代中叶以来的今文经学，大都尝试通过微言大义的方式，以经术作政论，以更为开放的尺度"通经""明经"，并推崇"经世济民"的学问——即主张由制度的安排、政策的运用以及法令规范的约束，达到儒家所谓的"治平"的理想①。在当时部分知识人看来，面对"王道"取代"霸道"的时势压力，单纯依靠传统"内圣"的道德修养，已经不足以实现经世济民的目的，需要外在的事功（政策措施）和税收、盐政、边防、漕运与军制等专业知识，做出及时有力的补充和调整②。到了19世纪后期，在日本、德国、俄国等东西方列强崛起经验的参照之下，围绕国家富强这一愿景，展开对于国家政治制度的思考、论辩与设计，成为当时经世思想的主要内容。受到西潮冲击的士大夫，亦孕育出与儒家思想既有联系又存在区别的新观念。在20世纪前后，对于"本／末""中／西""道／器""体／用""内／外"等思想范畴的重新界定，成为包括杨度在内的知识人思考的核心议题之一。

　　与此同时，随着留学生群体的不断扩大与西方思想著作译本的大量印行，新的思想资源和知识论述，开始在知识人当中广泛流传，构成杨度在这一时期知识论上的复杂面向。1902年，杨度入读日本

庄入孔，南海康先生援墨入孔，实为今世之杨墨，而皆托于孔者也）。"根据蒙文通在其《井研廖季平师与近代今文学》中的研究，今文经学大致可以分为两种不同类型，其一源自汉代的鲁学，以《谷梁传》为起点，主要依赖周礼来解释今文经，廖平属于这一支。另一支源自齐学，以《公羊传》为起点，依赖纬书解经，康有为属于此派。转引自萧公权：《近代中国与新世界：康有为变法与大同思想之影响》，汪荣祖译，南京：江苏人民出版社，1997年，第59页。

① 张灏：《宋明以来儒家经世思想试释》，《幽暗意识与民主传统》，北京：新星出版社，2006年，第89页。
② 李泽厚：《经世观念随笔》，《中国古代思想史论》，合肥：安徽文艺出版社，1999年，第283页。

东京弘文学院学习师范速成科，开始关注东西方的教育与政治问题。
留学日本带给杨度中西学问重心的转移，也折射出传统儒家之学在
20 世纪初的中国知识界已日渐衰微。1904 年，他再度赴日，在日本
东京法政大学速成科学习。速成科因应晚清"新政"实践而生，所教
授科目如法学通论、民法、国法学、宪法、国际法、政治学、经济
学、刑法、商法、西洋史、政治地理、殖民政策等，成为杨度汲取西
方政法知识的重要途径。其中，笕克彦的《国法学》、清水澄的《宪
法学》、小野塚喜平次的《政治学》、中村进午的《国际公法》、野村
浩一（生卒年不详）的《西洋史》和山内正瞭（生卒年不详）的《殖
民政策》等课程 ①，对于杨度在 20 世纪初期世界观念及话语体系的形
塑，影响尤深。戊戌（1898）年间，身处湖南的杨度尚劝他人治《春
秋》以兴礼乐，认为西人"无礼教，势将日衰"，《春秋》乃"拨乱时
务之要者"，甚至可以行之于外国 ②。但不到 10 年，杨度却几乎放弃了
今文经学乃至儒学的众多理论范畴，转而大规模地借助西学（政治学、
经济学、世界地理、西洋史等）的知识谱系，来描述晚清腐败的国家
政治和复杂诡谲的世界秩序。

　　饶有意味的是，身处"过渡时代"的杨度还继承了故乡的另一
笔重要的精神遗产。基于个人的生命体验与生存情境，他借助晚清勃
兴的现代信息传播媒体，开始有意识地对于近代湖南的悲情经验与
"湘军"意识极力加以扩充。湖湘民众对国家前途命运的深切忧虑与
对世界问题的严重关切，随着报刊与通电的广泛传播，成为这一时期

---

① 陈健：《杨度君主立宪思想论解——以日本法政大学速成科教育影响为中心》，
　《史林》2014 年第 2 期。
② 杨度：《杨度日记（1896—1900）》，《杨度集》，第 912 页。

杨度论政的重要资源。而在另一处知识人的公共空间——20 世纪初期的日本东京弘文学院里，此时也云集了大量因 1898 年戊戌维新挫败而流落至此的湖南留学生。他们于 1902 年创办了湖南编译社和《游学译编》杂志。作为日本境内第一份以个别省份为焦点的中国留学生刊物，《游学译编》由中日两国境内的湖南学生撰稿，并得到官方支持 ①。而它的三名湘籍主编——杨毓麟、杨度与黄兴同中有异的政治经历，也让这份刊物成为"海外湖南留学生的喉舌，代表了他们诸多观点的合流" ②。

　　1903 年 10 月 4 日，杨度在《游学译编》上发表激情洋溢的《湖南少年歌》。他以一个来自衰弱中国的湖南学子身份，用带有浓郁情感色彩的文学表达，展现了自己对本省历史与命运的独特理解，以及对晚近湖南改革、反抗经历的情感体验。值得注意的是，与当时其余地区（如苏州、扬州、嘉定等地）的读书人尝试通过对明清易代之际历史的追忆，强化满汉之间的种族仇恨不同，杨度着重开掘的是古往今来湖湘士人"心忧天下敢为人先"的不屈性格和担当情怀。在《湖南少年歌》当中，娥皇和女英寻夫、屈原投江、宋玉招魂、贾谊作赋等或实或虚的历史事件，重新建构起湖南历史上"国事伤心"和"国民长醉"的历史图景，也是《湖南少年歌》当中大量涌现的"伤心""哭泣""呜咽""痛哭""哀吟""匍匐""心焦惨"等情感语汇的真实源头。另一方面，由曾国藩、左宗棠、彭玉麟、胡林翼等湖南读

① 黄福庆：《清末留日学生》，台北："中央研究院"近代史研究所，1975 年，第 188—195 页以及杨度：《为〈游学译编〉立案事上袁树勋禀》，《杨度集》，第 89—90 页。

② 裴士锋（Stephen R. Platt）：《湖南人与现代中国》，黄中宪译，北京：社会科学文献出版社，2015 年，第 107—109 页。

书人领导的"湘军",彻底平定洪秀全的"太平天国"运动,成为杨度心目中近代中国历史的重要转捩点,也成为近代湖南人群体通过军事力量,在乱世之中建立不朽功业的有力证明。自此,"湘军"一词经过前后数代湖南人在不同领域的反复建构,亦演变为兼具地域意识与国家认同的重要文化符号。具有历史巧合的是,杨度正是出身于一个"数世皆武夫,只知霸道不知儒"的军人家庭。湘军的故事让他"每思天下战争事,当风一啸心纵横",而民族精神往往也就在"人身血肉拼将死"中重铸——"凭兹百战英雄气,先救湖南后全国"。因此,在杨度看来,当下中国恰恰需要扩充"湘军"的民族主义意识,以全民皆兵的态度,"外交断在军人口,内政修成武装体"①,才能在全球化的情境下,以湖南(湘人)的重新振作为契机,进一步挽救近代中国衰亡的命运。

概而言之,在超越价值观念逐渐崩解的清末社会,世界与中国的格局演变,刺激着知识人提供新的解释与因应方案。那么,如何通过修正业已衰微的儒家道德秩序,以达成"富国强兵"的国家愿景?迫在眉睫的任务是重新建立起一套看待世界的价值标准与现实尺度。不同文化视野之间的彼此冲突与交融,让进化论支配下的"公理"世界观、基于东西方价值的新旧知识体系以及近代湖南读书人的地域意识与国家认同,共同糅合成杨度理解世界与中国关系之时的复杂思想氛围。这一思想氛围,也为20世纪初年杨度面对特定的历史与生存情境做出的回应,提供了极其重要的资源,并且不断刺激他朝向重建国家政治秩序这一更具行动力的目标迈进。

---

① 杨度:《湖南少年歌》,《杨度集》,第92—95页。

二、国家政治的内外探寻：公理、强权与《万国公法》

1902 年秋天，杨度以及其他湖南速成师范学生，即将结束在日本弘文学院的留学生活归国。在当年的 10 月 21 日、23 日、30 日以及 11 月 5 日，杨度和部分留日学生，与当时主持弘文学院的日本高等师范学校校长嘉纳治五郎讨论多次。其内容以《支那教育问题》为题，连续刊载于梁启超主持的《新民丛报》第 23、24 号的《余录》栏目之中，后又汇为单行本在国内外流传，对于当时中国知识人影响颇大①。杨度与嘉纳治五郎之间的这一讨论，虽然围绕中日之间的教育问题展开，但其背后更为深沉的关切，却是杨度念兹在兹的政治议题，即中国如何确立在亚洲及世界上的地位。其中若干命题的讨论，如重视德育、强调实业、借鉴日本的教育精神等，十分自然地承接了 19 世纪中后期洋务运动和维新变法以来，中国社会政治变革的若干历史经验。但另外一些更为重要的命题，却显然超出传统教育理念与政治认知的解释框架，构成杨度此后诠释 20 世纪初期世界与中国这一新叙事的起点。

在 1902 年 11 月 5 日的最后一次讨论中，嘉纳治五郎指出："要养成国民之公德，故虽不可服从于强力，而不可不服从于公理。能服从公理而不服从强力者，其教育必为无弊。公理云者，求一群中利害

---

① 朱德裳在《癸卯日记》（1903 年 3 月 6 日）中写道："阅《支那教育问题》，此杨度与加纳问答之词，至为透辟，怀中先生（即杨昌济）推许备至。"转引自杨度：《支那教育问题》，《杨度集》，第 40 页注解 1。杨昌济在其《达化斋日记》当中，对于嘉纳治五郎的中学修身教科书的目录内容以及精辟之语，亦曾详加记载。杨昌济：《达化斋日记》，长沙：湖南人民出版社，1978 年，第 95—96 页。

之所在，而皆能以公德举之者也。公德之用如何，则以人群所得之幸福，必由一群之人皆能互相保护、互图存立。确见乎于一身有利而于一群无利者，不惟不能长保，而且有危险之象，不得为真利也。"[1] 显然，根据杨度的记述，嘉纳治五郎此处所言"公理"，并非本文前述以进化论为中心的科学理性与社会发展规律，而是接近于一种足以展现普世价值观的"公德"与伦理标准。杨度对嘉纳治五郎的"公理主义"之说颇为赞赏，认为"今以数次之辩难，始得一公理主义。此主义者，含义甚大，于数千年之得失、数十国之长短，皆得以此二字权衡而取舍之"[2]。但他也指出，"惟其条理，则待吾辈自寻焉。"在随后的数次辩论中，杨度从国家的"内与外"两个方面，对于"公理主义"的"条理"进行"自寻"。

首先，中国究竟应该采用"和平"还是"骚动"的方式来实现"文明"，是关于"公理主义"内部的例子。杨度不完全同意嘉纳治五郎关于"骚然不靖，实非国家之福"的判断[3]。他的态度源自对中国政治失序的悲观与对国际时势的洞察："政府官吏亦持和平主义，遂其苟安怀禄之私，以任国事之日坏，外人亦何日而不干与之！不惟干与之，且利用此傀儡以夺我国民之权利焉。为国如此，即不骚动，亦岂有不亡之理耶？"因此，杨度援引世界历史为例，指出数千年欧洲未尝和平进步，直至法国大革命爆发，方才引发欧洲革命，"经一大骚动，而后骤进于文明"。在嘉纳治五郎的祖国——日本的经验亦复如此，"必待近三十年来倾幕之兵，立宪之党，一大骚动，而后骤进

---

① 杨度：《支那教育问题》，《杨度集》，第66页。
② 杨度：《支那教育问题》，《杨度集》，第70页。
③ 杨度：《支那教育问题》，《杨度集》，第57页。

于文明"。因此，"夫是时之不免于骚动者，亦理势之所必至"。显然，政治窳败营造了社会骚动的温床与革命的催化剂，而"文明之进步"则成为现代国家政治的"公理"。所以，杨度说："是则骚动者所以促文明之进步，而非所以阻文明之进步也。"①

其次，对于中日同为黄种人，应该如何互相提携、共同抗衡白人势力在全球的崛起，则是关于"公理主义"外部的例子。同样，杨度反对嘉纳治五郎认为"满洲人种"优于"支那人种"，故前者必然掌握一国政权，而后者必然服从前者的判断。在他看来，所谓"支那人"的"服从"天性，恰恰由于自身"势力"不足所致。一方面，这使得"支那于满洲为直接之主仆，于各国为间接之主仆"，另一方面，"支那人"的人性也必然在"势力"的支配下随之扭曲："善服从者，则无人不可以为之主，无人不可以奴隶之，正不必有所择也"。有鉴于此，杨度更重视从世界范围内种族竞争的角度，审视"支那人""满人"与"日本人"未来的位置："吾以为日本、满洲、支那皆为黄种，皆为同胞，而必相爱相护相提携相联络，以各成其独立，使同列于平等之地，而后可与白人相抗者也。非可以伸彼而抑此，主彼而奴此，而能相保者也。"②因此，教育之道应该是"于满洲人，则务去其善于压制之恶根性；于支那人，则务去其善于服从之恶根性"③。在一个种族竞争的世界里，黄、白人种与欧、亚国家之间的冲突对立彼此纠缠，构成了20世纪初期弥漫于中国知识界的重要舆论氛围④。杨度对"公理"

---

① 杨度：《支那教育问题》，《杨度集》，第59页。
② 杨度：《支那教育问题》，《杨度集》，第64页。
③ 杨度：《支那教育问题》，《杨度集》，第65页。
④ 大体以1905年日俄战争为界，中国媒体关于"欧亚文明冲突论""大亚细亚主义"等论述，存在着较为明显的消长状态。在此以前，有关中日韩"黄种

内涵的理解，亦不再是满汉之间"压制"与"服从"的强权关系，而
是基于同种相护、种族平等的价值诉求与黄种人"共同体"的想象：

"使他日者日本日益强盛，而渐能伸其势力于西方，满洲复能收
回东三省主权，支那本部亦得独立自治之制，成东亚之奥匈合邦一大
帝国，镇抚蒙古、回部、西藏，种族雄厚，藩篱坚固，中日二国者鼎
足而立，雄峙于东方，岂特朝鲜、暹罗皆吾兄弟，即中亚细亚及五印
度等国，亦谁不应联络肘臂，使之振兴，以争雄于世界者！其为我黄
种之幸福，岂不伟大！"①

尽管杨度对于嘉纳治五郎提出的"公理主义"有赞有弹，但在
内与外的尺度参照之下，晚清之际中国与西方列强之间公理与强权彼
此博弈的现实，呈现在彼时知识人眼前的，更多却是一个内在分裂的
国家与同样内在分裂的世界。根据萧公权的分析，传统儒家的"治
术"分为三类，一是"养"，二是"教"，三是"治"。"养教之工具为
'德''礼'，治之工具为'政''刑'。德礼为主，政刑为助，而教化
又为孔子所最重之中心政策。"②但在"服从公理而不服从强力"的诉
求背后，实际上暴露出儒家文教所包含的道德力量已经大为弱化。在
儒家价值观当中，曾经浑然一体的政治实践与德性目标，如今逐渐一
分为二。而强力支配下的世界与"公理"之间，也逐渐不再具有道德

民族主义"联合的表述颇为广泛。随着日俄战争爆发以及西方列强对于中国
领土的觊觎，这一以黄种人为中心、以中日联合为内涵的亚洲论述逐渐退潮。
"代之而起的，是用帝国主义范畴观察包括日本在内的霸权国家的扩张策略，
而因应之道也必然展现为捍卫国家权益的政治民族主义"。汪晖：《文化与政治
的变奏——战争、革命与 1910 年代的"思想战"》，《中国社会科学》2009 年
第 4 期。

① 杨度：《支那教育问题》，《杨度集》，第 64 页。
② 萧公权：《中国政治思想史》上册，沈阳：辽宁教育出版社，1998 年，第 60 页。

意义上的相关性——其中，为杨度所瞩目的《万国公法》的功效及其背后渗透的世界观念，是一个重要的检测指标。

作为支配世界秩序和国际关系的"公理"所系，《万国公法》是系统向中国人介绍国际法最早的书籍之一①。由于提供了一套"非定于一人一国者，乃天命之所理，为各国所从"的国际新秩序，对于长期以来基于"华夷 / 大卜观"与周边国家建立朝贡或册封关系的清朝政府而言，《万国公法》所体现的"齐大小强弱不齐之国"的"公理"观，具有极强的思想冲击力与颠覆性。从"春秋之世"的观点，来看待清代中叶以来相当类似的战乱频繁的国际关系，亦因此成为当时支配知识人的重要思想方式。为了附会这一规范国际秩序的基本法典，清代中期以降的知识人，如郭嵩焘、王韬、薛福成、郑观应、康有为、梁启超等人，一度将《春秋》与《周礼》，视为"中国古代的《万国公法》"，以示中国"古已有之"："西人之果鲁西亚士虎哥等，以匹夫而创为公法学，万国遵之。盖《春秋》一书，实孔子所订之万世公法也……西人政治家必事事推原于公理、公法之学，以为行政之本。今《春秋》者乃公理、公法之折中也，学者必先通《春秋》，可语之致用矣。"② 薛福成也乐观地指出："各国大小强弱，万有不齐，究

---

① "万国公法"是"international law"一词的汉译。1864 年，美国传教士丁韪良丁韪良（William Alexander Parsons Martin）将惠顿的著作 *Elements of international law* 译为汉语刊行，书名即采用《万国公法》的译法。关于《万国公法》与近代中国及知识人的思想关系，参见佐藤慎一：《近代中国的知识分子与文明》第一章《文明与万国公法》，刘岳兵译，南京：江苏人民出版社，2006 年。

② 徐仁铸：《輶轩今语》，梁启超：《中西学门径书七种》，上海：大同译书局，清光绪二十四年，第 2 页。文章将格劳秀斯与孔子类比，对儒家经书之一的《春秋》给予"万世公法"的极高评价。

赖此公法以齐之，则可以弭有形之衅。虽至弱小之国，亦得借公法以自存"。然而，他同时也敏锐地注意到："强盛之国，事事欲轶乎公法，而人勉以公法绳之"，"衰弱之国，事事求合乎公法，而人不以公法待之"[①] 对于世界格局与《万国公法》之间的巨大现实落差，同时代的郑观应与薛福成深有同感："虽然，公法一书久共遵守，乃仍有不可尽守者。盖国之强弱相等，则借公法相维持，若太强太弱，公法未必能行也……公法乃凭虚理，强者可执其法以绳人，弱者必不免隐忍受屈也"[②]。他们显然都注意到，《万国公法》的实际效力，深受各国国力强弱的影响与制约——只是当时朝野各界的视点聚焦，仍在于"借公法以自存"。在经历了甲午海战的溃败之后，列强在全球范围内的武力侵略与殖民统治，愈发肆无忌惮。因此，1898 年，杨度在长沙时务学堂与梁启超辩论时，嘲笑康、梁师徒教学生读《孟子》《春秋》，乃是"欲张其门面以骗馆第"："公法之不合《春秋》者多矣，即以《春秋》正之，是非虽明，不能行于万国，第欲明其是非，则不合《春秋》，岂独公法一书哉。"[③] 在杨度看来，《万国公法》的"公理主义"，无法真正为中国这样的"衰弱之国""弭有形之衅"，因为贯穿于时代的主题已经转变成为"竞争自存"。

　　1902 年 10 月，刚刚留学日本的杨度在《〈游学译编〉叙》当中，对世界大势与中国命运表达了深深的忧虑："举自有人类以来变迁进化之往迹，而论其成败之因果者，历史家之言也，过去之事也；推人

① 薛福成：《论中国在公法外之害》，《筹洋刍议——薛福成集》，沈阳：辽宁人民出版社，1994 年，第 156 页。
② 郑观应：《盛世危言·公法》，《盛世危言》，沈阳：辽宁人民出版社，1994 年，第 110—111 页。
③ 杨度：《杨度日记（1896—1900）》《杨度集》，第 914 页。

类所关系之理想以至于无穷者，哲学家之言也，未来之事也。而间于两者之间，则为现在。现在之世界何等世界也？举天下之各民族群起而相竞争，观其谁优谁劣谁胜谁败，以待天演裁判之世界也；而又数千年文明繁盛之支那人种存亡生死之关头也。"[1] 他进而注意到，"十九世纪之末二十世纪之初，世界之大势，实由政治竞争入于生计竞争之界线也。而各国竞争之中心点，则麇集于我中国。……而他人之夺我利权者，亦不患无攫取以归之一日也"[2]。杨度显然已经感知，支配这一强权法则的正是"优胜劣败之公例，必为天演所淘汰。自此以后，又将为黄白存亡亚欧交代之过渡时代矣"[3]。一年以后，他撰写《湖南少年歌》，以一种更为冷酷的笔调，抒发着对"强力"碾压之下"公理主义"荡然无存的愤懑：

"于今世界无公理，口说爱人心利己。天演开成大竞争，强权压倒诸洋水。公法何如一门炮，工商尽是图中匕。"[4]

扼要地看，在杨度的思考当中，关于国之内外公理与强权的观察与思考，至少包含内外映照、相反相成的两个层面：一方面，在与西方国家兵戎相见而屡遭挫败的事实面前，晚清中国经济实力的不堪与军事能力的落后暴露无遗。生死存亡的世界竞争格局的压迫与刺激，使得杨度通过对欧美国家与日本的深度了解，洞悉了在经济与军

---

① 杨度:《〈游学译编〉叙》,《杨度集》, 第 86 页。
② 杨度:《〈游学译编〉叙》,《杨度集》, 第 80 页。
③ 杨度:《〈游学译编〉叙》,《杨度集》, 第 76 页。
④ 杨度:《湖南少年歌》,《杨度集》, 第 95 页。其中"公法何如一门炮"之说, 与日本明治时期思想家福泽谕吉在 1878 年所撰《通俗国权论》中的有关比拟相当接近:"百卷万国公法, 不如几门大炮。"鉴于福泽谕吉的思想, 已成为彼时日本知识界关于国家政治的常识与普遍认知的来源, 故不排除杨度此处的表述, 存在借鉴福泽谕吉之说的可能。

事实力的背后，优良的政治制度才是发达国家国力昌盛的终极动力，也是后发国家获得世界尊重与认可的必要条件。因此，传统中国"富国强兵"的努力，开始逐渐聚焦于对国家政治结构重新设计的议题之上——此为"世界之中国"。另一方面，西方列强对世界格局的肆意瓜分与无情宰制，带来了传统国家的殖民地化，也构成了 20 世纪初期中国面临的最为严酷的"时势"。因此，杨度对于晚清政府内部治理体系与治理能力的系统思考，对于民族国家与现代国民之间新型关系的重新建构，都需要放置在"大国崛起"的世界格局当中，方能得以确切、完整的描绘、解读与评估——此为"中国之世界"。显然，上述两个方面的历史认知，也在"世界 / 国际"的理解框架之下，打开了杨度重新思考晚清中国的主权认知（对外）和政治正当性（对内）的基本视野。

三、"文野"之辨：文明观念的近代转型

从本质上看，世界范围内"公理"与"强权"之间的博弈，带给晚清知识人最深沉的思考与刺激，是"文明"观念的转型。在进入 20 世纪之前，杨度对于"文明"问题的思考与讨论尚不多见。留学日本之后，杨度从进化论的"公理"信念出发，依托"文明"与"野蛮"的历史联系与价值关系，展开了大量关于国家政治与世界秩序的阐释。一方面，如前所述，留学日本期间所接受的较为完善的新学教育，为杨度在这一时期的文明论述奠定了知识论的基础。另一方面，这一时期同处日本的梁启超的巨大媒介影响力与二人的紧密互动，对于杨度的文明视野与政治观念的开阔成熟，亦起到了不可忽视的刺激、参照与议题设置的作用。

在晚清读书人的语境当中，作为 civilization 的对应翻译，"文明"
一语并非价值中立地形容西方社会的状况，或表现类似"华夷之别"
的教化之有无，而是以"历史进步"为前提，确认一种以西方列强为
代表的"一元性顺序"和"普遍公理"的价值。因此，当晚清读书人
使用"文明"这一词汇的时候，不管意图如何，都只能是在认识一种
"非中国"价值的存在 ①。1898 年戊戌政变失败后，流亡日本的梁启超
发表于《清议报》《新民丛报》的文章当中，以"历史进步"为前提
的"文明"论述大量出现，几成其论述风格的独特标志。基于自身政
治经验和日本学术背景，梁启超对于"文明"观念的接纳与修正，有
着较为曲折的思想脉络。在流亡日本之初，梁启超深受日本思想家福
泽谕吉"文明论"的影响。在福泽谕吉看来，人类普遍进化的历史，
是以"文明"为轴心，经由"野蛮"到"半开化"，然后再到"文明"
的进化历程 ②。因此，梁启超将"文明"视为人类历史上一以贯之的
"公理"，是包括中国在内的全世界的普遍价值。但到了 1900 年之后，
对于强权政治支配世界格局的认知，使得梁启超的思想开始朝向"强
权""竞争"的逻辑偏转。故其文明观逐渐远离强调"自身之自由"
的福泽谕吉，转而亲近重视"国民国家"之间激烈竞争的伯伦知理
（Bluntchli Johann Caspar）、加藤弘之、陆羯南、浮田和民、德富苏峰
等人 ③。而他们关于"国民主义""国权主义"以及"帝国主义"扩张

① 石川祯浩:《梁启超与文明的视点》,《中国近代历史的表与里》, 北京: 北京大学出版社, 2015 年, 第 98 页。本段论述部分参考石川祯浩的研究成果。
② 福泽谕吉:《文明论之概略》, 第 100 页, 转引自郑匡民:《梁启超启蒙思想的东学背景》, 上海: 上海书店, 2003 年, 第 63 页。
③ 松本三之介:《国权与民权的变奏——日本明治精神结构》, 北京: 东方出版社, 2005 年, 第 141 页。

的政治论述，也集中体现在梁启超于 1902 年开始撰写并陆续发表于
《新民丛报》的《新民说》之中——也正是在这一年，杨度开始了人
生中第一次留学日本的经历。

　　与梁启超在思想观念上变动不居的风格相比，20 世纪初期杨度
的文明观念与政治态度，却一以贯之地展示了他对于在军事和经济力
量支配下的世界秩序的重新理解。杨度几乎是在极短的时间内，将梁
启超思想历程中的"文明之路"重走一遍，最终的落脚点与梁氏在
1900 年之后的大体设想不谋而合。如前所述，在留日初期与嘉纳治
五郎的辩论中，杨度表达了对于后者倡导的"公理主义"的高度认可。
但在 1902 年 10 月发表的《〈游学译编〉叙》当中，这样的乐观心态
显然出现了游移与动摇。因为，他已经注意到："至今日而帝国主义
之说昌，国际历史日以发达，势将压迫第二流以下之国家，使失其独
立。……西哲之常言曰：'两平等相遇，无所谓权力，道理即权力也；
两不平等相遇，无所谓道理，权力即道理也。'今欧洲各国之自为交，
与其交于他洲之国，则二者之区别也。"[1]

　　这一段话，透露出杨度的文明观念转向当中几个值得注意的层
次。第一，杨度依托"内与外"的视角，对于"帝国主义"的发展以
及由此产生的后果，有了更为深入的考察。杨度这一论述的起点是有
关世界历史的发展趋势。他指出，神圣同盟、三角同盟、俄法同盟
等欧洲强国间的关系，"皆由其内部竞争之故，浸假而国力膨胀，外
交关系无一不在欧洲之外也"[2]。欧洲历史也印证了万里之外杨度的观
感。基于"三十年战争"带来的欧洲战乱，1643 年的威斯特伐利亚

---

① 杨度：《〈游学译编〉叙》，《杨度集》，第 82 页。
② 杨度：《〈游学译编〉叙》，《杨度集》，第 82 页。

和会（由此延伸到 1814—1815 的维也纳和会），让欧洲新兴的民族国家，逐渐形成了一种以"相互承认"为特征的国际法关系。值得注意的是，这种"相互承认"以"国家利益"作为建立外交关系的"国家理由"。从此，以主权国家为国际行为主体的国际关系体系初具雏形。但是，这种相互承认的主权关系以"文明国家"作为前提，而欧洲之外的国家（比如中国），则并不在这一"相互承认"的范畴之内。因此，17 世纪的威斯特伐利亚体系和 19 世纪初的维也纳体系展现的，仍是建立在英国、法国、美国、俄国、普鲁士等国强权政治和实力均衡基础上、以欧洲为轴心的"多极均势"。

　　第二，在杨度看来，16 世纪以后白种人国家进步的主因，是民族帝国主义以及随之而起的政治、经济与科技的强大力量。但帝国主义对"二流以下之国家"的"压迫"并迫使其丧失主权，则暴露出"文明"一语的美好意涵背后，其实质却是侵略扩张的野蛮逻辑。这和梁启超在 1902 年所作《论民族竞争之大势》一文中，对于形成近世国家原动力的分析若合符节①。梁启超认为，经过进化、竞争，这些民族帝国主义，已非往日由英雄人物所率领的帝国，而是由于人口膨胀的威胁而产生的民族生存欲望，以及因竞争带来的文明进步。对此，杨度将这一无视公理只讲强权的世界现实，熟练地归结为"物竞天择"的结果："故优等民族，不可不以势力压服劣等民族，取天地之利而

---

① 梁启超：《论民族竞争之大势》，《新民丛报》1902 年第 2—5 号，转引自《饮冰室合集》文集之十，北京：中华书局，1989 年，第 10 页。梁氏自陈，该文"多本于美人灵绥氏所著《十九世纪末世界之政治》，洁丁士氏所著《平民主义与帝国主义》，日本浮田和民氏所著《日本帝国主义》《帝国主义之理想》等书"。其中，"灵绥"即芮恩施（Paul Samuel Reinsch）、"洁丁士"即基丁格斯（Franklin Henry Giddings）。此时同在日本的杨度，极有可能也曾阅读梁启超提及的这些西方学术著作，并在世界观的形塑上受其影响。1903 年，

均享之。其对于各殖民地之意向，皆此旨也。……今乃以数百万里之
土地，数千万之物产，而四万万人不能自理，且将举全国之工商矿业
尽取以予人，是岂天之生我民族于非地耶？抑岂天之养我民族为未足
耶？则白人之专恃觅殖民地于国外者，其得于天又何如？夫天下无主
之物，己不能有，必以与人，此亦物竞天择之公理也。"①

　　第三，"权力"与"道理"之间的抉择，从此不再有道义上的
价值自明——世界成为一个"去道德"的世界。国家实力的平衡与
否，直接决定国与国之间的交往准则。欧洲诸国实力均衡，故欧洲
国家（"文明国"）内部以"道理为权力"形成了暂时的、脆弱的平
衡，而欧洲对于"他洲之国"（"野蛮国"）实力悬殊，则奉行"权力
即道理"、恃强凌弱的霸道逻辑。一年之后，杨度在《湖南少年歌》
中感叹："毕相拿翁尽野蛮，腐儒误解文明字"②。这里的"毕相"是指
奉行"铁血政策"的普鲁士王国首相、德意志帝国宰相俾斯麦（Otto
Eduard Leopold von Bismarck），"拿翁"则是指法国政治家、军事家
拿破仑·波拿巴（Napoléon Bonaparte）。两人均将自己祖国走向强大
的策略，诉诸军事战争和对弱小国家的殖民扩张。俾斯麦拒绝接受
"认为更高的原则可以约束权力"的观点。他相信，"一个大国政策的
唯一健全基础是自身的利益"，是基于功利之上的对"权力"各要素

杨度因"经济特科考试"案再次东渡日本，入读东京法政大学速成科就读。
他借助在《西洋史》与《殖民教育》两门课程上获得的西方殖民历史、殖民
政策、殖民本质等专业知识，在其《金铁主义说》等论述中，对国际问题展
开更为深入细致的思考（详后）。陈健：《杨度君主立宪思想论解——以日本法
政大学速成科教育影响为中心》，《史林》2014 年第 2 期。

① 杨度：《〈游学译编〉叙》，《杨度集》，第 80 页。
② 杨度：《湖南少年歌》，《杨度集》，第 95 页。

的准确评估①。

因此，在此刻杨度的眼中，德意志、法兰西和此前的欧洲古国斯巴达，它们对于国民蛮性的弘扬、对于军事工业的重视、对于战争的渴盼，已经成为未来文明发展新方向的代表。而与此相对，希腊雅典作为文明古国，之所以在历次战争中一败涂地，恰恰因为他们"文柔不足称"。而与希腊相似，同为文明古国的中国，数千年来，读书人基于儒家道德教化与"文野之辨"，认为只有中国文明才是名副其实的"文明"，其他所有民族都是根据其参与中国文明的程度划分等级。在杨度看来，随着西方文明带给中国文明的巨大冲击，传统中国的"文野之辨"，其实是中国人对于新型国际关系的最大"误解"——昔日中国眼中的"野蛮"之地，如今早已崛起成为支配世界秩序的"文明国"，而昔日以"文明"自居的老大帝国，反而在战争与经济竞争的尺度丈量下，尽显自身的"野蛮"与落后。

在20世纪初年，杨度思想中的"野蛮"与"文明"的二律背反，一方面，呈现出近代中国读书人文明观念的深度转型，即何谓"文明"、如何实现"文明"，需要以西方现代国家作为重要参照；另一方面，从"内与外"的视角，这一新的"文野之辨"提供了晚清知识人通过国家实力与世界形势的关系，认识世界文明的基本逻辑。因此，杨度视斯巴达和普鲁士为近代中国走向富强的楷模，并将两国的勃兴之路与湖南人的血气精神彼此贯通："中国于今是希腊，湖南当作斯巴达。中国将为德意志，湖南当作普鲁士。"②此时的杨度显然已经全面注意到现代世界经济、政治与军事之间紧密依存的关系，从而主张

---

① 基辛格：《世界秩序》，胡利平译，北京：中信出版社，2015年，第86—87页。
② 杨度：《湖南少年歌》，《杨度集》，第95页。

以军事战略和经济发展为轴心，整体性地带动国家的政治变革和朝向"军国社会"的演进。

在 1907 年撰写而成的《〈中国新报〉叙》当中，杨度高度赞赏英国社会学家甄克思（Edward Jenks）对于社会进化的重要阐述：

"盖极东西通古今之人类社会，无不经蛮夷社会、宗法社会、军国社会之三大阶级而次进化者。蛮夷社会无主义，宗法社会为民族主义，军国社会为国家主义。此西儒甄克思所发明，一定不移之公例，无论何种社会，而莫之能外者也。今世西洋各强国国家之程度，皆以入于完全之军国主义社会。而以中国之国家程度言之，则其自封建制度破坏后，由宗法社会进入于军国社会者，固已二千余年，惟尚不能如各国之有完全军国制度耳。"①

而中国社会自从封建制度瓦解之后，由宗法社会进入军国社会已有二千余年，却尚未如西方列强那样具有"完全军国制度"。因此，"以其（中国）能力而论，则政治能力、经济能力、军事能力，虽在今不能及于西洋，而自古无敌于东洋。当其内政整理时，而与他民族遇也，则他民族必劣败于其军事能力之下；当其内政不理时，而与他民族遇也，则它民族虽偶优胜于军事，而旋劣败于其政治能力、经济能力之下。……盖进化者优胜，而退化者劣败。宗法社会之族，一遇军国社会之族而立败，民族主义之种人族人，一遇军国社会之国民而立败，此自然淘汰之理。"② 在晚清的思想语境当中，"军国民主义"最为重要的理论解释，来源于严复翻译的甄克思所著《社会通诠》。而"军国民主义"强调的，正是国家有组织的军事和政治力量。而在以

---

① 杨度：《〈中国新报〉叙》，《杨度集》，第 207 页。
② 杨度：《〈中国新报〉叙》，《杨度集》，第 208 页。

经济竞争为特征的时代里，"外部"的世界问题的重心，其实质在于
民族国家对于"内部"的国民能力的培养与自我组织功能的强化："夫
吾人之所以欲国民负责任者，乃欲以国民之能力，改造一责任政府耳。
其所以欲改造责任政府者，欲使中国成一完全之军国社会，以与各军
国同立于生存竞争之中，而无劣败之惧耳。"①

四、"金铁主义"的视角：何种世界，谁之中国？

　　刊载这篇文字的《中国新报》于 1907 年 1 月 20 日在东京创刊，
杨度担任该报的总编撰员。这一时期，热情高涨的杨度广泛涉足国内
外的政治实践。他先后被留日学界推为总代表，参与粤汉铁路废约自
办活动，并撰写《粤汉铁路议》连载于《新民丛报》。1906 年，他为
出洋考察宪政的五大臣撰写《中国宪政大纲应吸收东西各国之所长》
和《实施宪政程序》，以积极姿态参与晚清的立宪运动。《〈中国新报〉
叙》作为《中国新报》的发刊词，既是杨度对于过往关于公理、强权、
公法、文明、进化等议题所作思考的理论总结，也为他同期开始在
《中国新报》连载的 14 万字的《金铁主义说》做出了脉络勾画——前
者可以视为后者的理论纲领，后者则是前者的发展蓝图。
　　《金铁主义说》长达 14 万余字，共分八节（第八节有题无文），
行文逻辑整饬，意涵丰富，论述严谨，显而易见是作者经过长时间深
思熟虑之后的理论结晶。如前所述，杨度在 20 世纪初期对于国家政
治的思考，明显体现出两个重要的视角：其一为中国所处之世界为何，
其二为中国的自处之道与应对策略为何。况且，此时他已经通过对世

---

① 杨度：《〈中国新报〉叙》，《杨度集》，第 208 页。

界格局与西方列强崛起秘密的探究，洞察了现代民族国家经济发展与国家力量之间的联系。在《金铁主义说》关于新世界观形塑的阐述中，杨度将观察世界的眼光聚焦于"文明"与"富强"的维度，更为完整地塑造了在"野蛮世界"当中建构"文明国"的外部思想谱系，进而为时人理解近代中国内部的政治变革提供了思想语境。

在《金铁主义说》的第一节《今中国所处之世界》当中，杨度开宗明义："中国数千年历史上，无国际之名词，而中国之人民，亦惟有世界观念，而无国家观念。此无他，意味中国以外，无所谓世界，中国以外，亦无所谓国家。盖中国即世界，世界即中国，一而二二而一者也。……始自觉其向之所谓世界者非世界也，不过在世界之中为一部分而已。此世界之中，除吾中国以外，固有大国在也。"① 显然，此语与梁启超在《新民说》当中对于中国人"知天下而不知有国家"的判断桴鼓相应，可视为彼时知识人具有高度共识的政治反思②。在儒家思想当中，"天下主义"（世界）立足于中国自身的文化优越与基于"文教"之上的普世王权的恩威远播。然而随着西力东渐，"列国并立"之势带来"民族国家"这一现代观念的深度形塑。"于是群起而抗之，仍欲屏之吾国以外。然讵知其处心积虑以图我者，不仅不可屏也，乃与之交涉一次，即被其深入一次。……经数十年之交涉、战争，经数十年之深入复深入，以至于今，自吾政府之军国重事，以至人民之一衣一食，皆与之有密切之关系焉"③。

在西方列强对于晚清中国的挑战过程中，儒家"天下主义"随

---

① 杨度：《金铁主义说》，《杨度集》，第213页。
② 梁启超：《新民说》，张品兴主编：《梁启超全集》，北京：北京出版社，1999年，第665页。
③ 杨度：《金铁主义说》，《杨度集》，第213页。

之衰微并逐步解体。支配新兴民族国家的历史逻辑，在进化论揭橥的
"野蛮"与"文明"的目的论框架之下，有了新的展示与解读。一方
面，就现代国家自身而言，"文明"是对其治理体系和治理能力的全
方位要求："试入其国而考察焉，政治、教育、实业……虽于吾人所
谓理想之文明国或犹去之甚远，然其于文明也，特为多少问题，而非
有无问题，即谓之义明国不为过也。凡今世所谓强国者无不如此"；
但另一方面，杨度注意到，民族国家"内之文明"与"外之野蛮"两
者之间，却存在着极其吊诡的关系。"考各文明国之历史，其所以致
此文明者，未尝不由于列国并立，外患迫切，非极力以治其内则不足
以图存。彼惟以外之野蛮迫为内之文明为其原因，则以内之文明发为
外之野蛮为其结果，亦自然之数，无足怪者"[①]。外部世界的残酷竞争，
促使各国不得不追求其内部的自我完善。然而，这一自我完善、日趋
"文明"的国家行为，却又反向成为本国在世界竞争中，更有效地实
施殖民侵略的重要前提。于是，现代国家愈加"文明"，合而成之的
现代世界却愈加"野蛮"。杨度不禁感慨："由是言之，则中国所遇之
国为何等国，所处之世界为何等世界之一问题，可以决矣。曰今日中
国所遇之国为文明国，中国今日所处之世界为野蛮之世界。知乎此，
而后谋中国者如何而可使与各国相见，如何而可使于世界自立，乃可
以论矣。"[②]

那么，现代世界既然由"文明国家"组成，最终导向的却是一
个"野蛮世界"呢？原因在于，在西方诸国眼中，"文明"与"野蛮"
以民族国家为界，形成了"内外"有别的两套价值体系。在其国内，

---

① 杨度：《金铁主义说》，《杨度集》，第218页。
② 杨度：《金铁主义说》，《杨度集》，第218页。

"彼等仍以其国为一小世界，有如吾国人往昔之观念"，但"人类平等、彼我如一之真正世界观念，殆无之也"。换言之，"各国人乃已知有大世界，而偏以己国为世界，其性质殊而其无真正世界观则一。"显然，没有建立起一个平等、公正、人道的世界观，西方列强也就不可能在国际秩序上真正地"推己及人"。因此，杨度笔下的世界与国家呈现出如下图景：

"自吾论之，则今日有文明国而无文明世界，今世各国对于内则皆文明，对于外则皆野蛮，对于内惟理是言，对于外惟力是视。故自其国而言之，则文明之国也；自世界而言之，则野蛮之世界也。"①

杨度注意到的"内与外""理与力"的分野，证明了在20世纪初期，世界范围内"文明"与"野蛮"其实有着各自不同的实践对象和支配逻辑。而具有讽刺意味的是，在西方列强那里，这一分野在"国内法"与"国际法"的精心包装之下，竟然具备了政治价值和国家行为上的"合法性"。杨度观察到，"文明国"的国内法，对于本国之人，无不以自由、平等为原则，人人自由、人人平等，"无恃强力以从事者"，是"真文明"。反观其国际法之规定，比较世界各国之实际行为，"则两强相遇，兵力在后，乃有国际法可言。若夫一强一弱，则弱者直可谓无言国际法之资格"。这一观察，几乎可视为杨度就读东京法政大学速成科之时，《国际法》课程教授中村进午所著《平时国际公法》当中有关论述的翻版："国际法者，可谓为国与国交际时确保其生存之法律。但就法律以言，国内之法，主权者得加制裁于违法之徒，国际法则虽有违法者，无人加以制裁，故国际法之为法，射各国守德义而遵行之外，别无良图。国际法恒蒙不完备之攻击，正以

---

① 杨度：《金铁主义说》，《杨度集》，第217页。

此也。"① 因此，在写于 1907 年《金铁主义说》当中，杨度援引国外学者的观点，指出国际法并非具有强制力和约束力的"法律"，只是可有可无的"先例"——因为"国际最后之是非，决于战争而不决于裁判"，"法由强国而立，例由强国而创……但以为国际法者铁炮的说话而已！"② 借助"铁炮"支配下的国家"实力"来维系世界秩序，无论是手段还是结局，当然无法形成论"理"的文明，只能遵循惟"力"是从的优胜劣汰、弱肉强食的丛林法则。

在关于"野蛮世界"与"文明国"的阐释当中，杨度对 19、20 世纪之交世界和民族国家演进过程中"力本论"的深度关切，开启了两个重要的思考维度：一方面，"今日有文明国而无文明世界，今世各国对于内则皆文明，对于外则皆野蛮"的认知，为朝贡体制下晚清中国的历史转型寻找到了依据，也由此形塑了晚清读书人解释世界与中国关系时新的叙事框架；另一方面，对于贸易、经济、军事、制度等现代国家"实力"指标的高度重视，逐渐取代道德义理与儒家教化，为晚清中国提供了自觉靠近"野蛮世界"的原始动力。那么，在一个由"文明国家"主宰的"野蛮世界"当中，中国将何以立国？在杨度心目中，这一思考的最终理论表达正是"世界的国家主义（经济的军国主义）"及其相关论说："夫予所谓世界的国家主义者，……特欲以中国与各文明国并立于此野蛮世界中，而无不适于生存，有优胜而无劣败之国也。"③

---

① 中村近午：《国际公法》，日本法政大学档案馆藏《法政速成科讲义录》第 1 号，第 6—7 页。转引自陈健：《杨度君主立宪思想论解——以日本法政大学速成科教育影响为中心》，《史林》2014 年第 2 期，第 78 页。
② 杨度：《金铁主义说》，《杨度集》，第 218 页。
③ 杨度：《金铁主义说》，《杨度集》，第 219 页。

在杨度看来，纯粹的"野蛮国"和纯粹的"文明国"，均无法在当今世界秩序下实现长治久安。纯粹的"野蛮国"以专制国俄罗斯为例，当其与日本军队相遇，"遂将数百年来执牛耳于欧亚两洲之雄威，一败涂地而不可复振"。原因在于，俄罗斯"国内组织至不文明，宗教上、政治上、种族上阶级至多，人无平等自由之乐"。因此，国内政治制度的专制窳败，直接导致其对外军事抗击力量的孱弱。反观中国，其与俄罗斯均为专制政体，故俄罗斯之野蛮，中国绝对不能效仿。而世界上最"文明"的国家当属瑞士，其国内"人人平等，人人自由"。然而，瑞士处于列国竞争中心，以条约定为"永久中立国"，"不得为主动之战争，军备亦加以限制"。对此，杨度评价道："夫居此野蛮之世界，而无兵力以护国权，则欲其国力恢张于外，盖永不可得逞者。"①

因此，面对文明与野蛮彼此交织的世界格局，晚清中国的历史转型必须采取一种兼及内外的双重因应之道："实因中国所遇者为文明国，则不文明不足与彼对立；中国所居者为野蛮之世界，不野蛮则不足以图生存。"也正因为"今日之世界，为经济战争之世界"，"今世文明国对于文明国，盖无一日不在经济战争之中；今世文明国之对于不文明国，亦无一日而不在经济战争之中。而中国之所处，则正在各文明国相互为经济战争之涡中，又正在各文明国与中国相对为经济战争之涡中"，杨度才明确指出，"中国不能为经济战争国，则但劣败而无优胜，故吾之主义，于内以此自立，于外以此图存也"②。

杨度坦承，其心目中"世界的国家主义"，实质上就是"经济的

---

① 杨度：《金铁主义说》，《杨度集》，第221页。
② 杨度：《金铁主义说》，《杨度集》，第234页。

军国主义"，亦即"金铁主义"①。这一名词意味着："金者黄金，铁者黑铁；金者金钱，铁者铁炮；金者经济，铁者军事。欲以中国为金国，为铁国，变言之即为经济国、军事国，合为经济战争国"。"金铁主义"显然源自俾斯麦的"铁血主义"，但杨度对于后者"欲保国而不知保民"的做法颇为不满。他说："毕士马克之铁血主义，实不可行于今日之中国"。因此，他特别强调"金铁主义"并非如"铁血主义"一样，"偏重军事，同于毕士马克"②。在这一新世界观的支配下，杨度指出，"是此主义者，原所以在内而谋其自立，在外而谋其自存，通乎内外而言之"，自然不足为奇③。当"何种世界"得到清晰描绘，杨度显然已经看到西方列强军事扩张背后，是其国内优良的政治制度。因此，对于大国崛起内在动力的揭示，促使他尝试在近代中国的政治变革中复制其发展逻辑。

结语

自鸦片战争以来，世界与中国的政治格局发生了巨大变化，也让中国与世界建立起更为紧密的联系。如何在一个"列国竞争之世，

---

① 杨度:《金铁主义说》,《杨度集》, 第 219 页。
② 杨度:《金铁主义说》,《杨度集》, 第 224 页。其实在《金铁主义说》发表之前，孙宝瑄、夏曾佑等人已经产生类似杨度"金铁主义"的思考和提法，反衬这一说法也是当时知识界普遍关心的议题："俾士麦曰：今日之世界，黑铁与赤血主持之也。夏穗卿曰：今日之世界，黄金与白刃主持之也。忘山曰：白刃二字义太狭，不如易之以黑铁，曰：今日之世界，黄金与黑铁主持之也。"孙宝瑄:《忘山庐日记》, 上海：上海古籍出版社, 第 839 页。
③ 杨度:《金铁主义说》,《杨度集》, 第 225 页。

而非一统闭关之时"①,思考晚清中国对内对外的生存情境和因应之道,
进而重新理解"何种世界,谁之中国"的时代命题,逐渐成为晚清读
书人无法回避的挑战。而他们对于这一严峻挑战的积极思考与应对策
略,也在不同程度上反向改造着他们自身的知识、思想与信仰世界,
进而交织成晚清民初知识界复杂多元的思想谱系。

杨度在 20 世纪初期世界观念的形塑过程,正是建立在"通乎内
外"的视角之下,对于"公理""强权""公法""文明""野蛮"等政
治议题的重新理解与认知。首先,无论是基于对《万国公法》的重新
理解,审视晚清国家内外的新型政治关系,还是基于"文明"与"野
蛮"新内涵对于"金铁主义"的深度阐发,20 世纪初期杨度的思想
中心,已经被以进化论为轴心的"公理"世界观占据:"自达尔文、
黑〔赫〕胥黎等以生物学为根据,创优胜劣败、适者生存之说,其影
响延于世间一切之社会,一切之事业。举人世间所有事,无能逃出
其公例之外者"②。杨度笔下的两个"一切"明确昭示,从思想根源上
看,晚清时期"天朝的崩溃"实质是世界观的崩溃。如果说,传统儒
家"天理"世界观笼罩下的德性义理,其重心落实在道德人心的"善
恶是非"之上,并由此产生解释中国与周边藩属与朝贡关系的知识论
体系;那么,当"适者生存""优胜劣汰"为标准的"时势"成为朝
野关切的重心,新世界观的价值坐标,就必然转移到国家"实力强弱"
之上:"善争者存,不善争者亡,善争者生,不善争者死。争之为道
有三:兵战也,商战也,学战也。"③

---

① 康有为:《请广译日本书派游学折》,汤志钧编:《康有为政论集》,北京:中华
　书局,1981 年,第 301 页。
② 杨度:《金铁主义说》,《杨度集》,第 218—219 页。
③ 佚名:《与同志书》,《辛亥革命前十年间时论选集》第一卷上册,第 394 页。

因此，在儒家"天下一家"的秩序瓦解之后，"公理"世界观作为重新支配世界和宇宙的普世法则，将杨度眼中的晚清中国转型之路，深深裹挟到一个由新兴民族国家所组成的世界格局与外交关系当中："今吾辈将谋中国之所以自立之道，亦世界中之一事。"① 这是杨度对于中国与世界关系的重构。而重构的结果，一方面导致中国文明完美形象与士大夫优越感的幻灭，另一方面，则是促使杨度在世界观念上，形成一套更为纠结的"文野之辨"的政治准则。在"今日有文明国而无文明世界，今世各国对于内则皆文明，对于外则皆野蛮"的直白表达背后，是他自觉形成的区分"文明"与"野蛮"的价值尺度。从此，在传统"天理"世界观瓦解的背景下，杨度心目当中晚清中国所着力寻求的"自立之道"，就具有了思想和现实意义上的多重意涵：

第一，在彼时的国际政治格局中，国势优劣已经与道德善恶无关，甚至呈现彼此对立的趋势——前者由"力"支配，而后者由"理"决定："夫所谓优劣者，非善恶之谓。瑞士之政善于吾国，若于吾国遇，彼犹当败；俄罗斯之政恶于吾国，若于吾国遇，彼犹当胜。若不欲世界之大势仅凭一己之所谓善恶者而造之，则吾之所谓善者，或即为其劣败之源，吾之所谓恶者，或即为其优胜之源。"② 可见，在这一新的"文野之辨"下所形成的世界观念，为杨度提供了观察国家政治和世界格局的独特历史视角，也彰显出近代中国历史进程中，价值观念"世俗化"程度的大大加深。

第二，在这一世界观念的支配下，西方列强通过市场掠夺、贸易制裁、军事入侵等暴力手段，牢牢把持着分配和维持各自"世界权

① 杨度:《金铁主义说》,《杨度集》, 第219页。
② 杨度:《金铁主义说》,《杨度集》, 第225页。

力"的地位——但是，这种瓜分世界的手段的合法性，却无法得到
充分合理的解答。从更深层次看，19、20 世纪之交这一"野蛮世界"
的秩序维系，正是因为无法诉诸一个高于民族国家利益诉求的国际法
则与国际组织，而是直接依赖国家之间军事与经济实力的抗衡。因此，
从最为现实的角度，杨度势必鼓励晚清中国，仿效日本、德国等后发
现代民族国家的历史经验，以强化经济、贸易和军事战备能力为轴心
（即"金铁主义"当中的军事立国、巩固国权与责任政府），进而走向
全面促进国家政治结构和运作能力的变革（即"金铁主义"当中的工
商立国、扩张民权与自由人民）①。基于这一严峻的历史情境和对"野
蛮世界"的重新理解，杨度更加清楚地认识到，只有通过国家政治的
内部结构性变革，才能更有效地将中国建设成为一个"必求与各国相
遇而无不宜者，而后乃同居于世界而无不适"的现代民族国家，一个
在弱肉强食的殖民主义体系当中"免劣败而居优胜"的"文明国"。

　　第三，从现代民族国家"内与外"的关系而言，杨度已经敏锐
意识到，"中国而立国，使全采用铁血主义，则以偏于野蛮之故，将
于外于内均不适于生存"。在他看来，"国家的真正以言乎外，则人皆
能为经济的战争，而我仅能为军事的战争，不劣败何待？以言乎内，
则吾国政治方甚紊乱腐败，非取各文明国之所以治内者大改革而一新

---

① 杨度：《金铁主义说》，《杨度集》，第 224 页。实际上，在日本明治末年，"对
　　外实行帝国主义，对内实行立宪主义"的主张，最为自由主义者所支持。当
　　时的"帝国主义"一词并非贬义。芮恩施《帝国主义论》的译者高田早苗指出：
　　"对外实行帝国主义，对内实行立宪主义应当成为超越党派的日本之大主义大
　　方针。"（《采用帝国主义之得失如何》，《太阳》第 8 期第 7 号，1902 年 6 月）。
　　转引自石川祯浩：《梁启超与文明的观点》，《中国近代历史的表与里》，第 112
　　页。

知，不足以发达国民之能力，使与世界各国之国民相见。"[1] 可见，杨度心目中的现代国家政治愿景与全球正义的最终实现，仍有赖于国民能力的文明展示，而非简单诉诸"去道德"的经济与军事力量——在心灵的深处，杨度似乎朝着当年嘉纳治五郎倡言的"公理主义"重新致意。因此，在传统思考与现代意识的关联之中，对于"何种世界"的观察与思考，必然推演出知识人关于中国内部问题更为主动、全面的探寻，包括如何在政治权威动摇的基础上，重建国民、国权与国家认同之间的关系，以及由此引发的如何平衡"立宪"与"革命"背后关于"中国"认知的民族主义思想分野。这是 20 世纪初期杨度在《金铁主义说》当中关于"谁之中国"的深沉之思，也将成为杨度和他的政治盟友（包括对手）在 20 世纪的破题之举。

---

[1] 杨度：《金铁主义说》，《杨度集》，第 223 页。

丙编 新旧之间与家国情怀

"何必旧"与"何必新"

——评卞僧慧纂《陈寅恪先生年谱长编（初稿）》

卞僧慧所编纂 45 万字《陈寅恪先生年谱长编（初稿）》（以下简称《年谱长编》，引用只注页码），系"清华大学国学研究院四大导师年谱长编系列"之一种。全书共分八卷：卷一系"世谱"，详述江州义门陈氏家族；卷二从谱主陈寅恪出生至其赴美留学前夕（1890—1918）；卷三始于陈氏留美至与唐筼结婚（1919—1928）；卷四自梁启超病逝陈氏送其入殓至抗战爆发之后随清华大学迁至长沙（1929—1937）；卷五自陈氏一家经香港转赴西南联大至国共内战之际离开北平（1938—1948）；卷六自陈氏抵广州岭南大学至中共中央在京召开"关于知识分子问题"会议（1949—1956）；卷七自"整风运动"至陈氏夫妇逝世（1957—1969）；卷八系"后谱"，搜集与陈氏相关之人事及学术动态（1970—2003）。另外，《年谱长编》尚有"附录"两组：一组为陈氏当年开课笔记三种；一组为卞僧慧所撰关于陈氏为学为人的旧作五篇。

作为习见史料之一种，就体例而言，年谱大多以谱主一生时序为脉络，巨细靡遗地搜集散见于文集、书信、日记、报刊以及他人忆述的相关材料，力图为谱主提供一份详实完整的人生记录。因此，年谱的价值首在编纂者对于新旧史料"竭泽而渔"的发掘整合与资料铺排的精确细致。文字的生动有趣与论述的自出机杼，反而是其余事。就此而论，《年谱长编》搜罗材料洋洋大观，其内容足称丰赡。部分新增的史料片断，读来亲切有味，实为广受学界推重的蒋天枢撰《陈寅恪先生编年事辑》的有益扩充①。

比如，陈寅恪自幼嗜学，博览群书，然"犹未能自信"。据卞僧慧记述，1936年前后，陈先生上课时曾言，当年（时日不详）"尝取清康熙、乾隆两朝词科试题自验。康熙朝题全能完成，乾隆朝题于《天地五六之中合赋》则为之搁笔"。称"命题之微，亦通于政事"（第55页）。《年谱长编》另收入卞僧慧回忆一则，1931年"九一八事变"与1937年"七七事变"之间，国内一度掀起所谓"读书运动"，报端刊登文章开列书目者颇有其人。"有一次先生谓：'于《太上感应篇》《封神榜》《近思录》三书，能透彻了解，亦可谓对中国文化有了了解。'"（第257页）。又如，《年谱长编》转引"国家主义派"代表人物李璜晚年回忆，称1922年曾与陈寅恪、曾琦、宗白华、俞大维等人在德国晤谈。陈氏"酒酣耳热，顿露激昂。我亲见之，不似象牙塔中人"。故李璜感叹，近年纪念陈氏大抵集中于其学问，"而甚少提及其对国家民族爱护之深与其本于理性，而明辨是非善恶之切"（第79页）。

另外，《年谱长编》征引戴家祥致蒋天枢长信甚详，廓清1927年清华大学延聘章太炎任国学研究院导师一事未果，实非后人所传因章氏本人拒绝，而是清华校长严鹤龄表示"有困难"，故"校部始终没有同意"（第104页）。陈寅恪也曾告诉戴家祥："有人不同意[延聘章太炎]。太炎不像静安先生[王国维]，脾气不好，人家有点怕

---

① 蒋天枢：《陈寅恪先生编年事辑（增订本）》，上海：上海古籍出版社，1997年。

他。"（第 103 页）戴家祥致蒋天枢信中，亦回忆当日有人祝贺陈寅恪
任清华国学研究院教授，陈氏回以一联"训蒙不足，养老有余"，从
中可见先生的风趣与彼时的心情。据戴家祥解释，上联是指教同学初
学梵文的困难程度，下联是指陈氏自感还处在年富力强的有为时期
（第 101 页）。《年谱长编》中此类忆述，皆如吉光片羽，弥足珍贵，
谱主的风采亦随之跃然纸上。

　　如论者所言，《年谱长编》亦偶有缺漏且尚存"悬案"未解，比
如，中共建政之后，陈氏"不宗奉马列主义，并不学习政治"等要
求，既已为周恩来首肯，何以最终仍旧未能北上任职[①]。此外，少数史
实自蒋天枢撰《陈寅恪先生编年事辑》出版之后已有相关文献补正，
然而《年谱长编》未能及时采纳。比如，关于陈寅恪自欧洲归国的具
体日期，《吴宓日记》1925 年 11 月 30 日所记载"陈寅恪来函，归期
展缓"[②]，即未被《年谱长编》收入。又据陈寅恪长女陈流求致《年谱
长编》编纂者函，《年谱长编》认定"是年［1926 年］，先生自欧洲
经海道归国"，"时间未详"（第 91 页）；实则已有论者据罗家伦 1926
年 1 月 5 日致其女友张维桢书信初步考订，大致系陈氏因"归期展
缓"，在欧洲逗留到 1926 年 1 月返国（从马赛登船），2 月抵沪[③]。

　　诚然，《年谱长编》较之过往记录颇有扩充，然与谱主无直接关
联之史料亦不免羼入，如汤用彤、钱穆、俞平伯、梁漱溟谈熊十力事

---

① 汪荣祖即在《陈寅恪先生年谱长编（初稿）》书评中指出，编纂者未取用陈三
　立致谭献函，因此相关史事系年有误。又，《年谱长编》未列第一部陈传（《史
　家陈寅恪传》）于 1976 年在香港出版事。汪荣祖书评见《"中央研究院"近代
　史研究所集刊》2010 年第 70 期。
② 吴学昭整理注释：《吴宓日记（1925—1927）》第三册，北京：三联书店，1998 年，
　第 103 页。
③ 朱洪斌：《〈陈寅恪先生编年事辑〉的一处小误》，《文汇读书周报》，日期不详。

（第 111—112 页）、吴宓与毛彦文之恋爱纠葛（第 164—166 页）、季
羡林论胡适（第 248 页）、龙云之拥共声明（第 258 页）等，似嫌离
题。然而，小疵不掩大醇，《年谱长编》足资关切陈寅恪及其时代的
研究者与爱好者参考研思。

　　陈寅恪出生于长沙通泰街周氏蜕园，童年时代曾在长沙又一村
巡抚衙门小住。其父祖辈正是湖南维新时期运筹帷幄、立意革故鼎新
的风云人物陈宝箴、陈三立。从时务学堂到戊戌政变，晚清湖南成
为"三千年未有之变局"的大舞台。然而，维新运动是"帝党"与
"后党"的宫廷博弈，还是"革命派"与"保守派"的激烈厮杀，抑
或是一场"不彻底"的"阶级斗争"？时代不同，评述迥异。除当
事人（如梁启超）相关忆述作为史料佐证之外，过往研究者对于戊
戌湖南的社会历史也多有瞩目，成果蔚为大观。如费正清（John K.
Fairbank）、刘广京主编之《剑桥中国晚清史》(The Cambridge History
of China) 当中，思想史家张灏所撰"思想的变化和维新运动，1890—
1898"一章，即辟专节论述"湖南的维新运动"[1]。又如日本学者小野
川秀美在其《晚清政治思想研究》一书中亦有"戊戌变法与湖南省"
专章细致讨论[2]。另如汤志钧、黄彰健、周锡瑞（Joseph W. Esherick）、
张朋园、汪荣祖、罗志田、王尔敏、茅海建等中外学者，针对戊戌前
后湖南变局的内外动因，皆有研究，足以启人心智[3]。

---

[1] 参见费正清、刘广京编：《剑桥中国晚清史，1800—1911 年》（下卷），中国
社会科学院历史研究所编译室译，北京：中国社会科学出版社，1985 年，第
322—392 页。

[2] 小野川秀美：《晚清政治思想研究》，林明德、黄福庆译，台北：时报文化出版
事业有限公司，1982 年，第 192—236 页。

[3] 汤志钧编著：《戊戌变法人物传稿》，北京：中华书局，1961 年；黄彰健：
《戊戌变法史研究》，台北："中央研究院"历史语言研究所，1970 年；

　　《年谱长编》收录陈寅恪祖父陈宝箴、父亲陈三立以及陈寅恪少年时期史料堪称详实，读者正可借此一探戊戌前后湖南社会新旧交错的思想脉动，重新回望百年前发生于湖南长沙的历史迷局。如谱主所言："整理史料，随人观玩，史之能事已毕；文章之或今或古，或马或班，皆不必订也。"（第 113 页）就笔者而言，《年谱长编》引人入胜之处，端在于其中呈现的戊戌前后湖南史事，实非后世班马所轻率裁断且为往日教科书中习见的"新旧之争"，反而是"新旧之间"的人事纠葛和紧张心态。无论从时序更替抑或阶层互动而言，新中有旧、旧中有新，此刻为旧、彼时翻新的断裂与连续，使得湖南维新运动在短短数年间风起云涌，"新"与"旧"相互拉锯，成为当时互相界定的一对变量——"新派"未必全然趋新，"旧派"也不一定极端守旧。彼时自上而下的多方力量，更是审时度势，试图借助变革的"顶层设计"与细节掌控，争夺维新运动合法性论述的主导权。19 世纪末期，在湖南这方舞台之上，新旧之间的权势消长与重心转移，折射出戊戌前后时局的错综复杂与知识人心态的敏感微妙。今日读者展阅《年谱长编》之时，或许可以稍稍摆脱后见之明，关注往昔论断不曾注意的"灯下黑影"。

Joseph W. Esherick, *Reform and Revolution in China: The 1911 Revolution in Hunan and Hubei*, Berkeley: University of California Press, 1976（中译本参见周锡瑞：《改良与革命——辛亥革命在两湖》，杨慎之译，北京：中华书局，1982 年）；张朋园：《中国现代化的区域研究——湖南省，1860—1916》，台北："中央研究院"近代史研究所，1983 年；汪荣祖：《晚清变法思想论丛》，台北：联经出版事业有限公司，1983 年；罗志田：《近代湖南区域文化与戊戌新旧之争》，《近代史研究》1998 年第 5 期；王尔敏：《中国近代思想史论续集》，北京：社会科学文献出版社，2005 年；茅海建：《戊戌变法史事考》，北京：三联书店，2005 年；《戊戌变法史事考二集》，北京：三联书店，2011 年；《戊戌变法的另面："张之洞档案"阅读笔记》，上海：上海古籍出版社，2014 年。

一、"旧派"的新:《时务报》"不可不看"

据过往学界研究,19世纪末期湖南维新运动的兴起,一方面与中国在甲午海战中溃败于日本的刺激直接相关,另一方面也与19世纪后半期中国社会的两大变化密切相连。其一是1860年代以来,因对抗叛乱与发展洋务,督抚权力的不断扩张;其二是随着同时期地方士绅政治地位的提升,他们对于社会事务的积极参与。同时,湖广总督张之洞对于维新大业的开放包容、开明士绅具体操盘湖南内政,多重力量集中发酵,成就维新之初湖南政府与士绅集体"趋新"的"共同事业"——此亦有助理解湖南的宝善成制造公司、轮船公司与时务学堂,为何皆由同一批人发起。

以时任岳麓书院山长王先谦(字益吾)为例,在当时新派与后来的主流历史叙述中,他与版本学家叶德辉被笼统视为同属"诋訾新政"的旧派代表。然而,湖南变法初起时,王先谦反而是极力主张学生阅读维新报刊的人物。1897年1月,作为维新重镇之一的时务学堂,即由王先谦申请成立并马上获得陈宝箴的批准。与此同时,上海《时务报》刊有《岳麓院长王益梧祭酒购〈时务报〉发给诸生公阅手谕》,对于《时务报》揄扬有加:"查近今上海刻有《时务报》,议论精审,体裁整饬,并随时恭录谕旨暨奏疏,西报尤切要者。洵足开广见闻,启发志意,为目前不可不看之书。"(第38—39页)时务学堂提调熊希龄注意到,彼时延聘梁启超主讲时务学堂,亦得到从省会政界到地方士绅一致"赞成"与"称美"。当年10月,梁启超初到长沙,"宾客盈门,款待优渥,学堂公宴"。而且,"王益梧师、张雨珊并谓须特加热闹，议于曾忠襄祠张宴唱戏，晋请各绅以陪之，其礼貌可谓周矣。"①

连请人唱戏、设宴作陪这样的细节都已考虑妥当，维新初期时，新旧人物之间的敌对情绪，显然不及后来历史叙述那样刻意夸张。之后情势发展，假设真如《时报》创办人狄楚青后来回忆的那样，"王先谦、叶德辉辈，乃以课本为叛逆之据，谓时务学堂为革命造反之巢窟"②，以至于"新旧之争起于湘而波动于京师"③。那么，反观变法初起，梁启超礼数周全地将"学规课程应读何书，应习何学"定下条目，"送交各官、各绅，互相传观，群以为可行"④，则堪称耐人寻味的前后对照。而在当时"以为可行"的人群当中，或许就有主张"特加热闹"欢迎梁启超，并陪他一起饮宴看戏的王先谦。

其实，当时新派人士也认为，戊戌前夕湖南维新氛围并不算坏。这与事后追忆中湖南"顽固守旧"的印象其实颇有距离。清末文学家范当世在为陈宝箴撰写的《故湖南巡抚义宁陈公墓志铭》中，虽然着意刻画"顽者"（旧派）对于陈宝箴的诽谤和政变后"中立者"的转向，但也强调陈氏在湖南主持变法时，"湘之人兴起者太半，其顽者一二，中立审势者裁二三而已"（第9页）。而对于湖南维新的失败，在梁启超的回忆当中，却被其归结为"湘中一二老宿，睹而大哗，群起掎之"⑤。既然"顽者"不过寥寥一二，而且对于维新之举一度释

① 熊希龄：《上陈右铭中丞书》，转引自丁文江、赵丰田编：《梁启超年谱长编》，上海：上海人民出版社，2009年，第57页。
② 狄葆贤：《任公先生事略》，转引自《梁启超年谱长编》，第58页。
③ 梁启超：《时务学堂札记残卷序》，转引自《梁启超年谱长编》，第55页。
④ 熊希龄：《上陈右铭中丞书》，转引自《梁启超年谱长编》，第57页。
⑤ 梁启超：《时务学堂札记残卷序》，转引自《梁启超年谱长编》，第55页。

放善意，为何戊戌年湖南变法的情势，最终发展到连"中立审势者"都"群起掎之"的程度？其中新旧交错的历史细节，实在值得后人再思。

二、"新派"的旧："康党""旧派"与"谁氏党"

与旧派面目"既新且旧"相对，当日立意维新的新派想法却未必一体全新。与旧派人士喜迎梁启超入湘的态度相映成趣，新派最初略嫌保守的心态同样值得揣摩。据小野川秀美的研究，维新代表之一、湖南学政江标治下的校经书院所办《湘学报》最初不涉经学，实有意回避"于时事有裨"然"言之未免过激"的"素王改制之说"。变法初起，江标虽与康有为一样，力主透过经书吸纳西学（"复古周礼，更新西学"）。但是，江标标榜周官即"周礼"，与康有为断定"周礼"为伪书的态度显然不同。而到了张之洞严辞斥责《湘报》上易鼐的激烈文字之时，在维新派内部，黄遵宪亦认为易鼐的态度确实"足以惊世骇俗而宜戒之"①。不过，随着湖南维新的激进化转变，无论江标还是徐仁铸、唐才常，当日湖南维新人士的学术态度，大体都从主张调和汉宋、今古折中、"中体西用"的稳健态度，转向由康有为首倡、梁启超在时务学堂竭力鼓吹的今文经学。

彼时湖南巡抚陈宝箴亦因力荐后来成为"戊戌六君子"的杨锐、刘光第，"人遂汹汹，目公以康党"（第8页）。维新人士之一、南学会会长皮锡瑞在日记中记载，当日学正张百熙保荐二人，首为康有

---

① 小野川秀美：《晚清政治思想研究》，第194—195页、第199页、第215页、第223页以及第224页。

为，次即陈三立①。由此可知，在当时人眼中，就"力主变革"而言，陈氏父子与康有为实可同样划为趋新人物。"康党"一语作为刻画新派人物的关键词频频出现，其实是值得注意的时代现象。然而，被世人"目为康党"的陈宝箴，却不认为自己属于"康党"，反而着力划清界限，其背后的心态则又值得揣摩。据为陈宝箴撰写墓志铭的范当世所述，当光绪召见康有为之时，陈宝箴上疏"言其短长，摘其疵弊"，甚至力主"毁其所著书曰《孔子改制考》者"，这样的言行大概和后人心目中的旧派，已经相去不远。后来，"湖南既设时务学堂，其官绅并缘《时务报》推梁启超为主讲而公［陈宝箴］从之"。细玩文字，陈氏对于新政"从之"的态度，似乎反而不及当地官绅来得积极主动。"及《湘报》与学堂所论有瑕疵"，陈氏"遏其渐，剖析而更张之"。"遏其渐"三字既生动刻画陈宝箴对于过分激进的维新主张的制约，也曲折表明当时湖南维新阵营并非铁板一块。实际上，由于社会角色与立场的差异，在同样趋新的思想光谱上，陈宝箴与康有为、梁启超，与谭嗣同、唐才常，与易鼐、樊锥诸人，仍有着深浅不一的颜色。范当世说得明快："吾未见其为谁氏党也。"（第8页）

范当世在陈宝箴墓志铭中的表态，或许有事后刻意回护陈氏的意图，但至少从"目公以康党"和"吾未见其为谁氏党"两造之间，时人心目中的新派形象及评价，差异确实颇大。戊戌变法过去将近半个世纪之后，陈寅恪在写于1945年的《读吴其昌撰梁启超传书后》中，郑重强调"戊戌当时言变法者"源头有二，未可混为一论：源头一是康有为以今文经学入手，通过"公羊三世说"，"附会孔子改制以

① 参见陈寅恪：《寒柳堂记梦未定稿·戊戌政变与先祖先君之关系》，《寒柳堂集》，北京：三联书店，2001年，第204页。

言变法"；源头二则是历验世务欲借镜西国以变神州旧法者"。同样是主张变法，陈氏一系的思想显然源自后者。所以，当陈宝箴、陈三立看到朱一新在《无邪堂答问》中驳斥康有为的《公羊春秋》，"深以为然"。实际上，陈寅恪亦借此表明心迹："余少喜临川新法之新，而老同涑水迂叟之迂之迁"[1]。他后来也数次强调自己"思想囿于咸丰同治之世，议论近乎湘乡南皮之间"[2]。这一"夫子自道"明显更靠近张之洞"中体西用"式渐进调适的变革主张，而有意和康有为"孔子改制"式的激进路线一别苗头。

不过，陈寅恪的上述看法也多少不免"后见之明"。实际上，当时人对于陈宝箴式的"新派"的看法，远不止"二源"分流，反而呈现"多源"汇流的局面——有人视为"康党"，有人看不出是"谁氏党"，甚至还有人将陈宝箴目为"旧派"。范当世回忆，"许公不言维新者，方裁缺欲归，公诏书督劝甚挚。许公曰：'岂须我耶？'余曰：'不然，此公义相取，陈公何必旧，公又何必新耶？'"（第 8 页）当"公义"作为"变法维新"的代名词，意味着"变革"理念已成为当日影响士人的一大思潮。而"公义相取"之下的"何必旧"与"何必新"的依违两可，则最能看出当时新旧翻覆的时代特征。知父莫若子，难怪同为湖南维新运动中心人物的陈三立如此评价其父陈宝箴："府君独知时变所当为而已，不复较执为新旧，尤无所谓新党旧党之见。"（第 12 页）

---

[1] 陈寅恪：《读吴其昌撰梁启超传书后》，《寒柳堂集》，第 167 页以及第 168 页。
[2] 陈寅恪：《冯友兰中国哲学史下册审查报告》，《金明馆丛稿二编》，北京：三联书店，2001 年，第 285 页。

三、"新派"分野：公私关联与满汉互动

其实，后来的主流历史论述对于维新人士的赞誉和变法事业的美好想象，也在一定程度上遮蔽和简化了戊戌年间丰富多元的士人心态。从《年谱长编》里陈宝箴父子与新旧人物的交往细节之中，实可一探维新进程中不同时期的新派分野与新旧之间的复杂关系。

湖南时务学堂创办之初，黄遵宪向陈宝箴推荐康有为来此主讲。陈三立随即表示，曾读过梁启超的文章，"其所论说似胜于其师，不如舍康而聘梁"①，陈宝箴允之。结合陈寅恪后来对于维新变法"二源说"，颇可再思当时维新人物对于康梁师徒的不同看法，以及知识群体乃至士人个性对于维新思想的外缘影响。后来成为语言文字学家的杨树达，当年正在时务学堂读书。在其所著《积微翁回忆录》中，他写道，当日第一班考入四十人，后来鼎鼎有名的蔡锷高中第二名，成为梁启超的受业弟子②。有趣的是，当事人陈三立在若干年后与梁启超共话戊戌之时，对蔡锷考取时务学堂的印象却并不见佳："年十四，文不通，已斥。余因其稚特录之。"（第13页）高中第二名者竟是"文不通"，则时务学堂当日学生水平或许不宜高估。而对于同为新派的谭嗣同，周善培在《旧雨鸿爪》中曾回忆，陈宝箴认为谭嗣同"才不能胜气"，称其"才气可爱，意气可忧"。陈宝箴要周善培见到谭嗣同之时，劝他"作大事的人气要静"（第42页）。周善培进京前夕，陈

① 陈寅恪：《读吴其昌撰梁启超传书后》，《寒柳堂集》，第167页。
② 杨树达：《积微翁回忆录 积微居诗文钞》，上海：上海古籍出版社，1986年，第4—5页。

宝箴托他捎话给刘光第，表示刘氏"沉着稳重""希望很大"，而谭嗣同"希望很大，忧虑也很多"（第 43 页）。从《年谱长编》所载这类时人描述的琐碎细节之中，今人或许能看到康有为、梁启超、蔡锷、谭嗣同乃至湖南维新运动更加多元的面向。

另一方面，1890 年代湖南的维新运动，也并非维新派只手擎天、单兵突进。新派和旧派，特别是和满人亲贵如荣禄之间的密切互动，同样不容忽视。陈寅恪在《戊戌政变与先祖先君之关系》一文中，明确谈到荣禄对其父祖辈的推重。也正因为"南皮 [张之洞] 与荣禄本无交谊，而先祖与荣禄的关系，则不相同也"，所以"先祖之意，欲通过荣禄，劝引那拉后亦赞成改革，故推夙行西制而为那拉后所喜之张南皮入军机"（第 43 页）。陈宝箴当日此举，可谓寄意遥深。实际上，观察此一时期历史需要注意的是，在维新运动相当长的时段里，帝后之间并不完全是保守与维新的关系。一般被视为"保守"的慈禧派系当中，李鸿章、荣禄诸人的维新理念与实际动员能力，不在帝党代表翁同龢等人之下。且双方的激烈对峙，当是进入1898 年之后的事情。《年谱长编》记载，戊戌政变之后，陈宝箴父子"止于革职永不叙用之薄惩，实由荣禄及王元和 [卞僧慧按：王元和为王仁和，即王文韶] 碰头乞请所致也"（第 44 页）。可见，戊戌维新之际，新旧之间错综复杂的公私关联和满汉互动，实非后人"新旧之争""满汉之争"等简单断语所能概括，而是包含了新旧之间不同政治力量，在现实利益与国家远景之下彼此角力也彼此妥协的多重内容。

四、"遗民"之争：政治"理想"与国家"现实"

1898 年 9 月，戊戌政变爆发，湖南乃至全国的变法维新亦随之转入低潮。之后的情形，如鲁迅在《中国小说史略》中所言："戊戌变政既不成，越二年即庚子岁而有义和团之变，群乃知政府不足与图治，顿有掊击之意矣。"[1] 然而，直到进入民国，围绕当日维新派的余音仍袅袅不绝，但论辩焦点则由"康党"转而变成"遗民"。史学家吴宗慈为陈三立撰写传略，称陈氏"出处大节"，是"自守为子为臣之本分"，认为陈氏"在清末季，韬晦不出，与辛亥革命后之作遗民，其志趣节操，乃一贯而行者"（第 15 页）。况且，"梨洲、炎武、船山诸贤，皆遗民也。虽古今情事不同，此名词似亦不违其志者"（第 17 页）。然而，植物学家胡先骕读罢，认为吴宗慈所谓"甘隐沦为遗民以终老"（第 16 页）一说，违背了陈三立的本意。在胡先骕看来，陈三立之所以不愿在民国政府出任要职，其实出于对民初南北政局"紊乱窳败"的痛心疾首，"与一般之所谓遗民者有异，且亦非甘于效忠清室者"（第 17 页）。

仅仅十余年过去，昔日力主变法的新派人物，竟已被后人视为"遗民"——19 世纪、20 世纪之交中国社会的激变程度，可谓巨大。而当时人眼中对于"遗民"的理解，彷徨于新旧之间，其思想断续则更值得玩味。吴宗慈回复胡先骕所言，"在今日似难用理想而演绎其事实"（第 17 页），其实不妨视为吴、胡二人各执一端的理据。民国

---

[1] 鲁迅：《中国小说史略·第二十八篇　清末之谴责小说》，《鲁迅全集》第九卷，北京：人民文学出版社，1981 年，第 282 页。

代清，实为"数千年未有之变局"的重大后果。以今日眼光来看，辛亥前后士人心目中的政治"理想"与国家"现实"，较之顾炎武、黄宗羲、王船山所处明清易代之际，内容其实已经大变。然而，陈三立式的"老人爱国，出于衷诚"（吴宗慈语，第 17 页），则意味着无论身处帝制还是共和，传统读书人对于国家权威的认同，仍有着抽象意义上一以贯之的价值。清代的普世王权业已崩溃，而新生民国"紊乱窳败"却又不容乐观，两者的深层内涵都指向文化理想中的权威失堕。现实虽然是一旧一新，但新旧之间其实质却具有同构性——所谓"情事不同"，却"不违其志"。因此，《年谱长编》中陈三立的态度，虽出于意料之外，其实正在情理之中，反而更见戊戌一代士人的个性："忠于清，不必如郑孝胥；赞成民国，更不必如谭延闿。"（第 15 页）陈三立不满国民政府要员，故连同儿子陈登恪与谭氏女儿的婚姻也一并否定。然而，他又直斥郑孝胥"非忠于清，直以清裔为傀儡，而自图功利"（第 17 页），进而相信"关民国事，听儿辈为之"（第 16 页）。可以说，陈氏的言行，有传统中国易代之际"遗民"的内容，又确非"遗民"二字的旧义所能涵盖，反而呈现更加耐人寻味的深意。

结语

晚清中国士绅阶层与政治权力的二元结构，一方面基于国家的现实危机与实际利益，联手催生维新思想与变革行动，但另一方面，传统意识形态与价值观念的影响，也让那一时期的湖南地方士绅，倾向于压制开明官员与知识人的地方自治倾向与激烈言行。1898 年初，当陈宝箴奏请焚毁《孔子改制考》，湖南维新陷入低潮。然而，此时京城变法反而在新的外缘刺激之下进入高潮，实出乎当事人意表。可见，在一激变时代里，改革的时机把握与力度拿捏，并非易事。《年谱长编》以史料汇编的方式，勾勒出谱主陈寅恪的人生履迹，以及陈氏一生中透射出的 19 世纪、20 世纪风云变幻。全书关切焦点虽然只是"一人一事"，实则透过纷纭史料足以让后世读者"知人论世"。

回到本文议题，无论戊戌、辛亥，还是之后的国民革命和共产主义运动，实非后人想象与意图裁剪之下形成的思想"单向道"，而是亮点与盲区并存，前进与后退交织。平心静气读史阅世，方能真切体味，变革时代的人与事往往有着西人所谓 "dominated by none, but shaped by all"（不由任何人、事、物单独决定，而是被多元因素共同形塑）的复杂进程。正是这些多元互动的声音此起彼伏、相互辩论，近代中国的历史才一次又一次地呈现峰回路转、柳暗花明的面貌。

追寻"新天下主义"的中国之路
——评《家国天下：现代中国的个人、国家与世界认同》

一、"脱嵌"与"再嵌"：认同问题的历史前提

对于近代中国认同（identity）问题的重新发掘，构成了许纪霖教授的新著《家国天下：现代中国的个人、国家与世界认同》（上海人民出版社，2017 年 2 月，以下简称《家国天下》，引用只注页码）的中心议题。在探讨西方的自我观念与现代认同的关系时，查尔斯·泰勒（Charles Taylor）曾用"承诺（commitment）"和"自我确认（identification）"来界定"认同"的含义。在他看来，正是"我的认同是由提供框架或视界的承诺和身份规定的，在这种框架和视界内我能够尝试在不同的情况下决定甚么是好的或有价值的，或者甚么应当做，或者我应赞同或反对甚么。换句话说，这是我能够在其中采取一种立场的视界"①。

从东西方社会发展的脉络来看，认同问题的出现，具有颇为独特的历史前提。在欧洲，正是因为 17 世纪科学革命和宗教革命，引

---

① 查尔斯·泰勒：《自我的根源：现代认同的形成》，韩震译，南京：译林出版社，2001 年，第 37 页。

爆了一场"大脱嵌"（The Great Disembedding）的轴心革命。在这一由科学理性、全球市场和心灵世俗化带来的"大脱嵌"过程中，现实世界与意义世界彼此镶嵌的状态逐渐瓦解。个人、信仰、法律与国家从超越价值世界当中游离出来，获得了独立的自主性。因此，许纪霖教授指出："近代发生的大脱嵌，是指个人从各种宇宙、自然和社会的关系网络中抽离出来，成为本真的、独立的个人。"（第 6 页）而在中国，类似的"大脱嵌"革命，则发生在清末民初的转型时代。随着 19 世纪以来西力东渐的日渐深化和普世王权的最终崩解，传统的典章制度与圣人垂训，已经不再能够为个人、国家、民族的自我理解提供新的价值理据。这使得中国式的"大脱嵌"，成为一场许纪霖笔下对于"中国人独特认同方式"——"家国天下"的大革命（第 16 页）。

《家国天下》的分析表明，"大脱嵌"带来的对于"我是谁"的重新追问，既表现为个体内在的心理企求，也聚焦为群体的外在社会行为，乃至无可逃避的集体命运。1927 年秋天，陈寅恪在哀悼王国维的挽词中写道："近数十年来，自道光之季，迄乎今日，社会经济之制度，以外族之侵迫，致剧疾之变迁；纲纪之说，无所凭依，不待外来学说之掊击，而已销沉沦丧于不知觉之间。"[1] 其中"纲纪之说，无所凭依"一语，正是指维系传统中国社会的道德资源与文化价值业已丧失殆尽。因此，在陈氏看来，作为"文化精神所凝聚之人"，王国维只能选择与这种文化"共命而同尽"。面对晚清以来"赤县神州数千年未有之巨劫奇变"，无论是王国维的慷慨赴死，还是陈寅恪的感世伤怀，变革时代刺激下的认同问题，诚如许纪霖所言，"既由自

---

[1] 陈寅恪：《王观堂先生挽词》，《陈寅恪集·诗集》，北京：三联书店，2001 年，第 13 页。

我界定，是自我的想象建构，同时也是自我与他人交往的产物"（第472页）。

从更深层次看，认同呈现出不仅求异，同时也在趋同的悖论过程："认同也是同一性的要求，通过自我和他人的承认，形成同一的自我、同一的文化、同一的制度、同一的民族、同一的国家"（第472页）。因此，许纪霖在书中郑重提示读者，在近代中国的思想语境当中，"自我"与"家国天下"都是"变量"，而且是"相互形塑、彼此镶嵌的积极的互动性元素"（第16页）。这印证了查尔斯·泰勒的说辞："本真性的自我只有在一定的社会与文化的构架之中，才能获得自我的理解与认同，而与别的自我进行交往与对话又是自我认同过程中不可缺少的。"[1]

在经历"大脱嵌"的巨变之后，家国天下的秩序与现代意义上的"自我"，均无法在彼此分割的状态下，实现价值的自我确证——"大脱嵌"之后的中国人是因此获得自由，还是重新成为现代国家利维坦（Leviathan）的奴隶，或者无所依傍的虚无主义的个人，亟须在"再嵌化"（re-embedding）形成的新的认同框架之下，通过具体的社会实践予以回应和解答。如何建构"家国天下"新秩序，如何重建现代的自我认同，自我的实现和"家国天下"新秩序的建构又呈现出怎样的互动关系……在清末民初众声喧哗的历史情境当中，"大脱嵌"之后中国人重寻认同的思想视野不断刷新。许纪霖的《家国天下》一书，对于支配现代中国认同问题的思想、群体与社会力量的持续探索，也就具有了相当清晰的问题意识和历史起点。

---

[1] 查尔斯·泰勒：《现代性之隐忧》，程炼译，北京：中央编译出版社，2001年，第54页。

二、断裂与连续:"家国天下"的路径探索

《家国天下》一书强调,现代社会的基本认同,体现为以政治秩序为中心的共同体认同和以心灵秩序为中心的精神价值认同。全书凡35万字,共分三个板块——上编:"从古代'中国'到现代国家认同"(共分五章);中编:"现代中国的国家建构"(共分六章);下编:"个人、地方与天下认同"(共分四章)。纵观全书,作者显然更侧重现代中国政治秩序与政治认同的讨论,而对于涉及道德、宗教以及心灵秩序的认同议题,则着墨较少。故而,这一围绕认同问题而展开的"家国天下"历史画卷,其实尚有诸多思想空白可供填补。

《家国天下》一书视野开阔、论域广泛并致力于面向学界前沿如费孝通、许倬云、汪晖、葛兆光、姚大力等人的研究成果展开积极对话[①]。作为变革时代提供"承诺"与"自我确信"的"框架与视界",重寻"家国天下"的新认同是一连串变动不居的思想脉动。它们改变着过往"家国天下"的历史,也形塑了中国人在"冲决网罗"之后错综复杂的愿景。就笔者所见,若跳脱原书的篇章结构,就贯穿其中的基本问题意识而言,有三条思想主线值得读者关注。它们的分合之间,构成许纪霖笔下近代中国社会经历"大脱嵌"之后,中国人对于"家国天下"重新认同的诸多冲突的开端。

[①] 费孝通等:《中华民族多元一体格局》,北京:中央民族学院出版社,1989年;许倬云:《我者与他者:中国历史上的内外分布》,北京:三联书店,2010年;汪晖:《现代中国思想的兴起》,北京:三联书店,2004年;葛兆光:《宅兹中国:重建有关"中国"的历史论述》,北京:中华书局,2011年;姚大力:《中国历史上的民族关系与国家认同》,《中国学术》2002年第4期/总第十二辑。

　　第一条线索是基于权威与权力的分野，对于世俗化转型进程当中，现代国家政治正当性的重新论证。作者指出，传统儒家政治的正当性有双重性质，一是源于具有超越价值的天道，二是基于世俗的民意。两者内在相通，均遵循儒家的德性原则。因此，在古代中国，政治的核心问题是：如何统治才是正当的、符合天道和民心的。而到了近代，随着君主专制的瓦解，政治正当性的来源不再是超越的天命、天道与天理，而是回归到人的自身意志和历史主体。

　　因此，作者指出，"天道之权威转变为公理和公意，由此形成宪法的权威；民意之权威转变为权力的来源，现代政治权力必须来自人民的认可和授权，由此形成了民主"（第152页）。也就是说，政治正当的核心问题不再是如何统治，而是统治者的权力是否得到人民的授权和同意。而这同时也带来政治认同之上权力与权威的分离。在第六章《民国初年的国家建构：权力还是权威？》、第七章《"魏玛时期"的国家建构与代表性危机》的论述之中，作者认为，民国初年革命派与立宪派的分歧，正在于前者不相信立宪与共和，渴望的是对国家权力的控制；而后者则忧虑缺乏立宪的共和制度会以人民的名义执行新的专制。因此，"革命后的第二天"的真正问题，乃是如何通过制度设计，实现"公意"。

　　第二条线索则是针对"大脱嵌"之后，对于富强与文明共同支配下的世界秩序和国家观念的重新理解。许纪霖指出，"大脱嵌"带来的是"家与国"以及"国与天下"的双重断裂。由于受到近代亡国灭种的危机刺激，在富国强兵的国家目标引领下，成就了中国式的国家理性。这一国家理性借助社会达尔文主义的推波助澜，压倒传统的"天下"价值观。与此同时，晚清以来，文明的主体从传统天下主义的儒家文明，转变为以西方为主体的自由民主的现代文明。于是，传统的国与天下的关系，转化为富强与文明的价值冲突。作者指出，"晚清以来一个半世纪的民族复兴过程，基本是富强压倒文明，国家理性凌驾于普世价值"（第 8 页）。

　　然而，另一方面，"家国天下"连续体的断裂，给中国的政治生活、伦理生活和日常生活带来了巨大影响：一是由于失去了社会和天下的制约，国家权威至高无上；二是由于从"家国天下"共同体脱嵌，现代自我成为一个个无所依傍的原子化个人，失去了其存在的意义。1914 年 10 月 26 日，留学美国的青年胡适在日记当中写道："万国之上犹有人类在。"[①] 一百年之后，本书作者也指出，"家国天下需要在新的理解和建构之中重新关联，既划清各自的疆域，同时又相互制衡"（第 11 页）。在第五章《两种国家认同：共和爱国主义与文化民族主义》、第八章《国家建构的基础：富强还是文明？》、第九章《国家富强背后的进化论》当中，许纪霖特别强调，在国家内部，"现代国家不仅仅是一个程序共和国，也是一个具有公共意志和公民德性的伦理共和国。"（第 11 页）而在国家外部，"国家理性之外还有世俗化的启蒙理性（代表新的天下价值，自由与平等）"，"倘若国家理性缺乏宗教、人文和启蒙价值的制约，任凭其内在权势扩张蔓延，便会从霍布斯式的功利主义走向保守的浪漫主义，蜕变为缺乏道德取向的价值虚无主义，最后催生出反人文、反人性的国家主义怪胎"（第 12 页）。

　　第三条线索是作者对于近年学界关注尤多的地域意识与国家认同（国家权力的中心与边缘）以及由此延伸的中原（汉族）与边疆（少数民族）关系的深度思考。前者详见下编第十三章《国家建构中的地方认同》一文当中，对于近代不同时期地方士绅与朝廷以及乱世

[①] 胡适：《胡适留学日记》，海口：海南出版社，1994 年，第 264 页。

中的"土豪"（晚清新政时期的旧士绅）与"游士"（新文化运动孕育下的新学生）此消彼长的精彩分析。后者则贯穿古今，见诸第一至三章《多元脉络中的"中国"》《作为国族的中华民族》《现代中国的天下与夷夏之变异》等的讨论，并以此为理论铺垫，重新阐释"何谓中国"与近代中国的民族革命、民族建国、国家形态等思想史上的大问题。读者若能同时参酌作者对于大陆、台湾"互为他者"的论述，当获益更多①。

作者指出，古代中国的国家认同，是通过对文明的认同和对王朝的认同实现的。从秦汉到明清，有两种不同类型的大一统王朝：一种是以汉人为中心的中原王朝，另一种是由边疆民族所建立的征服王朝。中原王朝的天下观以华夏—汉民族的文明与空间为天下观，但在元代和清朝这些征服王朝那里，天下的内涵则排斥了以中原为尺度的夷夏之辨，突出了以王朝认同为核心的疆域大一统。因此，国家理念和统治合法性上更为深沉的变化，在征服王朝中出现：中原王朝特有的"差序格局"式天下状态发生改变，代之而起的是多民族王朝内部的"双元政教制度"。

以清朝为例，其统治者在秦汉以降的郡县制基础上，发展出一套对汉民族和边疆民族分而治之的双重治理模式：一方面，通过拥有多元象征符号的王朝认同，保持国家的政治同一性；另一方面，又将多元治理作为王朝的长期国策，以此保持各民族宗教、文化和制度的多样性。因此，清帝在汉人这里是"皇帝"，在蒙古大公那里是草原盟主"大可汗"，在藏人那里则是"文殊活菩萨"。另一方面，许纪霖

---

① 许纪霖：《亚细亚孤儿的迷惘》，《读书》2014 年第 10 期以及许纪霖：《一种新东亚秩序的想象：欧盟式的命运共同体》，《开放时代》2017 年第 2 期。

也指出，"双元政教机制使得帝国始终缺乏一个与国家同一的文明和制度"（第34页）。因此，对于中原王朝不成问题的"中国认同"，却在由边疆民族当政的清朝，撕裂为"两个中国"之间的紧张，并由此带来晚清统治合法性的深层危机和普世王权的最终瓦解。但清王朝留下的多民族、多宗教的"五族共主"的历史遗产，通过清帝逊位诏书的法律形式，转型为"五族共和"的中华民国。

必须指出，这三条主线在近代中国的延伸远非和谐一致。认同危机的产生与化解，在具有历时态和共时态的不同群体和个体知识人当中，往往呈现出相当错综复杂的情境。作者善以"理想类型"的后见之明，分析当时历史脉络中认同关系的内在张力并提供因应之道：

"对于当代中国人来说，要想走出原子化自我的迷失，就只能在重建的家国天下新秩序中获得自我认同。原子化个人是权利自由主义的基本预设，但这样的自由主义是不完备的，必须补充社群主义以建立社会自我，引入共和主义和文化民族主义以重新理解个人与国家的关系，强化世界主义来让个人从普世文明中获得真正的自我。"（第15页）

事实上，认同问题虽受西方思想的启发，但在现代中国特定的历史语境中，"家国天下"的思想谱系与欧洲的"认同"观念，不仅在内容上存在一定差异，而且其本身也依据历史情境的变迁而改变。"认同"不是理念的推衍，也不是某种文化原理的必然产物，而是在特定历史事件和参与者的合力制约下共同完成。作者启蒙心态甚强，试图以"调和鼎鼐"的方式予以一一化解，论述固然整全高远，然而其中的历史紧张感与丰富性则不免有所削弱。

三、"超克"或悖论:"新天下主义"的内在紧张

《家国天下》一书对于"新天下主义"思考尤深。在上述三条贯穿全书的思想脉络延长线的交点上,"新天下主义"的理论格局清晰可辨。在第十五章《新天下主义与中国的内外秩序》当中,许纪霖指出:"民族主义本是现代性的内在要求,然而一旦成为君临天下的最高价值,将会给世界带来毁灭性的灾难。"(第437页)因此,基于"与民族国家意识对冲的思维",来自古代传统又重新加以现代性解释的轴心文明智慧——"新天下主义"呼之欲出。

在作者看来,"新天下主义"是对传统天下主义与民族国家的"双重超克"。一方面,就内部秩序而言,新天下主义"超克传统天下主义的中心观,保持其普遍主义的属性"。(第442页)因此,对于现代中国而言,"新天下主义"的体现,就是在宪法爱国主义的基础之上,尊重少数民族和族群有相互承认的文化自主性和政治自主权,进而形塑"多元一体"的中华民族(第450页)。另一方面,从外部秩序来看,"新天下主义"既强调吸取"民族国家主权平等原则",同时也重视超越民族国家利益至上的狭隘立场,"以普世主义平衡特殊主义"。作者指出,"民族国家的本真性与主权并非绝对的,而是由外在限制的"。这个限制,就是"新天下主义"的普世文明原则(第442页)。

这一普世文明原则具有双重特质:其一,它是世俗化的,因此"不再具有传统天下主义那种超越性格,也不再需要天命、神意或道德形而上学的背书";其二,它是政治学家亨廷顿(Samuel P. Huntington)所说的"各文明实体和文化共同体共同认可的某些公共价值以及相互共享与重叠的那部分社会文化建制"(第443页)。因

此，作者既批评以西方（或中国）为中心的"否定他者的普遍性"，也对自由主义以"价值中立"的方式，建立无视各文明与文化之间内在差异的"普世价值"表示不满。更耐人寻味的是，作者也不赞成罗尔斯（John Rawls）的思考，认为其"宪政国家的普遍正义和全球的万民法秩序"，犯下了"路径倒置"的错误。在作者看来，"一个国家内部的正义秩序，需要一个强势的有实质内容的公共价值，而不能以权宜性的重叠共识为基础。但在多种轴心文明、民族文化并存的国际社会，以西方文明的人权标准作为万民法的核心价值，又显得过于实质"（第 445 页）。

那么，"新天下主义"所主张的"重叠共识"究竟是什么呢？作者认为，"民族国家内部需要厚的公共理性，而国际社会只能建立薄的底线伦理"（第 445 页）。但是，《家国天下》一书恰恰回避了对于这一"重叠共识"（薄的底线伦理）实质内涵的讨论。这使得作者提出的"新天下主义"更多地表现为一种作者立足于"君子和而不同"的立场上，认知中国与世界的方法论或世界观，而非一份国际社会与不同文明具体可感的"共识清单"。进而言之，"新天下主义"对于国家内外秩序的简单切割，使得作者缺乏从"他者"（一般而言，地理学意义上的东亚国家，除中国以外，尚有日本、韩国、朝鲜、蒙古。进而言之，还应包括台湾地区、香港地区、澳门地区，以及地缘相邻的俄罗斯）立场，对于这一"重叠共识"保持必要的"反向理解"与"协商民主"的态度。这是"新天下主义"的两大缺憾。

正缘于此，作者关于"东亚命运共同体如何可能"的部分论述，难以让人完全信服。作者自问："假如中国成功地实现了民主与法治，成为像英美那样的文明国家，是否周边国家就此可以放心呢？"（第 454 页）历史和未来当然不能随意假设。接着，作者又以"代人立言"

的方式，对这一设问做出否定回答。在作者看来，正是因为"东亚和平秩序的重建，有其独特的问题价值"，因此，"无论从哪种意义上说，（周边国家，特别是周边小国）也不愿再次成为中国的藩属国，哪怕中国已经变成一个文明国家"（第454页）。作者随后的论述，更是令人错愕："即使中国是一个非民主国家，但只要良序，能够内部有法治秩序，外部遵守一般的国际法则，也有可能介入到东亚秩序的重建之中来。"（第454页）然而，作者大概忽略了，就在相邻一页当中，他就曾指出，欧洲共同体建立的基石就是"价值的普遍性"，即基督教文明和普世化的启蒙价值。既然作者自陈，"只有以普遍性的价值作为共识基础所建立的共同体，才是持久的、稳定的"（第455页），为何在面对东亚命运共同体的时候却厚此薄彼？

问题恰恰在于，背离了民主、法治、人权等现代文明的普世价值，"新天下主义"的秉持者并未实现对于传统天下主义与民族国家的"双重超克"，反而更多地刺激出东亚命运共同体认同上新的悖论。对此，韩国延世大学白永瑞教授的态度掷地有声："若中国不是立足于民主主义，而是借由复兴大一统的历史记忆来追求权力的正当性，走的是以民族主义为动力的近代化模式，并未能新创出克服其弊端的独特发展模式，即使中国有意要主导东亚秩序，也不容易让周边国家自发地参与其中。"（第453—454页）换言之，"重叠"不存，"共识"焉附，"新天下主义"又从何而来？

美国前国务卿基辛格（Henry Kissinger）在其所著《世界秩序》（World Order）一书中谈到，基于共同的殖民地历史经验，亚洲国家最广泛的共同特点是，"努力通过突出自己的国家特点来克服殖民统治留下的后果"。因此，"以威斯特伐利亚原则（Westphalian principles）为前提，以国家利益为基础的外交政策似乎成为亚洲的主流"。然而，基辛格同时敏锐地指出，威斯特伐利亚原则给出了"分配和维持权力的方法，但没有解答如何产生合法性"。因此，威斯特伐利亚体系亟须现代化，即建立起在"克制、均势与合法性"之间保持平衡的世界秩序与伙伴关系[①]。这一思路与《家国天下》中"新天下主义"的主张若合符契，但更为现实可行。"克制"仰赖于各国的文明智慧与理性，"均势"源自经济、军事力量的制衡，而现代权力的"合法性"，恰恰基于政权本身对于民主共和、自由人权等一系列现代文明核心价值的高度认可——而在最后这一点上，当代中国最为需要用文明的方式，将自己的价值观呈现给全世界。这才是东亚命运共同体寻求"重叠共识"的底线。

结语

许纪霖十年磨剑，在《家国天下》一书中展示了他的思想视野与深沉关切，也为当代学术思想界提供了暌违已久的力作。这部作品让读者真切感知到，现代中国的个人、国家与世界认同，牵动着19世纪末直至21世纪的今天，革命与战争、殖民与后殖民、领土争端与历史记忆、宗教矛盾与族群冲突、核武扩散与"反恐"、悲情意识与"大一统"情结等诸多有形和无形力量之间的博弈，其历史与现实意义都需要审慎评估。这部作品更明确昭示，在"新天下主义"的语境下，对于中国而言，寻求认同的努力不仅仅是走出"家国天下"时的艰难跋涉；在文明冲突日趋严峻的后冷战时代，中国对于"家国天下"新认同的追寻，更需要为全球秩序贡献新的文明智慧。

[①] 亨利·基辛格：《世界秩序》，胡利平、林华、曹爱菊译，北京：中信出版社，2015年，第275页、第226页、第475页以及第303页。

五四思想史如何"重新问题化"
——评王汎森《启蒙是连续的吗？》

　　因其引发的思想剧变以及对于 20 世纪历史的深远影响，五四新文化运动与维新变法、辛亥革命等重大事件一道，成为清末民初思想文化"转型时代"的高潮之一①。此后百余年间，一方面，报刊、书信、日记、回忆录、口述史、影音图像等多元史料层出不穷，极大丰富了五四新文化运动的历史图景；另一方面，围绕五四时期"德、赛二先生"、家庭革命、文言白话之争、性别认知、地方与世界的互动、科玄论战等议题，也产生了诸多启人心智的历史诠释——无论是"从鸦片战争到五四运动"的阶级分析与"新、旧民主主义"的革命论述②，还是从"救亡压倒启蒙"③到"没有晚清，何来五四"④的反省与检讨，既充分展示了不同时期知识人"重访五四"的深度及广度，也凸显出五四新文化运动历久弥新的思想魅力。

---

① 张灏：《中国近代思想史的转型时代》，《二十一世纪》1999 年 4 月号。
② 胡绳：《从鸦片战争到五四运动》，北京：人民出版社，1981 年。
③ 李泽厚：《启蒙与救亡的双重变奏》，《中国现代思想史论》，北京，东方出版社，1987 年，第 7—49 页。
④ 王德威：《没有晚清，何来五四？》，《被压抑的现代性：晚清小说新论》，北京：北京大学出版社，2005 年，第 1—19 页。

一、内容与结构

值此五四百年纪念之际，王汎森先生推出其五四新文化运动的研究新著《启蒙是连续的吗？》（香港：香港城市大学出版社，2020，以下引用本书只注页码），尝试以"前后左右"的观察视角，"探索这个巨变时期的心灵世界中，各种思想元素交互错综的意义"（第7页）。其中"前后"特指从五四思想之起源直至"后五四时代"的思想变迁；"左右"则侧重探讨五四新文化运动"在实际历史中扩散、浸染、熏陶，在生活、气质、心态、人生观、时间观乃至习癖、偏好，或对于事物优劣好坏的判断等各方面的影响"（第9页）。该书并非五四新文化运动某一特定主题的研究专著，而是由序言、附录以及九篇相关论文所构成的一部五四专题论文汇编，贯穿了作者二十余年来对于五四思想史研究"重新问题化"的省思与睿见[1]。

依其关注重点，书中论文大致可分为三组。第一组包含三篇论文。《思潮与社会条件——新文化运动中的两个例子》为本书中撰写最早的一篇论文，讨论在清末民初新旧嬗递的历史进程中，社会政治条件（如铁路国有之争、袁世凯称帝、张勋复辟等）如何在全国与地区的舞台上扮演思想"转辙器"的角色。《从新民到新人——近代思想中的"自我"与"政治"》说明在近代思想转型的背景下，"自我实现"与"自我完善"得以实现的条件、心理特质及其后果。《中国近代思想中的"未来"》则聚焦清末民初的"时间意识"，以及由此衍

---

[1] 相关书评见毛升：《五四仍有风景：评王汎森〈启蒙是连续的吗？〉》，《上海书评》2021年2月9日。

生而成的知识人关于未来世界的想象、言说与行动的重大变化。第二组论文以反思五四思想史研究方法论为中心。《五四历史的两条线索》关注由"正信者"（真诚信仰者）和"半信者"（信而有疑者）交光互影所共同演绎形成的"confused period"（模糊阶段）的思想史意义。《思想史与生活史的联系——五四研究的若干思考》从五四运动与生活世界的变化入手，说明五四的价值观念与评判标准，如何通过生活化的形态（如文艺作品、戏剧表演、演说等）渗透到社会各个角落与普罗大众的日常生活之中。《启蒙是连续的吗？——从晚清到五四》为本书中最新完成的一篇论文。它关注晚清、辛亥到五四新文化运动的思想"连续"的种种不同形态——有时是单纯的传递，有时是"转辙器"式的关系，有时是思想与政治相互激发而前进的关系。最后一组的三篇论文分析"后五四时代"当中五四思想的新面向与新趋势。《后五四的思想变化：以人生观问题为例》讨论人生观议题如何与"社会科学"诠释体系的兴起以及党派政治抉择彼此纠缠，进而带来私人领域的逐步政治化。《反主义的思想言论——后五四政治思维的分裂》着重讨论后五四政治思潮之中，随着"反主义"人士与思潮的出现，进而挑战"主义"定于一尊的权威。作者指出，"反主义"的趋向，一方面反衬出"主义化"强大的思想整合力，但另一方面，空谈主义的"无治状态"，也带来实际生活当中"政治空洞化"的"主义政治"。此文与本书附录《"客观理智"与"主观意志"——后五四思潮中的两种取向》中，对于后五四思想界"客观理智"与"主观意志"两种思想趋向的分歧，实可互相参照。《傅斯年：一个五四青年的挫折》一文，系作者《傅斯年：中国近代历史与政治中的个体生命》专著之一章①。作者借傅斯年这位五四运动领导人的经历说明,虽然深受五四新文化运动的洗礼,知识人在后五四时期激烈的政治冲突之中,其学术理想、政治抱负甚至个人的安身立命,皆面临"困窘、歧异、矛盾及微妙的变化"(第 8 页)。王汎森先生在中国思想文化史领域深耕既久,书中绝大部分论文曾收入作者业已出版的各类专著,并在学界产生广泛反响。此次香港城市大学出版社将相关论文汇为一编,有心的读者当能更为透彻地把握作者在五四思想史领域拓展的新问题、新论域与新路径。

二、"启蒙"何以"连续"至此

本书书名《启蒙是连续的吗?》采自本书第六篇论文标题,虽未必是(或无意)对本书核心论旨的完整概括,却透露出作者尝试以"重新问题化"的态度,追索"启蒙"之于五四新文化运动的思想史意义,进而延伸至对于五四研究典范的多元反省。过往五四思想史研究典范之一,即针对五四新文化运动与西方启蒙运动的关联,进行各类比附或厘清,以实现合乎研究者自身期待的界定与评估。有学者指出,五四其实是一个"文化矛盾"的时代,而矛盾则注定具有多重面向(multidimensional)与多重方向(multidirectional),实无法将其视为"一个单纯而又融贯的运动,导向某一预定的结局,好像受到一种历史的铁则的支配一样"。因此,有学者强调,须重视"启蒙运动的规划"之下,五四思想世界中那些变动不居的"心灵社群"

---

① 王汎森:《傅斯年:中国近代历史与政治中的个体生命》,台北:联经出版股份有限公司,2013 年。

（community of mind），以及由此产生的"不断变化又经常彼此冲突的五四规划"。

这一反思在《启蒙是连续的吗？——从晚清到五四》一文之中得以深化与具体化。王汎森先生强调，过往五四研究的现象之一是重"起源"远过于"过程"，然而"思想运动像一个有机体，它在发展的过程中有种种变化创新的可能"——"譬如五四先有一个台风眼（以新文化运动为主），在"过程"中连接上另一个台风眼（以五四的爱国运动为主），甚至到了某一阶段是多个台风眼的"共伴效应""（第8页）。这呼应了E·卡西尔在其论述西方启蒙思想的经典著作中所言："启蒙思想的真正性质，从它最纯粹、最鲜明的形式上是看不清楚的"，"在这种形式中，启蒙思想被归纳为种种特殊的学说、公理和定理。因此，只有着眼于它的发展过程，着眼于它的怀疑和追求、破坏和建设，才能搞清它的真正性质。"[1] 因此，作者一方面认为，近代中国的思想剧变——晚清、辛亥到五四新文化运动这三个阶段[2]，可以被考虑为一个连续的格局。"这几十年思想的发展虽然参差不齐，不断地在扩增或变化，但大致看来仍有个延续的趋势"（第208页）；但另一方面，作者的论述重心则在于，所谓的延续，显然已不是简单的连续。其中最大的误读，源于现代人往往以"后见之明"，"把历史

---

① E·卡西勒：《启蒙哲学》，顾伟民等译，济南：山东人民出版社，1988年，第5页。

② 桑兵教授近年研究指出，在一般历史叙述中，以《新青年》为核心的北京大学教授群体，被视为新文化运动的发动者，而新文化运动鼓荡起了五四爱国运动。但事实上，新文化运动发生于五四运动之后，而且是由北京大学、江苏教育会和国民党联手发动。参见桑兵：《关键时代的小历史——1919年的事件与日常》，《社会科学战线》2018年第1期。

中的一些顿挫、断裂、犹豫的痕迹抹除，使得思想的发展，看起来是一个单纯而平整的延续"（第 208 页）。这也使得人们对于"启蒙"原本具有的参差多态习焉不察，转而在不同目的论左右之下，将历史过程的丰富性，化约为理所当然的关联，以致出现将"理想中"的五四作为"历史上"的五四来阐发。而王汎森先生对于五四新文化运动当中"启蒙"意涵的解读，更侧重于他所重视的"过程式理解"或者对于"历史的事实"的重视。因此，五四是否属于"中国的启蒙运动"（或"中国的文艺复兴""新民主主义革命"等），实乃言人人殊的价值判断，毋庸过分纠缠。对于史家而言，更重要的使命在于，充分考虑"历史现场"蕴含的诸多可能性以及时人对此的不同抉择，以此呈现"启蒙"的"源与流"和"常与变"。惟其如此，方能以动态的思路去理解：从晚清到五四，"启蒙"何以"连续"至此？

具体而言，王汎森先生指出，在五四启蒙思想的连续性议题之上，需要充分关切如下一些问题：一是政治与思想如何交互成为对方的"转辙器"。从晚清到五四的思想舞台上，观念的力量推动革命、缔造共和，使得许多原本核心思想与边缘思想（如对于君主、道德、新学等的态度）发生地位互换，并造成一个时代"感知架构"的变化（第 216 页）。有些思想进而透过国家的力量成为"建制性遗产"（institutional legacy），并借由官方的力量强力推展，成为日常生活中的一部分（第 214 页）。从胡适到陈独秀，在共和革命之后，都深感思想伦理与共和国体之间的不协调，故而酝酿出不满与动力，进而希望在思想文化上，"为中国政治建筑一个革新的基础"（第 220 页）。这与本书《思潮与社会条件——新文化运动中的两个例子》一文的论述彼此呼应、相互印证。二是在不同"背景文化"之下思想议题如何延续拓展，如妇女解放、白话文、家庭革命等。"许多看起来从晚清一直延续下来的思想议题在各个时段中的幅度、广度、强度、渗透度等仍有所不同；此外，因各个时代"背景文化"的相异，即使是看似一样的概念或思想、词汇也表现出不尽相同的意涵。"（第10—11页）王汎森指出，在晚清时期寻求富强与进化论的"背景文化"之下，对于"国家"的认知，总体趋于建立一个"民族帝国主义"式的国家，以成为"天演之强者"。然而五四以来，思想界受到"一战"前后"公理战胜强权"、无政府主义和乌托邦思想的影响，"国家"的观念也渐生歧异。一方面，五四运动无可回避地成为一场"外争国权，内惩国贼"的爱国主义运动，另一方面，"国家"又与家庭、宗族一道，成为需要被彻底批判甚至破除的对象，从而形成带有某种超越性的普遍主义思考——此类歧异的想法，有时甚至可能聚合于同一人身上。因此，在五四新文化运动之际，部分知识人虽然依然服膺进化论的思想，但前述"民族帝国主义"的诉求逐渐淡化，对于如何进化到一个"新境界"的想象反而日渐浓烈。晚清到五四时期这一系列"背景文化"的嬗变，使得相似议题的历史意义可能大为不同，也因此带来启蒙形态的连续与断裂、意涵的增殖与衰减。

三、"模糊地带"的历史意义

《启蒙是连续的吗？》一书对于五四思想史"重新问题化"的另一重洞见，则在于重视五四思想史中的"模糊地带"（confused period）的历史意义。依作者之见，惯常以所谓"转型"（transition, transformation）来描述如五四新文化运动一类的变动时代，多少蕴含着"转型"两端存在某种清晰稳定状态的认知。由此形成的"转型"，则不言自明地成为合乎某种后见之明的判断与期待（第61—62

页）。作者提示，历史变化不只发生在两极的纯粹状态，"转型"也不一定是目的论式的、定向的，而是有许多"临时起意的、前途未定的摸索，充满参差不一的思路，含混、暧昧的紧张"（第63页）。因此，在五四新文化运动纷繁万状的"过程"之中，既有强有力的"理性"（logos）力量，以不容辩驳的态度导引着思潮的前进——没有这条线索，便没有所谓的"五四"；但同时在历史发展的"过程"中，也有"感性"（pathos）这条线索（或许多线索）时不时地在与它交会（第9页）。因此，身处其中的局内人的"转型"，是否真如后人所见那样理所当然、不证自明，值得再思。

在《五四历史的两条线索》一文中，作者指出，新思潮影响之下，大致会出现两类人群，一种是新思想的推动者，以及许许多多受到他们影响的真诚的信仰者（true believer），如五四新文化运动时期的陈独秀、胡适、李大钊、傅斯年等人；另一条线索则是在模糊、顿挫不定的过程中，因各种原因而皈附的各类"半信者"，以及在此过程中所发生的许多非线性、非目的性的、模糊的力量转移（第60页）。他以晚清时期"维新"一词的使用以及靠着"假维新"而一步一步向上的投机者为例，说明如果只是从"正信者"的角度去观察历史，则对历史实际发展的认知会有所缺陷。

有鉴于此，作者指出"confused period"中有许多易被忽略但却值得关注的现象。譬如"思潮的非线性扩散"，即表明变动时代的不同思路之间的"转型"不一定都是线性的关系，而是如同毛细管或小径分叉的花园一般，通过思想逐层浸润或"语意丛聚"（semantic field）的联动方式发生改变。五四仿佛"飓风"，时人未必直接接触，却远远地受到它的裹挟，或是被逼着要对它提出的重大议题有所回应。

在"铜山崩而洛钟应"式的牵连之下，五四新文化运动一是激发了时人的省思，迫使人们接触、了解、评价新思潮，以此揣摩风气，调整自身的文化立场；二是激发出"反命题"，即便是立场保守者也需要对此强力震荡而成的议题有所回应，进而各种象征性行为形成动员的力量。从《启蒙是连续的吗？》一书中提及的人物来看，无论是蒋介石还是张恨水，不同人士的思想光谱浓淡有别。不论其最初动机为何，但均在努力调动一切资源因应时势——其中既有"过渡时代"之类的说辞，也有"合两个人格为一个人格"式的汇流。这一时期的思潮以及针对这些思潮的接纳与排拒、体验与言说，都在彼此竞逐。这是知识人在"预流"之际对于时代旋律复杂的适应。"它们甚至逐步创造了与原初不尽相同的方向，后来也可能在某一个节点上，分解或散逸而去"（第9—10页）。因此，作者说，"confused period"是一个新旧标准、事物混杂在一起暧昧不明的阶段。旧概念失去意义、新观念迅速流行，无时不在地重构，是一个轨迹不定的联动，所以不能用处理它再度回到稳定时期的态度来面对它。（第63页）

结语

显然，《启蒙是连续的吗？》一书对于五四新文化运动"重新问题化"的呈现方式，深受晚近以来新文化史研究范式转向的深刻影响。作者自陈，因受到法国大革命史家罗伯特·达恩顿（Robert Darnton）影响，开始关注五四新文化运动的"街头层次"（第194页）以及五四如何影响人们的意识、心态乃至日常生活世界，故尝试将"思想史"与"生活史"打成一片（第13页）。王汎森先生强调："如果思想是生活的一种方式，那么就有思想在生活中如何变得'可行动化'（actionable）的问题。"① 因此，作者在书中审视的对象，虽仍不离"自我""人生观"与"主义"等五四思想史常见议题，但在阐释方式与史料选择上，明显与传统史家的处理手法大异其趣。王汎森先生更为重视历史过程之中的话语形塑（如"新青年""进步青年""新民""新人"）、仪式象征（如国旗、服饰、规矩）、信息传播渠道（如政论、教科书、通俗小册子、广告、戏剧、公开演说）等。同时，作者主张采取"眼光向下"的视角，关注过往习焉不察的五四时期地方士人与普罗大众，尤其是他们的道德热情（或自我禁抑）所产生的涓滴之力，如何反作用于看似强大的社会与政治躯体。

　　细读全书，王汎森先生对于五四新文化运动的思想史研究，业已跳脱对其"本质"的探析和"功过"的评价②，转而致力于将五四新文化运动的启蒙意涵，从现代主义的诸多预设立场与目的（如寻求"历史规律"、发现"客观真理"等）之中解放出来，视之为一个充满多元竞争又存在各种可能性与可选择性的开放系统。因此，通过"重新问题化"的方式，《启蒙是连续的吗？》一书开启了五四新文化运动不同的窗户，不仅是未来"重访五四"的重要凭借，对于省思近代中国的思想变局，同样深具启发意义。即使就五四新文化运动研究的现实意义而言，当今天的青年一代同样因意义世界空洞化、专制者恣意滥权、宣传机器巧舌如簧、社会"内卷"和阶层固化而深感"烦闷"之时，他们或许不难从王汎森先生笔下《后五四的思想变化——以人

① 王汎森:《思想是生活的一种方式——兼论思想史的层次》,《思想是生活的一种方式：中国近代思想史的再思考》,北京:北京大学出版社,2018年,第6页。
② 周策纵:《五四运动:现代中国的思想革命》,周子平等译,南京:江苏人民出版社,1996年,第467—506页。

生观问题为例》《反主义的思想言论——后五四政治思维的分裂》等篇什之中，体悟到现实与历史之间某些遥远的相似性。

作者对于五四新文化运动的"重新问题化"，绝非有意淡化对于五四思想经典的缜密阅读和对于启蒙议题的实质性探讨——盖因"有意思"的问题，实未必等于"有意义"的问题。因此，新文化史的研究取向，虽然提供多个角度对于五四新文化运动的深描细写，但它能否由此真正孕育具有思想纵深的五四论述，仍然值得未来研究者不懈探索。同时值得一提的是，《启蒙是连续的吗？》一书在叙述上，保持了作者一贯明晰隽永且擅长引譬设喻的文风，且往往化抽象为具象，读来娓娓动人、真切可感。如书中多以"飓风""狂风""势"，比拟当日席卷一时的思想与思潮，取其形态多变、不拘泥于固定形态，以及无孔不入、进而渗透一切的特征。或缘于此，作者亦曾在多处言及，思想史研究应当注重"察势观风"[①]。而对于思想的"左右"影响，作者则喜用"调色盘""光谱""编织辫子""转辙器""毛细管""低音"等作比，提示读者须注意思想与外在环境之间的逐层扩散、熏染（而未必是线性连接）以及互缘的特征。书中又常把思想嬗变中的连续与歧异，比作"火箭一节节地爆破"或"竹子生长而竹节区分竹竿各部分"的过程，颇具巧思且益人心智。另外，本书校对略有小疵，如页 76《啼笑姻缘》当作《啼笑因缘》，页 225 两歧性当作两岐性，页 233 第二段开头一句不畅，等等。

---

① 王汎森：《"风"：一种被忽略的史学观念》，《执拗的低音：一些历史思考方式的反思》，北京：三联书店，2020 年，第 144 页。

【附录】

中国近代思想史研究的新进展（1990—2010）

　　20 世纪 90 年代以来，随着学术研究与学科互动在全球化背景下的深入发展，近代中国思想史研究在深化原有的研究领域、研究课题的同时，也在传承与创新中呈现出更为多姿多彩的样貌。思想史研究逐步探究思想背后的社会和文化因素，聚焦于近代中国与世界的复杂历史图景。大致而言，在观念史研究、思想文化与社会转型研究、近代中国知识分子研究、新文化史与思想史结合研究以及报刊史研究等研究领域所取得的新成果，极大地丰富了近 20 年来近代中国思想史研究的新内涵，也拓展出诸多新议题与新理念，在中国（海峡两岸暨香港）、日本、欧洲、美国等地域形成了不同的思想史研究范式。

一、"多元现代性"视野下的观念史

　　对于近 20 年来的近代中国思想史研究而言，一个较为深刻且被学界广泛接受的观念转变，是"多元现代性"理念的兴起[①]。20 世纪

[①] 关于"多元现代性"问题的理论阐释，参见艾森斯塔特（S.N.Eisenstadt）：《反思现代性》，旷新年、王爱松译，北京：三联书店，2006 年以及萨赫森迈

90 年代以来，随着中国日益开放以及与世界交流的不断深入，一度支配 20 世纪 80 年代思想界的"从传统走向现代"一元化线性史观，开始为研究者所反思并得到逐步修正。对于近代中国历史进程中思想观念多元化及其内在张力的分析，对于现代理念与传统价值之间复杂关联的深度阐释，成为 20 世纪 90 年代至今近代中国思想史研究的基本视野之一。"多元现代性"理念在近代中国思想史研究领域的逐步确立，包含学术界对于以下两个认识论意涵的接受。

第一，过往研究者大多习惯于将近代中国的历史，理所当然地视为"从传统到现代"的单向进程。实际上，近 20 年来的思想史研究表明，近代中国对于"现代性"的探询与实践，不应简单等同于对历史上欧美国家"现代化"的简单模仿，而应将其视为一个包含多重意义、有其自身种种面向的"复数"概念。20 世纪 80 年代开始，以罗荣渠为代表的学者逐渐建立起"以一元多线论为基础的现代化范式"，并为学术界所广泛接受 ①。20 世纪 90 年代初期，由许纪霖、陈达凯组织国内部分人文社科学者撰写的《中国现代化史》一书，可以视为这一观念演变的起点之一："现代性问题的提出，为中国思想界反思启蒙，反思晚清以来中国现代化的道路和模式，提供了一个元理论层面的思考焦点。现代性的问题意识首先改变了将启蒙看作是一个光明的解放过程，同时也指出了启蒙的内在限制和压抑的性质。其次，

尔（Dominic Sachsenmaier）、理德尔（Jens Riedel）、艾森斯塔德编著：《多元现代化的反思：欧洲、中国及其他的阐释》，香港：香港中文大学出版社，2008 年。20 世纪 90 年代以来，中国大陆及台湾学术界对于"多元现代性"议题的理论内涵及其历史实践的思考，参见《现代性的多元反思》，《知识分子论丛》2008 年第 7 辑。

① 张治江、安树彬：《近十年来中国近代思想史研究述评》，《理论导刊》2012 年 11 月。

不是将现代化看作是一元单线历史目的论的产物，而是将其置于多元的空间关系里面加以理解。这样的多元现代性为中国的现代性思想提供了另外一种想象的空间。"①

第二，"多元现代性"的理念提示思想史研究者，如何回到近代中国的历史脉络，尝试"从中国本身发现历史"。在一定程度上，这一议题源自美国学者柯文（Paul A. Cohen）《在中国发现历史——中国中心观在美国的兴起》一书引发的反思②。该书试图修正费正清对于近代中国与西方世界之间"冲击—回应"的解释模式。柯文提出，我们需要"超越传统与现代"，从中国发展的内在理路而不是外力（外因）来看待近代中国的历史。而这一理念的提出，使得"传统"的知识体系（如"四书五经"）、价值观念（如"天下"观念）、信仰形态（如道教佛教），在研究者重审近代中国现代转型的历史进程之时，其角色、定位与意义都发生了富有历史意味的转化。比如，郑大华认为，中国近代思想史的逻辑起点是嘉道年间而非鸦片战争。因为嘉道年间复兴的经世思潮，使中国传统思想具备了向近代转型的可能性。发生于这一时期的鸦片战争，又给经世思潮注入了新的内容，从而使这种可能性成为现实性。中国传统社会和传统思想向现代转变，是由来自传统社会、传统思想的内部因素和来自西方文明冲击的外部因素所形成的合力共同推进的③。这也足以理解，为何美国学者王德威的"没有晚清，何来五四"之说，虽然只是对于晚清小说的专业描述，却在近

① 许纪霖、陈达凯编：《中国现代化史》，上海：学林出版社，2006年，第3—4页。
② 柯文：《在中国发现历史：中国中心观在美国的兴起》，林同奇译，北京：中华书局，2002年。
③ 郑大华：《中国近代思想史学科建设的几个理论问题》，《中国近代思想史学术前沿诸问题》，长沙：湖南师范大学出版社，2012年，第26—29页。

代中国思想史研究的领域，同样引发广泛深远的反响 ①。因此，如何立
足对"多元现代性"的理解，从中国自身的历史脉络出发，贯通而全
面地观察近代中国思想的内外互动，成为近 20 年来近代中国思想史
研究的一种自觉追求。

当思想回归多元现代性的历史，而非今人的"后见之明"，近代
中国研究中一系列似有定论的观念，开始呈现出更为纷繁复杂的面向。
比如，关于"民族、国民与国家"以及"民族主义"的想象、体验与
言说，是影响近代中国思想和社会进程的核心议题。许纪霖的《共和
爱国主义与文化民族主义——现代中国两种民族国家认同观》②、沈松
侨的《国权与民权：晚清的"国民"论述》③、罗志田的《理想与现实：
清季民初世界主义与民族主义的关联互动》④、沙培德（Peter Zarrow）
的《清末的国家观：君权、民权与正当性》⑤、杨芳燕的《道德、正当
性与近代国家：五四前后陈独秀的思想转变及其意涵》⑥ 等论述谈到，
民族主义是近代中国转型时代政治与文化危机的产物。民族主义虽然

---

① 王德威：《没有晚清，何来五四？》，《被压抑的现代性：晚清小说新论》，北京：
北京大学出版社，2005 年，第 1—19 页。

② 许纪霖：《共和爱国主义与文化民族主义——现代中国两种民族国家认同观》，
《华东师范大学学报（哲学社会科学版）》2006 年 7 月。

③ 沈松侨：《国权与民权：晚清的"国民"论述》，《"中央研究院"历史语言研究
所集刊》2002 年 12 月。

④ 罗志田：《理想与现实：清季民初世界主义与民族主义的关联互动》，王汎森等：
《中国近代思想史的转型时代——张灏院士七秩祝寿论文集》，台北，联经出
版事业股份有限公司，2007 年，第 271—314 页。

⑤ 沙培德：《清末的国家观：君权、民权与正当性》，刘擎编：《权威的理由：中
西政治思想与正当性观念》，北京：新星出版社，2008 年，第 126—163 页。

⑥ 杨芳燕：《道德、正当性与近代国家：五四前后陈独秀的思想转变及其意涵》，《知
识分子论丛》2010 年第 9 辑。

不是中国传统的产物，但它的形成仍然受到传统汉族的族群中心意识的影响。同时，它表现的形式可以是政治的激进主义，也可以是文化的保守主义。

随着晚清以来进化论的广泛传播与西学新知的普及，科学"公理"开始形成对儒家"天理世界观"的强劲挑战。汪晖的《公理世界观及其自我瓦解》①、王中江的《清末民初中国认知和理解世界秩序的方式——以"强权"与"公理"的两极性思维为中心》②、高瑞泉的《进步与乐观主义》③、姜义华的《生存斗争学说的中国演绎与兴替——近代中国思想世界核心观念通检之一》④、许纪霖的《现代性的歧路——清末民初的社会达尔文主义思潮》⑤等论述，展示了"进化"的观念以及"科学"的观念，是如何在近代中国的历史脉络中得以传播与接纳，又是如何影响近代中国知识分子宇宙观、价值观与历史观。

"个人"与"自我"观念的兴起，是晚清至五四时期中国社会"群己"关系的一次重要变革。许纪霖的《大我的消解：现代中国个人主义思潮的变迁》⑥、王汎森的《从"新民"到"新人"——近代思

---

① 汪晖：《公理世界观及其自我瓦解》，《战略与管理》1999年3月。
② 王中江：《清末民初中国认知和理解世界秩序的方式——以"强权"与"公理"的两极性思维为中心》，《新哲学》2008年第4辑。
③ 高瑞泉：《中国现代精神传统：中国的现代性观念谱系》，上海：上海古籍出版社，2005年。
④ 姜义华：《生存斗争学说的中国演绎与兴替——近代中国思想世界核心观念通检之一》，《史林》2007年第1期。
⑤ 许纪霖：《现代性的歧路——清末民初的社会达尔文主义思潮》，《史学月刊》2010年第2期。
⑥ 许纪霖：《大我的消解：现代中国个人主义思潮的变迁》，《中国社会科学辑刊》2009年春季号。

想中的"自我"与"政治"》①、周昌龙的《五四时期知识分子对个人主义的诠释》②等论述,剖析了近代中国"个人"观念的形成过程。特别是在中国这样一个强调从"群己关系"来看待"自我"的历史文化传统当中,近代中国的个人又呈现出何种独特的样貌。

"自由"与"民主"是现代社会的核心价值,也是引发近代中国数代知识分子聚讼纷纭的热点议题。章清的《"国家"与"个人"之间——略论晚清中国对"自由"的阐述》③、杨贞德的《自由与自治——梁启超政治思想中的转折》④、黄克武的《近代中国转型时代的民主观念》⑤、童世骏的《中国现代思想史上的"民主"观念——一个以李大钊为主要文本的讨论》⑥等研究集中讨论,在新旧转换的近代中国,作为现代观念的"自由"与"民主",立足点是"国家"还是"个人",实践方式是"调适"还是"转化",不同的知识分子有着不同的言说与实践,并且产生了极为复杂的后果。

金观涛、刘青峰的《从"群"到"社会"、"社会主义"——中

① 王汎森:《从"新民"到"新人"——近代思想中的"自我"与"政治"》,王汎森等:《中国近代思想史的转型时代——张灏院士七秩祝寿论文集》,第171—200页。

② 周昌龙:《新思潮与传统:五四思想史论集》,台北:时报文化出版股份有限公司,1995年。

③ 章清:《"国家"与"个人"之间——略论晚清中国对"自由"的阐述》,《史林》2007年第3期。

④ 杨贞德:《自由与自治——梁启超政治思想中的转折》,《转向自我:近代中国政治思想中的个人》,台北:"中央研究院"文哲研究所,2009年。

⑤ 黄克武:《近代中国转型时代的民主观念》,王汎森等:《中国近代思想史的转型时代——张灏院士七秩祝寿论文集》,第353—382页。

⑥ 童世骏:《中国现代思想史上的"民主"观念——一个以李大钊为主要文本的讨论》,杨国荣主编:《中国现代化进程的人文向度》,上海:华东师范大学出版社,2006年。

国近代公共领域变迁的思想史研究》①、王汎森的《傅斯年早期的"造社会"论——从两份未刊残稿谈起》②、陈弱水《中国历史上"公"的观念及其现代变形—— 一个类型的与整体的考察》③、黄克武的《从追求正道到认同国族——明末至清末中国公私观念的重整》④ 等论述,展现了近代中国知识分子在面对政治秩序与心灵秩序崩解之时,借助对"民间社会"与"公共领域"等观念的思考与实践,尝试重建社会重心的思想努力。

围绕意识形态与"革命"的观念,陈建华的《论现代中国"革命"话语之源》⑤、王远义的《宇宙革命论:试论章太炎、毛泽东、朱谦之和马克思四人的历史与政治思想》⑥、刘季伦的《敢教日月换新天:儒教传统与毛泽东的共产革命》⑦ 以及《自由主义与中国共产革命——两种理念的比较》⑧ 等论述,阐述了在一个日趋激进的时代里,暴力革

① 金观涛、刘青峰:《从"群"到"社会"、"社会主义"——中国近代公共领域变迁的思想史研究》,《"中央研究院"近代史研究所集刊》2001年6月。
② 王汎森:《傅斯年早期的"造社会"论——从两份未刊残稿谈起》,《中国文化》1996年第2期。
③ 陈弱水:《中国历史上"公"的观念及其现代变形—— 一个类型的与整体的考察》,《公共意识与中国文化》,北京:新星出版社,2006年,第69—117页。
④ 黄克武:《从追求正道到认同国族——明末至清末中国公私观念的重整》,黄克武、张哲嘉编:《公与私:近代中国个体与群体的重建》,台北:"中央研究院"近代史研究所,2000年,第59—112页。
⑤ 陈建华:《论现代中国"革命"话语之源》,《"革命"的现代性——中国革命话语考论》,上海:上海古籍出版社,2000年,第1—22页。
⑥ 王远义:《宇宙革命论:试论章太炎、毛泽东、朱谦之和马克思四人的历史与政治思想》,台北:政治大学文学院:《五四八十周年学术研讨会论文集》,1999年。
⑦ 刘季伦:《敢教日月换新天:儒教传统与毛泽东的共产革命》,《"国立"政治大学历史学报》2004年第5期。
⑧ 刘季伦:《自由主义与中国共产革命——两种理念的比较》,刘擎、关小春编:

命不仅是部分知识分子心目中建构政治秩序的最终方式，也是重塑意识形态和心灵秩序的最终选项。简言之，正是基于对"多元现代性"理念的接纳、完善与扩充，近20年来，近代中国思想史研究领域的成果，极大地丰富并深化了人们对于一系列观念史议题的认知。

近20年来，人文社会科学与自然科学之间的学科交叉，也在方法论上影响到近代中国观念史研究。特别在一个信息海量涌现的"大数据时代"里，如何将日渐成熟的计算机与互联网的检索技术，应用到处理层出不穷的史料电子文本之上，成为部分观念史研究者搜集、解读史料的新途径关切的焦点。他们认为，如果能够对某一时期历史文献当中的关键词，进行精确的计量分析，就可以较为客观地反映该词语所代表的普遍观念的使用和普及程度。其中具有代表性的实践成果，是由任职于香港中文大学的金观涛、刘青峰及其团队所建立起的1830年至1930年间中国近现代思想史研究专业数据库（共计一亿两千万字）。他们借助这一数据库，展开了对于"共和""民主""权利""个人""社会""经济""科学"等关键词为分析对象的研究，探讨这些重要的现代观念在中国的起源和演变以及它们与重大历史事件的关系。

根据金观涛、刘青峰在其新著《观念史研究：中国现代重要政治术语的形成》[1]与《中国近现代观念起源研究和数据库方法》[2]一文中

《自由主义与中国现代性的思考——"中国近现代思想的演变"研讨会论文集》下册，香港，香港中文大学出版社，2002年，第155—198页。

[1] 金观涛、刘青峰：《观念史研究：中国现代重要政治术语的形成》，北京：法律出版社，2009年。

[2] 金观涛、刘青峰：《中国近现代观念起源研究和数据库方法》，《史学月刊》2005年第5期。

的介绍，自 19 世纪末观念史成为一门独立学科以来，关键词和语言学、语义分析一直是观念史研究最重要的方法。在中国思想观念的转型过程中，绝大多数新器物、新事物、新知识、新观念的传入，往往可以用中文定名和翻译某个外来新名词进行追踪。新观念的形成也十分典型地呈现为新名词的出现和传播。数据库方法不仅可以为观念史研究提供更准确的基础，而且下一步的分析梳理，还可以对以往某些公认的观点做出修正和质疑。

对于近代中国思想史上的关键词研究，也与这一时期对于涉及社会变迁与思想形塑的"新名词"研究彼此激荡。黄兴涛在《"话语"分析与中国近代思想文化史研究》一文中[1]，就对加强新名词背后的话语分析与思想史研究之间关系进行了阐述。据研究者对近年来《历史研究》与《近代史研究》刊登的相关论文考察，不少和语言研究密切相关的思想史论述已不断涌现。如高晞的《"解剖学"中文译名的由来与确定——以德贞〈全体通考〉为中心》[2]、谢放的《"绅商"词义考析》[3]、马敏的《"绅商"词义及其内涵的几点讨论》[4]、王东杰的《国中的"异乡"：二十世纪二三十年代旅外川人认知中的全国与四川》[5]、鲁萍的《"德先生"和"赛先生"之外的关怀——从"穆姑娘"的提出看新文化运动时期道德革命的走向》[6]、罗志田的《走向国学与史学

① 黄兴涛：《"话语"分析与中国近代思想文化史研究》，《历史研究》2007 年第 2 期。
② 高晞：《"解剖学"中文译名的由来与确定——以德贞全体通考为中心》，《历史研究》2008 年第 6 期。
③ 谢放：《"绅商"词义考析》，《历史研究》2001 年第 2 期。
④ 马敏：《"绅商"词义及其内涵的几点讨论》，《历史研究》2001 年第 2 期。
⑤ 王东杰：《国中的"异乡"：二十世纪二三十年代旅外川人认知中的全国与四川》，《历史研究》2002 年第 3 期。
⑥ 鲁萍：《"德先生"和"赛先生"之外的关怀——从"穆姑娘"的提出看新文化

的"赛先生"——五四前后中国人心目中的"科学"一例》[1]、黄兴涛的《晚清民初现代"文明"和"文化"概念的形成及其历史实践》[2] 等文,或通过考察西方传入中国的新名词,如"解剖学""文明""文化"等,"或通过对中国已有词汇的变化,以此展现近代国人思想、观念、认知的变迁,同时使人能从中体察出中西文化思想交流之进程及中国传统思想文化向近代转型的过程"[3]。

二、思想文化与社会转型

思想文化与社会转型之间的密切交流与互动,是近代中国思想史研究的深度所在。2008 年,由耿云志主编的《近代中国文化转型研究》丛书[4],通过描绘近代中国文化转型的基本轨迹,试图揭示社会转型的外在条件及其内在机制。这套九卷本的丛书包括耿云志的《近代中国文化转型研究导论》、郑大华、彭平一的《社会结构变迁与近代文化转型》、李长莉的《中国人的生活方式:从传统到近代》、邹小站的《西学东渐——迎拒与选择》、郑匡民的《西学的中介——清末民初的中日文化交流》、王中江的《近代中国思维方式演变的趋势》、宋惠昌的《人的解放与人的发现:近代中国价值观的多变》、左玉河

运动时期道德革命的走向》,《历史研究》2006 年第 1 期。

[1] 罗志田:《走向国学与史学的"赛先生"——五四前后中国人心目中的"科学"一例》,《近代史研究》2000 年第 3 期。

[2] 黄兴涛:《晚清民初现代"文明"和"文化"概念的形成及其历史实践》,《近代史研究》2006 年第 6 期。

[3] 转引自王毅:《新世纪以来中国近代思想史研究的回顾与展望》,《教学与研究》2010 年第 3 期。

[4] 耿云志主编:《近代中国文化转型研究》丛书,成都:四川人民出版社,2008 年。

的《中国近代学术体制之创建》、张剑的《中国代科学与科学体制化》。它们分别围绕近代中国社会文化转型当中的一系列重大问题，如社会结构及物质生活与文化转型之间的关系、外来文化的刺激与影响、思想观念的变化以及近代科学体制的建立，展开各自的论述。

在耿云志所著《近代中国文化转型研究导论》中，作者特别指出，近代中国思想文化发展有两个主要趋势，一是世界化，一是个性化。"世界化，就是以开放的文化心态处理中华文化与世界文化的关系"。有了开放的文化心态，才可能对文化的世界化有健全的认识，把中国文化如实地看成世界文化的一部分，从世界文化中汲取于我们有益的成分，丰富和发展我们的文化，同时又把我们的文化之优秀的东西贡献给世界，促进世界文化之进步。这种开放的世界化观念真正开始于近代中国，最盛于新文化运动时期，20 世纪二三十年代的思想界是消化吸收新文化运动观点的阶段，也有继续发展的成分。

"所谓个性化，是指解放人，解放人的个性，解放各人的创造精神。"个人解放作为近代中国思想文化的发展趋势之一，真正开始于新文化运动时期。个性主义实际上就是个人主义，即胡适所谓的"健全的个人主义"，而不是人们通常理解的自私自利的个人主义。个人的个性得到伸张，同时要对个人的行为负责。新文化运动在个性主义的问题上，有三点重要的贡献。第一，提出了对个性主义的清晰的界定：一是必须有个人意志自由；二是必须个人承担责任。第二，明确了个人自由与国家自由、民族自由、群体自由的正确关系。第三，把个性主义、个人自由同民主制度的落实直接联系起来[1]。

---

[1] 耿云志：《世界化与个性主义——现代化的两个重要趋势》，《中国社会科学院学术委员会集刊》2005 年第 1 辑。

近些年来，在对近代中国社会与思想变化的历史追踪中，研究者通过对新旧变迁的社会格局当中"权势转移"（罗志田语）的讨论，将思想史与社会史有机联系在一起，也体现了近年来近代中国思想史研究的新趋势。大体而言，围绕社会史与思想史的结合，近代中国思想史的三个面向受到研究者较多注目。

第一，经典衰落导致知识的变化。这一变化的背景，是在"西潮"冲击之下，以工农士商为基本要素的传统中国社会的解体。罗志田在《经典的消逝：近代中国的一个根本性的变化》一文中，梳理并分析了近代中国传统经典"去神圣化"与"去经典化"的现象，强调其背后实有一个"无意识推动"到"有意识努力"的发展进程，使得经典最终被排除在常规阅读之外，社会处于一种无所指引的状态。西潮冲击之下的中国士人，由于对文化竞争的认识不足，沿着"西学为用"的方向走上了"中学不能为体"的不归路。自身文化立足点的失落，也造成中国人心态的剧变，从自认为世界文化的中心到承认中国文化的野蛮，退居世界文化的边缘。近代中国可以说已失去重心①。

第二，科举废除导致士大夫的边缘化与边缘知识分子的兴起。社会结构变迁即是思想演变的造因，也受到思想演变的影响。四民之首的士大夫群体，在近代中国的变迁中受冲击最大。科举制的废除造成读书人无所皈依，中国社会的重心逐渐丧失，传统知识分子的边缘化程度大大加剧。与此同时，从晚清到五四，作为身处城乡之间和精英与大众之间的边缘知识分子，开始通过报刊、学堂与社会团体等新的公共空间重建"社会重心"。军人、工商业者、职业革命家等新兴

---

① 罗志田：《经典的消逝：近代中国的一个根本性的变化》，"中央研究院"第四届国际汉学会议，2012 年 6 月 20 日。

社群也日渐崛起。罗志田的《近代中国社会的权势转移——知识分子的边缘化与边缘知识分子的兴起》①、李仁渊的《思想转型时期的传播媒介：清末民初的报刊与新式出版业》②、沙培德的《启蒙"新史学"：转型期中的中国历史教科书》③、范广欣的《从郑观应到盛宣怀：转型时代中国大学理念走向成熟》④、许纪霖的《重建社会重心：近代中国的"知识人社会"》⑤等论文，展现了近代中国新的知识阶层与新的思想论域的形成。

第三，社会的权势转移也带来学术重心的偏移与知识生产方式的变革。正统衰落、边缘上升是从晚清到民初中国学术走向的重要特征。王汎森的《从"新民"到"新人"：近代思想中有关"自我"的几个问题》⑥、葛兆光的《孔教、佛教抑或耶教——1900年前后中国的心理危机与宗教兴趣》⑦、王东杰的《"反求诸己"：晚清进化观与中国

① 罗志田：《近代中国社会的权势转移——知识分子的边缘化与边缘知识分子的兴起》，《权势转移：近代中国的思想、社会与学术》，武汉：湖北人民出版社，1999年，第191—241页。
② 李仁渊：《思想转型时期的传播媒介：清末民初的报刊与新式出版业》，王汎森等：《中国近代思想史的转型时代——张灏院士七秩祝寿论文集》，第3—50页。
③ 沙培德：《启蒙"新史学"：转型期中的中国历史教科书》，王汎森等：《中国近代思想史的转型时代——张灏院士七秩祝寿论文集》，第51—80页。
④ 范广欣：《从郑观应到盛宣怀：转型时代中国大学理念走向成熟》，王汎森等：《中国近代思想史的转型时代——张灏院士七秩祝寿论文集》，第105—136页。
⑤ 许纪霖：《重建社会重心：近代中国的"知识人社会"》，《学术月刊》2006年11月。
⑥ 王汎森：《从"新民"到"新人"：近代思想中有关"自我"的几个问题》，王汎森等：《中国近代思想史的转型时代——张灏院士七秩祝寿论文集》，第171—200页。
⑦ 葛兆光：《孔教、佛教抑或耶教——1900年前后中国的心理危机与宗教兴趣》，《中国宗教、学术与思想散论》，上海：复旦大学出版社，2010年。

传统思想取向（1895—1905）》①、陈平原的《有声的中国——"演说"
与近现代中国文章变革》②、潘光哲的《中国近代"转型时代"的"地
理想象"（1895—1925）》③、陈建华的《1920年代"新"、"旧"文学之
争与文学公共空间的转型——以文学杂志"通信"与"谈话会"栏目
为例》④等论文，均展现了近代中国知识体系、观念形态与社会互动之
间的复杂关系。

近些年来，学界对于近代中国思想文化与社会转型议题的思考，
已经越来越多地将涉及中国的命题放置到"世界"与"亚洲"等更大
的框架当中，观察中国与周边区域的互动。对于力图通过"走向世界"
寻求富强的近代中国而言，"世界"不仅是地理意义上的"空间概念"，
而是形塑读书人思想观念及其历史实践的"文化概念"。葛兆光所著
《宅兹中国：重建有关"中国"的历史论述》一书开宗明义地提出新
的思考：1895年以后，大清帝国开始从"天下"走出来，进入"万
国"，不得不面对诸如"亚洲"和"世界"这些观念的冲击。另一方
面，日本、韩国以及中国台湾的学界，对于"中国""亚洲""世界"
的论述升温，也波及中国大陆的学术界。究竟在什么脉络和何种意义

---

① 王东杰：《"反求诸己"：晚清进化观与中国传统思想取向（1895—1905）》，王
　汎森等：《中国近代思想史的转型时代——张灏院士七秩祝寿论文集》，第315
　—352页。
② 陈平原：《有声的中国——"演说"与近现代中国文章变革》，《文学评论》
　2007年第3期。
③ 潘光哲：《中国近代"转型时代"的"地理想象"（1895—1925）》，复旦大学
　历史系编：《新文化史与中国近代史研究》，上海：上海古籍出版社，2009年。
④ 陈建华：《1920年代"新"、"旧"文学之争与文学公共空间的转型——以文学
　杂志"通信"与"谈话会"栏目为例》，《现代中文学刊》2009年第1期。

之下，这些地理概念可以当作"历史世界"被认同和被论述？①

罗志田在《天下与世界：清末士人关于人类社会认知的转变——侧重梁启超的观念》一文中，则通过分析梁启超的观念，认为传统的"天下"一词本具广狭二义，分别对应着今日意义的"世界"和"中国"。过去的流行说法是，近代中国有一个将"天下"缩变为"国家"的进程。如果侧重昔人思考的对象，恐怕更多是一个从"天下"转变为"世界"的进程。随着传统的"天下"观念在西力冲击之下逐渐转型，"中国"从此需要放置在"世界"这一新的尺度下予以考察②。

2012 年 10 月，由中国社会科学院中国近代思想研究中心等单位主办的第四届中国近代思想史国际学术研讨会，即以"近代中国人的国家观念与世界意识"为主题展开讨论。许纪霖认为，传统中国的"天下"观念具有双重内涵，既指理想的伦理秩序与典章制度，又是对以中原为中心的世界空间的想象。晚清以后，当西方文明以物质和精神的双重优越性来到中国后，以儒家礼教为核心的"天下主义"开始转向另一种"新天下主义"，即以西方为中心的近代文明论。正因为对这一由西方支配的"新天下观"的接受与反思，民族主义、自由主义等现代理念，在形塑近代中国国家观念与世界意识的过程中彼此交织，共同发力。郑大华认为，近代中国人国家观念的转型基本上有两条主线，一是从"天朝国家"观念向"主权国家"观念的转变，二是从"君主国家"观念向"民主国家"观念的转变，两条主线背后的推动力分别是民族主义与自由主义。中国社会科学院研究员耿云志指

① 葛兆光：《宅兹中国：重建有关"中国"的历史论述》，北京：中华书局，2011 年。
② 罗志田：《天下与世界：清末士人关于人类社会认知的转变——侧重梁启超的观念》，《中国社会科学》2007 年第 5 期。

出，近代中国的民族主义是在空前的变局之下，因受外力刺激而迅速
发展起来的。一方面，在具有高度文化的"西夷"面前，不得不放弃
古代的华夷观念；另一方面，在"西夷"的侵略面前，为谋自救而激
活民族意识。此民族意识已逐渐摆脱古代的华夷观念，转而导向建立
独立的近代民族国家的目标[1]。

在形塑近代中国的国家观念与世界意识的过程中，东邻日本扮
演了极其重要而又面目复杂的角色。郑匡民在《梁启超启蒙思想的东
学背景》一书中谈到[2]，戊戌变法失败之后，梁启超来到日本，通过大
量阅读日本人的译著或著作了解西方。对"东学"（日本的思想学术）
的研究，也使得西方文化与价值观念借日本这一特殊途径深入其思
想，并通过其主持和参与的《清议报》《新民丛报》《新小说报》等大
众媒体向中国传播并产生深远的影响。该书详细分析福泽谕吉、中村
正直、中江兆民、加藤弘之等日本学者的思想，是如何成为梁氏形塑
自身启蒙思想、新民思想、民权思想、国家主义思想以及国家有机体
论的思想来源与知识背景。作者进一步指出，梁启超所接受的西方思
想，其实是一种"日本化"的西方思想。进一步说，影响近代中国社
会的西方思想，在某种程度上也是一种"日本化"之后的西方思想。

沈国威在其《时代的转型与日本途径》以及新著《近代中日词
汇交流研究：汉字新词的创制、容受与共享》等论述中也谈到，19
世纪中期以来，随着日本作为西方知识在东亚传播的中介地位的确立，
越来越多的中国人通过学习日文与翻译日文书籍，获得对西方知识的

---

① 转引自曾科：《近代中国人的国家观念与世界意识——"第四届中国近代思想
史国际学术研讨会"综述》，《教学与研究》2013 年第 2 期。
② 郑匡民：《梁启超启蒙思想的东学背景》，上海：上海书店，2003 年。

了解与接受。从这个意义上看，日本对于近代中国知识分子而言，又成为一个时代脉动中的知识"生产机构"。通过审视1870年至1919年的中日词汇交流，沈国威深入研究日本怎样成为向中国提供新知识的途径以及中国社会对日语借词的反应和使用者的心态①。陈力卫在其《语词的漂移——近代以来中日之间的知识互动与共有》一文中也指出，现代汉语中存在不少日语的"外来新词"，其实最初是日本知识分子为了吸收西洋文明，从而有系统地借用中文词汇进入日语系统。后来，却反而又被中国的留日学生原封不动地带回中国，形成了中日词汇互用过程中的语义转换、分化、替代。陈力卫指出，汉语作为亚洲共识的平台，为现代化进程的知识共有提供了可能。其语义形成过程的历史档案，则为后人的追溯和反思提供永久的凭证②。

正因为近代以来中日之间的知识互动，翻译行为成为了解双方知识传输与思想激荡的重要渠道，也成为近代中国思想史研究者新的关切。狭间直树的《"东洋卢梭"中江兆民在近代东亚文明史上的地位》一文，注意到在日本明治维新的过程中，卢梭的《社会契约论》（《民约论》）被视为圣典，其译本甚多。中江兆民则通过改日文译本为汉译本，使卢梭学说更加条理清晰，并经过在"法国学塾"讲授卢梭理论，巩固了其"东洋卢梭"的地位③。黄克武的《晚清社会学的

① 沈国威：《时代的转型与日本途径》，王汎森等：《中国近代思想史的转型时代——张灏院士七秩祝寿论文集》，第241—270页以及沈国威：《近代中日词汇交流研究：汉字新词的创制、容受与共享》，北京：中华书局，2010年。
② 陈力卫：《语词的漂移——近代以来中日之间的知识互动与共有》，《21世纪经济报道》，2007年5月28日。
③ 狭间直树 (Hazama Naoki)：《"东洋卢梭"中江兆民在近代东亚文明史上的地位》，沙培德、张哲嘉主编：《"中央研究院"第四届国际汉学会议论文集：近代中国新知识的建构》，台北："中央研究院"，2013年，第53—68页。

翻译：以严复和章炳麟的译作为例》，通过比较严复及章炳麟在译介社会学理论上存在的思想差异，观察中国近代思想史的连续性与非连续性。他指出，清末有两种社会学的思想倾向。一种是严复与梁启超受到斯宾塞的影响，采用调适取向来看待社会变迁的传统；一种是章太炎受到岸本能武太的影响，采取转化取向的社会学传统。这大致是1949年马克思主义盛行之前最主要的两种社会学理论①。

王柯的研究关注近代中国的民族、民族主义观念的形塑与日本因素之间的密切互动。在《"民族"，一个来自日本的误会——中国早期民族主义思想实质的历史考察》中，他指出中国人是在鸦片战争之后，才开始接触到源自西方的"nation""nationalism"和"nation-state"等具有现代政治含义的概念。中国人的这一接受过程，又与留日学生和学者从日本出版物中吸收西方近代政治、经济、文化思想有着密切关系。正是因为"同文"的缘故，中国人在19世纪末接触并开始接受日制汉词"民族"。然而，"民族"一词开始普及并在中文当中固定下来，要等到与"国民"概念结合之时。中国近代思想家之所以能够主动接收"民族"一词，不仅因为汉字相同，而且因为与日本的近代民族主义思想产生了共鸣②。对于"民族国家"概念的认知，其实也与近代中国知识分子对于日本经验的接受密切相关。根据王柯在《民权、政权、国权——中国革命与黑龙会》一文的研究，日本追求单一民族国家的历史，造成许多日本国民也相信，自己具有其他国民

① 黄克武：《晚清社会学的翻译：以严复和章炳麟的译作为例》，沙培德、张哲嘉主编：《"中央研究院"第四届国际汉学会议论文集：近代中国新知识的建构》，台北："中央研究院"，2013年，第111—177页。
② 王柯：《"民族"，一个来自日本的误会——中国早期民族主义思想实质的历史考察》，《二十一世纪》2003年6月号。

所无法比拟的民族优越性。因而，他们大言不惭地认为，指导东亚以不受欧洲侵略为自己的天职。正因为这种所谓的"亚洲主义"与日本的国权主义思想之间，存在着一种天然的联系，所以，包裹在亚洲主义中的民族优越感必然不断膨胀，最终导致日本逐步成为侵略国家并在"二战"中走向了自身的毁灭[①]。

三、知识分子：公共网络与私人生活

20 世纪 90 年代以来，受世风与学风演变的影响，在思想史研究领域里，传统研究视野中的思想精英、革命领袖等"一线人物"呈现退潮之势，原先研究不多的一系列"温和派""文化保守主义者"（所谓旧派）、学术人物等"二线人物"，如杜亚泉、柳诒徵、陈寅恪、吴宓、梅光迪、梁漱溟、章士钊、陈序经、张君劢、张东荪等人物，开始受到研究者的广泛关注。

1997 年由中华书局出版的郑大华的《张君劢传》，聚焦于一度因意识形态原因落于思想史研究视野之外的张君劢。张君劢是清末民初过渡时代学者的代表。他曾取得秀才功名，又在日本拿到学士学位。"苏维埃"这个词由他第一次翻译，但他一度反对中国走苏维埃的道路。他和蒋介石关系很好，却被蒋介石软禁过两年。61 岁时，周恩来曾送匾给他，上书"民主之寿"，对其评价极高。但在 1948 年中共建政前夕，他又是共产党所列第一批 43 名战犯的最后一名。张君劢精通日语、英语、德语，积极参与立宪，1946 年《中华民国宪法》

---

① 王柯：《民权、政权、国权——中国革命与黑龙会》，《二十一世纪》2011 年
11 月号。

由他起草，故而被称为民国"宪法之父"。郑大华指出，张君劢的思想很复杂，一是对西方民主制度的追求，是一个政治上的自由主义者。他推崇儒学思想，是一个文化上的保守主义者。同时，他一生追求社会主义，又是一个社会主义者。通过张君劢思想世界中多重脉络及其具体而丰富的政治、文化实践，可以看到近代中国知识分子紧张而丰富的心灵[①]。

江沛以雷海宗、林同济为中心，探讨"战国策派"的文化形态学理论。研究认为，20世纪30—40年代，在第二次世界大战的背景下，受欧洲文化形态学说的启发，雷、林等人力图建立一套独立的、对世界及中国文化基本特征及规律的认知体系。他们把世界上曾经出现过的各种文化形态进行分类研究，同时对中国文化发展的脉络予以清理。雷海宗由此创造性地提出中国文化独具"两周"的理论。雷、林还认为，20世纪30—40年代的世界，正处于类似于中国古代的"战国时代"，只有努力学习西方先进文化，保持民族文化的个性，坚定抗战信心，才能拯救中国文化于覆亡。雷海宗预言，中国文化将进入第三个发展周期。这些主要的思想观点，被视为"战国策派"文化形态学理论的核心理念[②]。

正如王汎森注意到的，对于近代中国的许多"旧派人物"而言，所谓"进步"的东西，在他们看来是一种"堕落"与"破灭"。因此，在时代的潮涨潮落之间，旧派人物的"文化理想"特别值得注意。经过长期的积累沉淀，有一些基本的"文化理想"已经根深蒂固。所以，

---

① 郑大华：《张君劢传》，北京：中华书局，1997年以及郑大华：《国家、社会与个人——张君劢政治思想的演变》，《天津社会科学》2004年第4期。

② 江沛：《战国策派文化形态学理论述评——以雷海宗、林同济思想为主的分析》，《南开学报（哲学社会科学版）》2006年第4期。

常常是社会文化已经变得面目全非，但是旧读书人挂在口头上的始终是"理想上"应该如何。只要这"理想上应该如何"的心理不曾变化，则不管现实的变化有多大，他们心目中仍将以这些"文化理想"衡量、评判现实，想尽一切努力回到那个"文化理想"。所以，这些"文化理想"的内容是什么，旧派人物的思想世界与传统的"文化理想"的关系为何，以及在什么时候和什么情况之下，主流论述如何挑战或破坏这些"文化理想"，这些"文化理想"的持有者又怎样回应这些挑战，都值得思想史深入探究。此外，研究者较多关注的是"新派"人物的思想言行变化不停，但较忽略的是旧派人物的知识心态也在不停地变，也在以他们独特的思想方式响应时局[1]。

20 世纪 90 年代以来，罗志田的《科举制的废除与四民社会的解体——一个内地乡绅眼中的近代社会变迁》[2]、行龙的《怀才不遇：内地乡绅刘大鹏的生活轨迹》[3]、郝平的《〈退想斋日记〉所见抗战时期的民众生活：以太原为中心》[4]、沈艾娣（Henrietta Harrison）的《梦醒子：一位华北乡居者的人生（1857—1942）》[5]等著述，通过对名不见经传的山西举人、"旧派人物"刘大鹏的研究，为近代中国知识分子

[1] 王汎森：《中国近代思想文化史研究的若干思考》，康乐、彭明辉主编：《史学方法与历史解释》，北京：中国大百科全书出版社，2005 年，第 76—86 页。
[2] 罗志田：《科举制的废除与四民社会的解体——一个内地乡绅眼中的近代社会变迁》，《清华学报》1995 年 12 月。
[3] 行龙：《怀才不遇：内地乡绅刘大鹏的生活轨迹》，《清史研究》2005 年第 2 期。
[4] 郝平：《〈退想斋日记〉所见抗战时期的民众生活：以太原为中心》，《史林》2005 年第 4 期。
[5] 沈艾娣：《梦醒子：一位华北乡居者的人生（1857—1942）》，赵妍杰译，北京：北京大学出版社，2013 年（Henrietta Harrison: *The Man Awaken From Dreams: One Man's Life in a North China Village, 1857—1942*, San Francisco: Stanford University Press, 2005）。

的个案研究打开新的视野。几位研究者从刘大鹏的心态变化反观当时
社会的变动。他们将知识分子的边缘化以及边缘知识分子的兴起这一
动态历史，纳入中国发展的内在理路和西潮冲击所导致的社会巨变的
脉络当中进行考察：一是阐述儒学传统在近代中国的嬗变——当儒家
经典失去国家层面的正统地位之后，它在民众心目中和日常实践中的
角色如何变迁；二是阐释以山西乡村社会为代表的内地社会，在中国
现代化过程中逐步边缘化和贫困化的过程。

在近代中国思想史研究领域，随着知识分子个案研究不断丰富
深化，知识分子群体和多元化思潮脉动的研究也得到了新的阐释。多
元思潮的汇流，对于近代中国知识分子群体的聚合与解体均产生巨大
冲击作用。作为思想的制造者、传播者与实践者，知识分子群体的成
型与演变、聚合与分离，也折射出思潮的涨落与近代中国社会的新陈
代谢。

高瑞泉在《近代价值观变革与晚清知识分子》一文中，探讨了
价值观念变迁与晚清知识分子之间的关系。他认为，在观念系统围绕
着"天人""群己""义利"（"理欲"）等范畴的争论而展开的过程，
与社会生活中传统知识阶层向现代知识分子转变有着密切关系。随着
传统文人集团的分化和价值观念的新陈代谢，士大夫逐渐没落，新型
知识分子则随之产生。从龚自珍开始，传统士大夫中的异端、"条约
口岸知识分子"、留学生和新式学校出身的知识分子，先后成为价值
观变革的主力[1]。胡伟希在《乌托邦的"否定辩证法"——对 20 世纪
上半叶中国知识分子运动的考察与反省》一文中认为，乌托邦型公共

---

[1] 高瑞泉：《近代价值观变革与晚清知识分子》，《华东师范大学学报（哲学社会
科学版）》2004 年第 1 期。

知识分子的出场与登上历史舞台，是 20 世纪上半叶中国社会历史的奇观。他们开始是乌托邦观念的制造者与提供者，后来成为意识形态的发言人与辩护者。中国现代知识分子从乌托邦话语到意识形态话语的转变，意味着中国人文知识分子谱系的断裂[①]。

桑兵的《20 世纪初国内新知识界社团》[②]以及《清末新知识界的社团与活动》[③]，聚焦于 1899 至 1905 年新知识界的社团活动。通过对各派势力之间人事脉络的重新探讨，他借此观测新知识阶层的地位动向与功能作用及其所引起的士绅官民关系的社会变动。在《晚清学堂学生与社会变迁》[④]一书中，作者在关注学生参与社会运动的群体表现之时，着重考察他们的社会联系及其在社会变迁各方面的角色、功能和作用，使得学术界对近代学生群体的认识，增加了五四以前的重要一段。尚小明的《留日学生与清末新政》一书指出，国内学界对于留日学生的研究，大多注重留学生与革命党人的关系。其实，晚清留日学生与清末新政之间，同样存在千丝万缕的密切联系。"忽视留日学生对革命的贡献，就不能很好地解释辛亥革命。同样，忽视留日学生对清末新政的贡献，也就无法很好地解释这段在中国近代化进程中占有重要地位的历史"[⑤]。

现代学术文化机构的聚集效应与学术生产机制，对于近代以来知识分子群体与学术共同体的形塑，同样起到极其重要的作用。反过

---

① 胡伟希：《乌托邦的"否定辩证法"——对 20 世纪上半叶中国知识分子运动的考察与反省》，《华东师范大学学报（哲学社会科学版）》2004 年第 6 期。
② 桑兵：《20 世纪初国内新知识界社团》，许纪霖编：《20 世纪中国知识分子史论》，北京：新星出版社，2005 年，第 203—222 页。
③ 桑兵：《清末新知识界的社团与活动》，北京：三联书店，1995 年。
④ 桑兵：《晚清学堂学生与社会变迁》，桂林：广西师范大学出版社，2007 年。
⑤ 尚小明：《留日学生与清末新政》，南昌：江西教育出版社，2003 年。

来说，依托于这些学术机构、文化团体的学人群体，也深刻影响到近代中国学术与思想的发展。陈以爱在《中国现代学术研究机构的兴起：以北大研究所国学门为中心的探讨》一书中 ①，对于北大"国学门"历史的阐述表明，国学门的成立是"整理国故"运动中一个重要的环节。这一学术运动的兴起与扩展，同样是现代学术文化史的中心课题。又如，谢泳在《西南联大知识分子群的形成与衰落》② 以及一系列关于西南联大知识分子群体的研究中，展现了抗战时期这一特殊学人群体的形成、发展与瓦解的过程。首先，从西南联大知识分子的教育背景来看，他们多数人受到完整的传统教育，同时又有留学欧美的经历，许多人成为中国新的人文学科的创始人。其次，西南联大的教育思想和课程设计，主要受美国自由教育思想的影响。因此，思想与学术的自由也成为西南联大知识分子群体的核心价值。第三，西南联大知识分子多数虽然有留学欧美的经历，但在伦理道德层面却明显留有儒家文化的色彩。西南联大知识分子群体的贡献，不仅在于它为抗战时期以及后来的中国培养了许多专业人才，更在于它融汇东西文化的优长，为中国现代化进程提供了学术、教育与人才培养的范例。

近些年来，在知识分子的学术思想、政治取向、社会活动等较为宏大的研究领域之外，过往被忽略或被认为"不登大雅之堂"的私人生活面向，包括生活趣味、朋友交际、家庭婚恋、情感心态、意志品质、价值抉择等，也逐渐纳入知识分子研究的范畴。这一系列新的思想史研究，既展现出颇具趣味、栩栩如生的读书人形象，

① 陈以爱：《中国现代学术研究机构的兴起：以北大研究所国学门为中心的探讨》，南昌：江西教育出版社，2003年。
② 谢泳：《西南联大知识分子群的形成与衰落》，许纪霖编：《20世纪中国知识分子史论》，北京：新星出版社，2005年，第393—406页。

也通过私人生活与公共空间的沟通，丰富了对知识分子思想世界的理解。

对于知识分子私人生活的研究，主要依托于学术界在两个方面的拓展，一是研究对象个人新材料（如日记、书信、佚文）的发掘，二是研究者对于知识分子观察视野的日渐开放。有学者在《未尽的才情：从〈日记〉看顾颉刚的内心世界》中，以相当长的篇幅，专论日记中展现的顾颉刚和谭慕愚之间鲜为人知却绵延数十载的一段情缘。"从《日记》所见，谭已不失为一位出类拔萃的现代女性。而终日在故纸堆中出入且又谨言慎行的顾颉刚，竟是一位浪漫的情种。"并指出，如果不将这一段情缘揭示出来，我们便不可能看清顾颉刚作为一个有血有肉的人的本来面目。

更多的研究者则关注知识分子私人生活与公共生活之间的区分与互通。公私领域的行为有其相互重叠的所在，并非截然可分。江勇振在其《星星、月亮、太阳——胡适的情感世界》一书中，全面梳理胡适鲜为人知的情感世界。从胡适这颗"太阳"以及围绕着他的那些"月亮"（江冬秀、曹诚英、韦莲司）和"星星"（徐芳、陆小曼、罗慰慈等）的爱、恋、嗔、痴中，揣摩并反观胡适的情感历程。[①] 在英文版的《男性与自我的扮相：胡适的爱情、躯体与隐私观》一文里，江勇振强调，胡适在他所谓"私"领域里的行为，包括他对婚姻与爱情的处理方式，与他在"公"领域（政治参与）里的作为息息相关、有其共同的模式可循。那就是理性、法治、井然有序。胡适之所以能够如此从容地来回于东西两种不同文化之间，除了证明文化有规约个人行为的强大力量以外，同时也显示胡适在处世方面把握大处、不拘

---

① 江勇振:《星星、月亮、太阳——胡适的情感世界》,北京:新星出版社,2006 年。

微末的圆通高明。

　　黄克武在《惟适之安——严复与近代中国的文化转型》一书中，从私人生活与文化趣味的侧面，讨论严复生活与思想之中所映照出的中国近代文化转型的曲折历程。其中《异性情缘：性别关系与思想世界》描写严复家庭生活、情感世界与公私领域之间的相互影响。《北洋当差：从水师学堂走向翻译之路》叙述严复在李鸿章的"淮系集团"内的仕途发展，同时讨论他从建设海军、为国"立功"的发展方向，转移到以翻译来"立言"的重要人生转折。《新语战争：清末严复译语与和制汉语的竞赛》将焦点放在严复翻译工作对中国近代新语汇、新思想的影响之上，关注其如何以一己之力对抗"东学"与"东语"的传播。《灵学济世：上海灵学会与严复》剖析严复科学思想的底蕴，以及他为何支持被五四新知识分子视为"封建迷信"的上海灵学会。通过这些私人生活的面向，可以看到，一方面，严复大量引介西方现代学术与现代国家体制结合而成的现代性方案，另一方面，他的思想当中，自由、民主、法治、科学等"启蒙"论述，却很矛盾地掺杂了许多"反启蒙"的因子——如吸食鸦片、纳妾、参加科举、以古语翻译新词、参加"灵学会"主张"灵魂不死"等。在传统与现代的双重影响下，严复的思想世界既有矛盾、两歧的特色，也有其内在的凝聚、一致的特点①。

---

① 黄克武:《惟适之安——严复与近代中国的文化转型》，台北：联经出版事业股份有限公司，2011年。

四、新文化史与思想史汇流

受新文化史研究理念的影响，近代中国思想史的部分研究成果，从对象到方法、从视野到理念，都发生了较为明显的变化。研究者逐步将视野扩展到精英知识分子与精英思想之外，开始关注边缘与下层人士的日常生活，关注大城市与通商口岸之外的内地县域乡村的地方微观历史经验。这使得思想史的研究对象和研究领域，从以往偏重于政治思想、精英文化和哲学观念，逐步转向探究社会当中的大众文化和集体心态。

王笛的《街头文化：成都公共空间、下层民众与地方政治，1870—1930》尝试从社会最底层的芸芸众生的角度，观察人民在改良、革命以及社会动乱中的遭遇与思想观念的转型[①]。他的另一部著作《茶馆：成都的公共生活与微观世界，1900—1950》，通过研究成都街头随处可见的茶馆，考察 20 世纪上半叶中国社会、经济和政治的变迁[②]。王笛指出，以成都茶馆里的谈话为资料，探究思想史上"失语"的下层民众的思想观念时，应尽量区别什么是下层思想，什么是由精英记录和描述的下层思想，以尽量接近真实的下层民众的思想观念，才能更清晰地揭示下层民众与公共空间、社会改良者以及地方政治三者之间的主要关系[③]。

---

① 王笛：《街头文化：成都公共空间、下层民众与地方政治，1870—1930》，北京：中国人民大学出版社，2006 年。
② 王笛：《茶馆：成都的公共生活和微观世界，1900—1950》，北京：社会科学文献出版社，2010 年。
③ 转引自邹小站：《第一届中国近代思想史国际学术研讨会综述》，《历史研究》2004 年第 6 期。

  对于民间思想或者说"一般思想"的关切，同样贯穿于葛兆光的《中国思想史》^①及其《思想史研究课堂讲录》^②的始终。葛兆光强调，思想史的研究应该"既做加法，也做减法"。"加法"就是指历史上不断涌现的东西，而"减法"就是指历史上不断消失的东西。当"文明"在各种生活领域以"新"的面貌获得正当性的时候，"不文明"或"野蛮"就只有作为"旧"，在很多生活领域当中悄悄退出。思想史把这些被认为"有意义"的新东西陈列出来，显示思想的"进步""发展"或"演变"。这种思想史的叙述被称为"做加法"。不过，在思想的实际历史中，却并不只是做加法，同时也在"做减法"。所谓"做减法"是指历史过程和历史书写中，被理智和道德逐渐减省的思想和观念。葛兆光指出，正是从这些思想或观念在主流社会和上层精英当中渐渐减少和消失的过程里，可以看到过去被遮蔽起来的历史^③。

  另一方面，新文化史与思想史研究的结合，使得研究者开始借助新文化史的研究方法（如人类学、语言学、文化研究等），探讨近代中国的政治、文化和意识形态，如何借助知识文本、情感体验、节庆仪式、公共空间以及宗教（包括迷信）、医疗、身体、性别、物质文化等途径，形塑与建构历史当事人的想象、体验与言说。王汎森在《权力的毛细管作用：清代的思想、学术与心态》一书中，强调"权力的毛细管作用"之观念来自福柯（Michel Foucault）"知识的考掘"的理念。福柯不仅只关注权力在宏大、公开场面上的展示，

---

① 葛兆光：《中国思想史》，上海：复旦大学出版社，2001 年。
② 葛兆光：《思想史研究课堂讲录》，北京：三联书店，2005 年。
③ 葛兆光：《思想史：既做加法，也做减法》，《读书》2003 年第 1 期。

同时也注意到权力在微小的、隐秘的、日常生活空间中的作用。王汎森注意到,"政治""道德""权力"等各种力量,常常像水分子的毛细管作用一般,渗入日常生活中每一个可能的角落,并发挥意想不到的影响[①]。

在新文化史的影响下,"权力"的领域和意涵均有新的扩展,相关思想史研究成果也同样精彩纷呈。

第一,从"文化权力"的角度而言,核心议题之一是近代中国的知识转型、实践与再创造。左玉河探讨西学大潮冲击之下中国传统学术向近代学术转型的过程,提出这一过程在晚清时期,以新知阐释旧学、以中学比附西学,以近代学科体系界定、分解、整合旧学的形式进行。在这一过程中,中国传统学术开始改变固有形态,逐步融入近代西学新知体系。毛丹通过对康有为《实理公法全书》的研究,认为康氏对于大同理想的思考,是以确认某种普遍知识、普世规则的存在作为前提。康氏将社会看作可以通过科学方法认识和把握的客体,并以所谓普世、客观的"真理"来构建其社会理想,却忽视了社会及其运转本身的复杂性,也忽视了一定历史构成的各社会的特殊性[②]。沙培德的 "Textbooks, 1880-1937: The Very Model of Modern Knowledge Transmission" 一文,分析教科书在近代中国知识体系专业化、系统化与新知的传承过程中扮演的重要角色。阿梅龙(Iwo Amelung)在其论文 "The Examination System and the Dissemination of Western Knowledge during the Late Qing" 当中也注意到,虽然 1905 年清政府

---

① 王汎森:《权力的毛细管作用:清代的思想、学术与心态》,台北:联经出版事业股份有限公司,2013 年。
② 转引自邹小站:《第一届中国近代思想史国际学术研讨会综述》,《历史研究》2004 年第 6 期。

废除了科举制度，但从 1902 年至 1904 年，科举制度通过吸收"各国政治艺学"，以"策问"与"策论"的形式，在传播西方知识方面扮演了重要角色①。

第二，如何通过"身体"与"性别"（特别是女性）的视角，审视权力对于思想观念的形塑，是近年来思想文化史研究的亮点。杨念群的《再造病人：中西医冲突下的空间政治（1832—1985）》探讨晚清以来中国人如何从"常态"变成"病态"，又如何在近代被当作"病人"来加以观察、改造和治疗的漫长历史。"东亚病夫"的称谓既是中国人被欺凌的隐喻，也是自身产生民族主义式社会变革的动力。从这个意义上看，"治病"已经不仅是一种单纯的医疗过程，而是变成了政治和社会制度变革聚焦的对象②。海青的《"自杀时代"的来临？二十世纪早期中国知识群体的激烈行为和价值选择》一书，关注从清末到五四时代知识群体对暗杀、自杀、好杀等时代问题的讨论，以及知识分子就生死、自我、爱情、伦理等生命基本问题形成的意见与想象。作者对于自杀的论述，围绕激烈行为、死亡事件和人物个案展开，尽力追溯事件、舆论和人物思想所关联的时代信息，从中观察自我价值在中国现代革命进程中的生成和消解过程③。从日常生活中的女性视角出发，文化权力的渗透也以更加细腻而隐微的方式，形成与社会和国家的多重互动。日本学者坂元弘子《漫画里的摩登女郎与抗战》一

---

① 沙培德、张哲嘉主编：《"中央研究院"第四届国际汉学会议论文集：近代中国新知识的建构》，台北："中央研究院"，2013 年。
② 杨念群：《再造病人：中西医冲突下的空间政治（1832—1985）》，北京：中国人民大学出版社，2006 年。
③ 海清：《"自杀时代"的来临？二十世纪早期中国知识群体的激烈行为和价值选择》，北京：中国人民大学出版社，2006 年。

文，通过分析女漫画家梁白波笔下的摩登女郎的形象，从更多元的角度解读战争之罪恶。美国路易斯安那大学曾玛莉（Margherita Zanasi）的《节俭的近代性：从帝国到民国的国家、市场和消费》一文，关注的是"节俭"这一观念从晚清到民国的演变与实践，透过对"节俭"的广泛论辩，也可观察当时国家与市场之间的关系①。

第三，知识分子"权势网络"与国家政治、意识形态之间的互渗，构成了权力"毛细管作用"在近代中国的另一种重要体现形式。章清立足于对"权势网络"的观察，重新思考近代中国知识分子群体的价值认同与群体归属。在其《"学术社会"的建构与知识分子的"权势网络"——〈独立评论〉群体及其角色与身份》一文中，作者指出，20世纪30年代聚集于《独立评论》的一群学人，其学术活动及介入公众事务所形成的"权势网络"，表明读书人力图通过重建知识的尊严，重新确立读书人在现代社会的位置。因此，借助"权势网络"分析学术社会的建构，或许可以换一个侧面更好认知现代中国的知识分子，尤其是审视"士"向"知识分子"的转型过程②。在其另一部著作《"胡适派学人群"与现代中国自由主义》当中，作者将"胡适派学人群"和现代中国自由主义的演变，放置在近现代中国历史和思想发展的过程中加以考察，既论述了这一群体的人物谱系、政治理念及权势网络，也探讨了自由主义与社会主义、民族主义的关系及其在现实世

---

① 参见2012年"中央研究院"第四届国际汉学会议"近代中国知识史"专题讨论会论文，http://mingching.sinica.edu.tw/newsletter/032/sinoreport/sinoreport3.html，2014年11月1日。
② 章清：《"学术社会"的建构与知识分子的"权势网络"——〈独立评论〉群体及其角色与身份》，《历史研究》2002年第4期。

界中的处境①。

第四，晚清以来，在"寻求富强"与"驱除鞑虏"的现实努力背后，"恢复中华"的强大国族诉求，也在知识分子的论述中逐步建立。"中华民族"是怎样通过历史叙述、英雄故事、节庆仪式乃至纪念碑与广场等公共空间的建构，成为近代中国具有合法性和强大感召力的符号系统？它与强大的国家权力、与知识群体的价值认同之间，又构成了何种互动关系？近年来，这些思考衍生为思想史研究者从新文化史的角度进行探寻的重要议题。沈松侨在其《我以我血荐轩辕——黄帝神话与晚清的国族建构》当中指出，在各国国族主义运动当中，国族起源的历史记忆或神话，往往成为国族主义者谋求文化自主乃至政治独立的合法性基础。在晚清围绕"黄帝"符号进行的国族建构过程中，可以看到对于该符号的不同诠释以及随之产生的几项殊途异趋的国族想象方式②。在《振大汉之天声：民族英雄系谱与晚清的国族想象》一文中，沈松侨谈到，晚清改良派以一套独特的儒家文化秩序来定义中国，自由派共和主义者则把中国视为一个国民共同体，革命党人又以种族为国族、用族群与血缘来厘定国族边界，共产党人用社会阶级作为国族成员的衡量标准。可见，国族的定义与界域并不是既定的事物，而是被建构、被雕琢、被铭刻、被编造出来的。同时，国族也并没有天然的同构性。任何统一的国族认同，都是在不断厘定界域、不断赋予意义，并且彼此长期相持相争的论述过程中逐渐成形与变化。在不同的权力网络中，晚清知识分子通过"民族英雄"

---

① 章清：《"胡适派学人群"与现代中国自由主义》，上海：上海古籍出版社，2004 年。
② 沈松侨：《我以我血荐轩辕——黄帝神话与晚清的国族建构》，《台湾社会研究季刊》1997 年 12 月。

的系谱书写，进行不同的国族编码，树立不同的国族边界，同时也催生不同的国族想象①。杨瑞松在《病夫、黄祸与睡狮："西方"视野中的中国形象与近代中国国族论述想象》一书中②，针对"病夫""黄祸"和"睡狮"这三个当代人熟知的西方人视野当中的中国形象与国族认同符号，研究近代中国思想论述当中这些符号对于"国族建构"的影响。作者借此分梳百年以来东西方跨语际的互动，以及近代中国知识分子在面对西方文化冲击时爱憎交杂的纠缠心情。

近代以来，因为普世王权的危机带来对宗教、迷信、意识形态等终极价值的渴求，同样构成近代中国知识分子思想世界的重要内容。吕妙芬的《明清儒学对个体不朽、死后想象、祭祀原理之论述与实践》，阐释了近世儒学在个体灵魂不朽的问题上的新发展，并说明儒家士人对于死后理想境界的想象与相关祭祀原理的联系③。康豹(Paul Katz)的"'Superstition' and its Discontents: On the Impact of Temple Destruction Campaigns in China, 1898-1948"一文，关注的是1898—1948年以来，由各级政府发起的毁庙运动，以此观察国家权力如何在"反对迷信"的旗号之下，在地方社会确立自身权威④。黄克武的

---

① 沈松侨：《振大汉之天声：民族英雄系谱与晚清的国族想象》，《"中央研究院"近代史研究所集刊》2000年6月。
② 杨瑞松：《病夫、黄祸与睡狮："西方"视野中的中国形象与近代中国国族论述想象》，台北：政治大学出版社，2010年。
③ 吕妙芬：《明清儒学对个体不朽、死后想象、祭祀原理之论述与实践》，吕妙芬主编：《近世中国的儒学与书籍：家庭、宗教、物质的网络》("中央研究院"第四届国际汉学会议论文集)，台北："中央研究院"，2013年。
④ 康豹 (Paul Katz)："'Superstition' and its Discontents: On the Impact of Temple Destruction Campaigns in China, 1898—1948", http://mingching.sinica.edu.tw/newsletter/032/sinoreport/sinoreport3.html, 2014年11月1日。

《民国初年上海的灵学研究：以"上海灵学会"为例》一文注意到，在 20 世纪初期的中国，灵学不但与传统的宗教信仰中的扶鸾活动有直接关联，又尝试将其与西方的心灵学、妖怪学、催眠术、灵魂照相等结合在一起，来回答生死鬼神、死后世界的终极思考，并试图以此解决因道德沦丧带来的社会问题。

晚清民初，随着新媒介（书籍、报刊）和社会群体（社团）的崛起，佛教的复兴在 19 世纪后期形成显著思潮[①]。葛兆光在《"从无住本，立一切法"——戊戌前后知识人中的佛学兴趣及其思想意义》一文中谈到，晚清士人受到杨文会和康有为佛学兴趣的影响：一方面，在部分士大夫眼里，单纯依靠儒家学说已经不足以应付眼前的重重危局；另一方面，在寻求富强的过程中，国家力量的"自强"与民族精神的"自振"，需要依靠新的宗教资源赋予国民新的精神力量[②]。

除了上述活跃于上层社会的知识精英之外，民间宗教信仰也随着近代以来城市的发展，逐渐在中下层读书人当中广泛传播。这一面向同样引起了近代中国思想史研究者的兴趣。根据柯若朴（Philip Clart）、志贺市子及范纯武等学者的研究，从道光庚子年（1840）之后，中国进入一波以"三相代天宣化、神圣合力救劫"论述为主导的宗教运动。当时的读书人如郑观应、陈撄宁、王一亭等人，都在这一

---

① 黄克武：《民国初年上海的灵学研究：以"上海灵学会"为例》，《"中央研究院"近代史研究所集刊》2007 年 3 月。

② 葛兆光：《"从无住本，立一切法"——戊戌前后知识人中的佛学兴趣及其思想意义》，《西潮又东风——晚清民初思想、宗教与学术十讲》，上海：上海古籍出版社，2006 年。

波浪潮中积极地"力行善举,挽回劫运"①。作为民国初年都市道教在家信众的实践领导者之一,陈撄宁一边广泛阅读各类西方科技书籍,一边在全国各地的佛道名山旅行,访求、研读和修习不同的静坐法。这种科学理性与宗教信仰并存的情形,在身处变动社会中的陈撄宁身上以并不矛盾的方式存在着②。不仅如此,陈氏及其友人还尝试在丹道传统中发掘科学因素,并在道教修行(如外丹实验)中寻找与现代科学相似的精神和知识。另一方面,民间宗教的知识论背景,还表现为与晚清以来的民族主义价值诉求的密切互动。"仙学"为救亡提供了实际而有效的养生法,为复原或转化民族精神("元气")提供了完善的方法。它通过严格而艰苦的追求身心上的修炼,最后达到强国强民的目的。因此,以王一亭为代表的都市精英,常因政商活动被视为现代性的楷模。与此同时,因宗教信仰的关系,在他们参与灾难救援的行为,大多受到自身信仰的宗教的激励③。

较之王一亭,名声更为显赫的郑观应则是晚清自强运动的重要代表人物。在实业家与变革者的身份之外,郑观应曾钻研南、北派丹经数十种,遍访丹诀五十年,从事道经刊刻与整理,出入各派丹道思想并有所体悟,是清末道教史上相当活跃的人物。另一方面,郑观应

① 范纯武:《飞鸾、修真与办善:郑观应与上海的宗教世界》,巫仁恕、康豹、林美莉主编:《从城市看中国的现代性》,台北:"中央研究院"近代史研究所,2010年。
② 刘迅:《修炼与救国:民初上海道教内丹、城市信众的修行、印刷文化与团体》,《从城市看中国的现代性》,第 222 页以及 Xun Liu, *Daoist Modern: Innovation, Lay Practice, and the Community of Inner Alchemy in Republican Shanghai*, Cambridge.: Harvard University Asia Center, 2009.
③ 康豹:《一个著名上海商人与慈善家:王一亭》,《从城市看中国的现代性》,第 276 页。

晚年出入三教，对于当时盛行的扶乩活动多有接触。他参与的上海道德会和崇道院是强调道术修为、扶鸾治病与救劫的宗教团体[1]。可见，在近代中国城市化进程中，社会与宗教之间存在着复杂多元的关系；在同一个士大夫身上，也有着科学理性与宗教信仰的紧张与互动。从陈撄宁、王一亭与郑观应的精神世界里，不难体察历史与思想的复杂性，以及近代中国士大夫在宗教上的终极关怀与对"现代性"的独特追求。

五、报刊、舆论与思想形塑

晚清以来，随着中国社会的急剧转型和新式知识分子群体的成长，报纸杂志开始大量涌现，为近代中国思想史研究提供了极其重要的原始资料与参考文本。近年来，研究者在深入推进《新青年》《新潮》《申报》《大公报》《东方杂志》等名报名刊研究的同时，也展开了对那些在近代中国社会产生重大影响但昔日关注度相对较低的报刊，如《科学》《努力周报》《学衡》《解放与改造》《国风》《观察》《战国策》等的观察与思考。

从思想史的角度研究近代中国的报刊报纸，与纯粹新闻史意义上对于报刊的研究不同。郑大华在《报刊与中国近代思想史研究》一文中就提出，一方面，思想史研究试图借助报刊这一重要媒介，观察当日诸多思想观念、知识体系、意识形态，如何借助报刊传播形塑社会认知。另一方面，近代报刊及其创办者、经营者、作者与读者之间

---

[1] 范纯武：《飞鸾、修真与办善：郑观应与上海的宗教世界》，《从城市看中国的现代性》，第249页。

构建的公共空间与私人网络，同人报刊营造的舆论体系及其社会反馈、报刊论战与知识分子思想论辩等议题，也拓展出近代中国思想史研究的新空间。研究报刊，首先研究报人与报刊的关系。因为报刊是由人创办和经营的，报刊的性质往往由创办者（个人或思想和学术界群体）和经营者所决定；其次研究社会与报刊的关系。因为任何报刊都是一定社会的产物，或多或少会带有它存在时期的社会烙印；再次研究报刊与报刊的关系，一是报刊间的相互关系，二是报刊之间的相互比较①。

潘光哲在《〈时务报〉和它的读者》一文中注意到，作为戊戌变法时期最受瞩目的期刊，《时务报》在读书界引起的回响其实多元繁复。每位读者都会因个人关怀的不同与思想立场的差异，对《时务报》承载／提供的信息做出各自不同的理解和诠释，从而构成生命个体对外在局势和自我定位的认知。其引发的回应策略与行动方式自然也是千样万态。整体观之，围绕着像《时务报》这样的传播媒介而引发的读者的喜恶乐怒，其实是思想观念体系／价值系统在公共场域里的趋同或冲突。从《时务报》和它的读者之间的互动切入，可以让人们对于传播媒介如何形成晚清中国"公共空间"，提供个案观察的视角②。

报刊与思想史较为直接的关联，首先在于以特定的报刊（一般是同人报刊）为中心，常常形成一个或多个具有社会影响力的知识分子群体。以报刊为中心的知识分子群体，其聚散离合往往也见证了转型时代的思想脉动与社会势力的此消彼长。比如，五四新思潮的核心力量，就是以《新青年》杂志为纽带结合形成的一批知识分子和青年

① 郑大华：《报刊与中国近代思想史研究》，《史学月刊》2011 年第 2 期。
② 潘光哲：《〈时务报〉和它的读者》，《历史研究》2005 年第 5 期。

学生。他们经由共同的地缘、师友关系、革命同道以及思想主张，相互吸引与呼应、聚合而成。杨琥的《同乡、同门、同事、同道：社会交往与思想交融——〈新青年〉主要撰稿人的构成与聚合途径》，从社会关系的角度解读《新青年》主要撰稿人聚集途径之变化，以此彰显五四时期思想演进与社会变动互动的过程。可以看到，"新文化阵营"的聚合与分化，反映出五四时期中国知识分子政治主张对立歧异而思想观念相互交融的复杂性。在发动新文化运动的过程中，这一思想的丰富与紧张，也经历了由依赖同乡、同门、同事等传统的社会人际关系，向以思想主张一致为基础的新型社会交往方式的转变。作者指出，新思潮核心力量是一个联合阵营，但并非一个具有严密组织的政治团体。在五四新文化运动的高潮过后，它的分裂与重组势所必至[1]。

章清的《1920 年代：思想界的分裂与中国社会的重组——对〈新青年〉同人"后五四时期"思想分化的追踪》[2]一文，同样讨论以报刊为中心的知识分子群体的思想史议题。章清指出，"后五四时期"中国思想界的走向，与《新青年》群体的分化息息相关。分化后的《新青年》群体，其同人各自搭建起新的发言台，汇聚成不同的政治力量。只是，此时对于思想派别的识别，仍保持着鲜明的"文化色彩"。随着中国社会的重新组织，"思想界"也被重新定位。思想界的"分裂"在 1920 年代后期愈发突出，实际与中国社会的重组同步。追踪《新青年》同人思想的分化，对于"后五四时期"中国思想及中国社会的

---

① 杨琥：《同乡、同门、同事、同道：社会交往与思想交融——〈新青年〉主要撰稿人的构成与聚合途径》，《近代史研究》2009 年第 1 期。
② 章清：《1920 年代：思想界的分裂与中国社会的重组——对〈新青年〉同人"后五四时期"思想分化的追踪》，《近代史研究》2004 年第 6 期。

走向，或许也有新的认识。实际上，1920 年代思想界因何分裂、分裂的程度如何，尤其是如何评估思想界的分裂以及所涉及的时间断限，值得探讨。章清希望这一研究能够结合中国社会的重组，对思想界的"分裂"做一概论性申述，以期在增进对"1920 年代"了解的基础上，重新认识"后五四时期"中国思想及中国社会的走向。章清的另一研究《民初"思想界"解析——报刊媒介与读书人的生活形态》[①]，受到哈贝马斯与安德森理论的影响。这一研究旨在基于报刊媒介所营造的思想环境，以及读书人由此展现的新的生活形态，解析民国初年的"思想界"。一方面，此文通过描述报刊从晚清到民国的新变化（即传播媒介与思想、政治、社会之间的互动），以此检讨民初由报刊所营造的思想环境的特征。另一方面，此文试图结合读书人与报刊的互动，审视读书人的生活形态呈现出的新特性。通过报刊、大学及读书人之间的密切互动，能够更好地说明民初思想环境对读书人的塑造，也有助于更好地理解民初的"思想界"。

从晚清直到民国，报刊一直是近代中国层出不穷的思想观念的重要载体。"科学"的理念以及"民主""自由"以及"民族主义"等诸多现代政治观念，都在报刊这一大众媒介的传播之下，引起近代中国社会思想的激荡。汪晖在对近代中国"科学话语共同体"研究时注意到，近代科学期刊的刊行、科学教育的普及和科学共同体的形成，是现代科学启蒙运动先决条件和这一运动的有机部分。据不完全统计，从 1900 年到 1919 年五四运动前不到 20 年的时间里，共有一百多种科技期刊创刊。辛亥革命后六七年间创办的刊物，比过去的总和增长

---

① 章清：《民初"思想界"解析——报刊媒介与读书人的生活形态》，《近代史研究》2007 年第 3 期。

了两倍。如果将晚清知识分子的科学宣传和实践，与民国之后的科学共同体及其实践进行对比，可以发现一个明显的转折：以中国科学社等科学共同体的成立及其专业性学术期刊的出现为标志，民国时代的文化领域出现了科学文化和人文文化的明确区分。而晚清时代的科学宣传，则是变法改革和革命宣传的有机部分。严复等改革先驱并没有在社会分工上，以构成一个区别于其他知识分子的独特社群。

汪晖指出，在晚清民初的社会氛围中，这一分类代表着一个社会关系重构的过程。它不仅在空间意义上把科学文化与其他文化区分开来，而且也把这种划分本身纳入一种时间和文明论的框架之中。科学一方面提供了新／旧、现代／传统、西方／东方、进步／落后的基本分界，另一方面又将自身置于一种与其他领域完全区分开来的、独立于社会、政治和文化影响的位置之上。这同时构成科学群体及其实践在社会领域中的权威性。在社会变革的氛围之中，科学概念的运用范围远远超越特殊技术的范畴。人们争论进步与倒退、争论革命与改良，一如科学共同体争论真理与谬误，因此社会运动的合法性模式与科学的合法性模式是极为接近的①。

近年来，围绕近代中国的报刊所进行的思想史研究，显示出当今学界除了运用传统研究方法以外，不少学者试图引入西方社会科学中的相关理论（如公共空间与市民社会的研究范式）以及新文化史的相关理念等，对报刊、舆论、社会网络等思想议题予以重新解读。

王汎森在《中国近代思想文化史研究的若干思考》一文中②，以

---

① 汪晖：《现代中国思想的兴起》下卷第二部，北京：三联书店，2004年，第1108—1111页。
② 王汎森：《中国近代思想文化史研究的若干思考》，康乐、彭明辉主编：《史学方法与历史解释》，北京：中国大百科全书出版社，2005年，第84页。

"官"与"民"的关系为例,指出掌握在非官方手里的传播网络,往往表达各种逸出官方正统的思想。人们不必通过上书的方式表达意见,而是直接在报刊上抒发一己之见。报刊这种新网络促成新式"舆论"的出现,也造成一种"公共舆论",即一种相对于官方而言具有独立意味的领域。公共舆论甚至可以与官方的意识形态竞争,并常常拂逆或左右官方的意志。晚清哄传时的"杨乃武与小白菜"事件,便已透露出《申报》等大媒体所形成的公共舆论如何挑战官府的判决。官方的权威与意识形态,也都广泛地受到这一类公共舆论的新挑战。

王汎森同时指出,新报刊与印刷物的流传,使得知识精英的上升渠道日渐多元。在科举之外,有些人依靠在报刊上发表文章成为言论界的骄子。即使没有功名,也可以迅速积累象征资本。思想上"主流论述"的产生与运作方式也产生新的变化。不过,报刊与印刷固然使多元思想得以公开表达流传,并与官方正统意识形态竞争,但某些论述也可能凭借强势媒体的力量,压抑多元声音的释放。

王奇生在《新文化是如何"运动"起来的——以〈新青年〉为视点》一文中①,从社会史的视角,描摹五四人所认知的"新文化"的面相和内涵。《新青年》从一份默默无闻的"普通刊物",发展成为全国新文化的"金字招牌",经历了一个相当繁复的"运动"过程。作者指出,过去研究者较多关注"运动"的结果,而不太留意"运动"的过程;对"运动家"们的思想主张非常重视,对"运动家"们制造议题、刻意炒作的文化传播策略及其与社会环境的互动,则甚少注目。文章指出,回到历史现场,新文化人对"新文化"的内涵其实并未形成一

---

① 王奇生:《新文化是如何"运动"起来的——以〈新青年〉为视点》,《近代史研究》
　2007 年第 1 期。

致的看法，后世史家却一致认同陈独秀"拥护德、赛两先生"的主张。今人所推崇的一些思想主张，在当时未必形成了多大反响，而当时人十分关注的热点问题（如白话文运动和反对孔教）的议题，却已淡出后来史家的视野。对于同一个《新青年》，办刊人的出发点、反对方的攻击点，与局外人的观察点不尽一致。对于同一场"新文化运动"，新文化人的当下诠释与后来史家的言说叙事，更有相当大的出入。

陆发春的《新生活的观念及实现——以五四时期胡适及〈新生活〉杂志为讨论中心》一文[①]，关注胡适作为五四时期新生活观念提倡者的一面。胡适、李辛白、李大钊等倡导新文化的知识分子，以1919年8月至1921年8月出版的《新生活》周刊为文化阵地，反对阻碍新生活的旧道德。他们打破军阀势力，调查和了解中国社会现状，以面向劳动大众的社会生活改良为起点，倡导人们追求大众的、进步的新生活。胡适等新文化派代表人物对新文化与新生活关系理论探究，是新文化运动的一项重要内容。黄克武在《一位"保守的自由主义者"：胡适与〈文星杂志〉》一文中注意到[②]，20世纪50—60年代对台湾知识分子产生重大影响的《文星杂志》，其风格从温和到激进的变化，深受胡适思想的影响。1958年胡适返台之后，刻意与《文星杂志》保持距离。因此，他在《文星杂志》的角色并非主动参与，而是被动地推上历史舞台。到了1958年，胡适或许自觉受到蒋介石

---

① 陆发春：《新生活的观念及实现——以五四时期胡适及〈新生活〉杂志为讨论中心》，台北："中央研究院"近代史研究所胡适纪念馆，《胡适与现代中国的理想追寻——纪念胡适先生一二〇岁诞辰国际学术研讨会论文集》，2013年，第227—242页。

② 黄克武：《一位"保守的自由主义者"：胡适与〈文星杂志〉》，《胡适与现代中国的理想追寻——纪念胡适先生一二〇岁诞辰国际学术研讨会论文集》，第332—359页。

的重用，出任"中央研究院"院长一职。这一角色使他与反对威权政治的自由主义者，刻意保持一定距离，思想与行动上亦趋于保守。不过，胡适所代表的政治主张与文化关怀，却因为《文星杂志》的努力推广发挥了影响力。1962 年之后，《文星杂志》在李敖接棒后的激进化转向，显然深受胡适思想的影响。

结语

本文围绕近 20 年来涉及观念史、思想文化与社会转型、知识分子、新文化史以及报刊史等五个领域的近代中国思想史研究成果，简要概括近代中国思想史研究领域的部分新议题、新理念及其与过往思想史研究传统的关联，尝试借此凸显自 20 世纪 90 年代以来，近代中国思想史研究的发展趋势与大致脉络。

综上所述，多元现代性视野之下的近代中国思想史研究，逐渐跳脱"从传统到现代"的线性历史目的论，也逐步修正描绘近代中国思想历程的"冲击—回应"的模式。研究视野的转变，带来新的研究议题的涌现，也赋予思想史多元的内容：从中心到边缘、从思想精英到民间读书人、从旧学新知到报刊舆论、从各类"主义"到知识分子行动。另一方面，社会科学研究范式的引入，特别是新文化史研究方法的交叉融合，扩大了传统思想史研究的范畴与边界，打通了思想史与人文社会科学的壁垒，也引发了研究者对于思想史研究学科建设的深层思考。随着学术研究与学科互动在全球化背景下深入发展，近代中国思想史研究的传承、创新与交流将更加多元与开放。